CONFESIONES DE MICHAEL JACKSON

**Las cintas del rabino
Shmuley Boteach**

SHMULEY BOTEACH

CONFESIONES DE MICHAEL JACKSON

Conversaciones íntimas con un ídolo trágico

Traducción de Helena Álvarez de la Miyar

GLOBALrhythm

TÍTULO ORIGINAL
THE MICHAEL JACKSON TAPES

Publicado por:
Global Rhythm Press S.L.
C/ Bruc 63, Pral. 2ª – 08009 Barcelona
Tel.: 93 272 08 50 – Fax: 93 488 04 45
www.globalrhythmpress.com

Publicado en Estados Unidos en 2009 por Vanguard Press

Fotografía de la cubierta: Frazer Harrison / Getty Images

Derechos exclusivos de edición en lengua castellana:
Global Rhythm Press S.L.

ISBN: 978-84-96879-50-8
DEPÓSITO LEGAL: B-7883-2010

Diseño gráfico: PFP (Quim Pintó, Montse Fabregat)
Preimpresión: Joan Edo
Impresión y encuadernación: SAGRÀFIC

Primera edición en Global Rhythm Press: febrero de 2010

Para Prince y Paris, que fueron compañeros de juego de mis hijos, y para Blanket, a quien no hemos conocido.

Que las virtudes de vuestro padre os inspiren, que sus excesos os sirvan de advertencia y que lleguéis algún día a realizar plenamente su sueño no cumplido de ayudar al mundo viviendo vidas llenas de generosidad, bondad y compasión.

Que Dios os guarde.

SUMARIO

«Te voy a decir algo que nunca le he dicho a nadie, y además de verdad, no tengo por qué mentirte y Dios sabe que no lo estoy haciendo. Creo que el éxito y la fama que he conseguido, que he anhelado, los deseaba porque en realidad buscaba que me quisieran. Nada más. Ésa es la verdad. Necesitaba que la gente me quisiera, que me quisiera sinceramente, porque nunca me he sentido verdaderamente querido. Ya he dicho que conozco mi talento. Pensaba que si lo perfeccionaba, la gente tal vez me querría más. Sólo deseaba que me quisieran porque me parece muy importante que te quieran y decirle a la gente que la quieres y mirarla a los ojos y decírselo.»

«Soy como un león. Nada puede hacerme daño. Nadie puede herirme.»

Michael Jackson

EL MICHAEL JACKSON QUE YO CONOCÍ

Un relato moral

Cómo nació este libro

Este libro contiene las conversaciones más íntimas, auténticas, descarnadas, dolorosas y profundamente reveladoras que jamás mantuviera Michael Jackson: si sale a la luz es porque él mismo quería con toda su alma que así fuera. No hay nada igual y, dado que Michael ha fallecido trágica y prematuramente, nunca habrá nada similar.

Con la publicación de este libro no sólo no he traicionado la confianza de nadie, sino que además he hecho realidad el deseo de un hombre que quería mostrar su corazón a un público que, según él, albergaba profundas sospechas sobre su persona. Las transcripciones en que se basa esta obra proceden de las 30 horas de diálogo grabadas entre agosto de 2000 y abril de 2001 con el propósito explícito de publicarlas en un volumen y exponerlas así al público.

Las conversaciones abarcaron un amplio abanico de temas, siempre con la intención de revelar —y explicar— al hombre oculto tras la máscara.

Tan deseoso estaba Michael de que la gente comprendiera quién era que durante muchas de esas conversaciones él mismo sostuvo la grabadora bien cerca de su boca para asegurarse de que no se perdía una sola palabra. En varias ocasiones detuvo la plática para apagar el aire acondicionado de la habitación porque le preocupaba que, con el ruido del aparato, su voz no se oyera con claridad en las grabaciones. Si sus hijos Prince y Paris (que tenían dos y tres años respectivamente cuando comenzamos y estuvieron presentes muchas veces mientras hablábamos) hacían demasiado ruido, Michael les pedía con suavidad que se callaran para que no se perdiera ni un ápice de información.

Michael me sugirió que escribiera un libro porque éramos muy buenos amigos y yo ya tenía experiencia como escritor, presentador en los medios y conferenciante sobre temas relacionados con los valores; y, lo más importante, porque las conversaciones seguían de manera natural un curso paralelo a los pasos que él necesitaba dar (conmigo asesorándolo y animándolo) para recuperar la salud y el equilibrio y redimirse, no sólo ante los ojos del público sino también ante los suyos propios. En los meses que siguieron, el de Michael se convirtió en un viaje espiritual desesperado cuyo objetivo era consagrar su fama a un fin superior: quería compartir con los demás una faceta suya más honda que sus amigos habíamos empezado a descubrir.

Completé el borrador de este libro dos años después de que las conversaciones terminaran y la gente que lo leyó dijo que nunca había reparado en que Michael tuviera una personalidad tan poderosa y fascinante. Algunos de los lectores más cultos me contaron que habían llorado durante la lectura. Como muchos otros, antes menospreciaban a Michael tachándolo de celebridad materialista y superficial, de individuo mentecato y estrafalario. La persona que se confiesa en las conversaciones, sin embargo, es introspectiva, sabia, comprensiva y profundamente espiritual.

Pero las circunstancias se impusieron mientras preparaba el libro y al final no lo publiqué: mi relación con Michael se había deteriorado porque yo percibía que ya no era una influencia positiva para él, que estaba desconectándose de su yo más profundo y volviendo a los comportamientos insensatos de la superestrella con tendencias autodestructivas que el mundo ya había decretado que era. Pensaba que Michael estaba perdiendo la batalla de la excelencia contra la vida disoluta, de la creación contra la esterilidad, del artista contra la caricatura.

Si todavía existía una oportunidad de publicar estas entrevistas, esa puerta se cerró de golpe cuando, en noviembre de 2003, Michael llegó a un acuerdo extrajudicial para zanjar el conflicto de los abusos sexuales a menores de los que se le había acusado por segunda vez: ya no había forma de que se tomasen en serio sus opiniones sobre ningún tema.

Michael ya no podía expresar su opinión sobre las necesidades de los niños, sobre la inocencia y el espíritu infantil (que según él contribuía a la grandeza de mucha gente) sin que esas ideas fueran desechadas como simples justificaciones de un hombre acusado de pedofilia. Además, cualquier cosa que se publicara no haría sino echar más leña al fuego del circo mediático que rodeaba el caso y con ello se obtendría el efecto contrario al perseguido con las entrevistas, que había sido precisamente poner coto a toda la conmoción e histeria reinantes y descubrir a un hombre más profundo tras el velo de su (bien es cierto que extrema) imagen pública.

Y al cabo del tiempo, ocho años después de las entrevistas, Michael muere repentina y trágicamente. La locura que ha rodeado su muerte y la imagen distorsionada de su legado han despertado e intensificado mis sentimientos latentes de tristeza, ira, resentimiento, decepción e incluso amor; por eso me he decidido a publicar este libro: el deseo de Michael debía cumplirse. Las cintas tenían que salir a la luz. Piense lo que piense la gente, en Michael había bondad y merece la pena mostrarla al mundo.

Michael no era ningún santo y desde luego yo nunca he disculpado sus pecados, pero también poseía una delicadeza y una nobleza de espíritu que me llenaban de humildad y eran toda una fuente de inspiración, máxime tratándose de un hombre con tanto talento. Advertí que las cosas extraordinarias que había compartido conmigo durante esas conversaciones servirían para despejar las tres gigantescas incógnitas que habían suscitado el circo de la prensa sensacionalista y el delirio mediático: ¿quién era Michael Jackson en realidad?; ¿qué dolor había experimentado para llegar al extremo de buscar una vía de escape con una medicación que lo iba quebrantando?; ¿qué lecciones morales podían extraerse de su trágica muerte para redimir esa vida truncada antes de tiempo?

La última pregunta me interesaba particularmente. Sólo vi parte del funeral que se celebró en el Staples Center y lo consideré un ultraje, una afrenta moral: se trataba de un hombre que muy probablemente había muerto por sobredosis y, sin embargo, en vez de comunicar —siquiera parcialmente— la magnitud del drama, convirtieron la ceremonia en un concierto.

Todo el mundo tenía que leer nuestras conversaciones y saber quién era Michael Jackson en realidad, entender que no se trataba de un bicho raro, de un *freak*; Michael no nació raro, pero la fama (su droga favorita) y una vida sin rumbo claro lo habían destruido por completo. La suya ha sido una pérdida terrible, tanto de inocencia como de talento; su muerte sin sentido clama pidiendo redención.

La principal tragedia de su vida fue confundir la atención con el amor, la fama con la familia, el atesoramiento de bienes materiales con el propósito espiritual de las cosas. Nunca olvidaré cómo, cuando iniciamos las conversaciones que son el alma de este libro, Michael pronunció las inquietantes palabras que he utilizado como epígrafe:

Te voy a decir algo que nunca le he dicho a nadie, y además de verdad, no tengo por qué mentirte y Dios sabe que no lo estoy haciendo. Creo que el éxito y la fama que he conseguido, que he anhelado, los deseaba porque en realidad buscaba que me quisieran. Nada más. Ésa es la verdad. Necesitaba que la gente me quisiera, que me quisiera sinceramente, porque nunca me he sentido verdaderamente querido. Ya he dicho que conozco mi talento. Pensaba que si lo perfeccionaba, la gente tal vez me querría más. Sólo deseaba que me quisieran porque me parece muy importante que te quieran y decirle a la gente que la quieres y mirarla a los ojos y decírselo.

Recuerdo que me sorprendió tremendamente oír aquello, su voz llorosa e inquietante describiendo la terrible soledad que reinaba en su vida. No se pueden leer sus palabras sin que esa alma, tan idolatrada y al mismo tiempo tan sumida en el más absoluto abandono, inspire una inmensa tristeza. Michael sustituyó el amor con la atención que recibía y por eso tuvo fans que adoraban *lo que hacía*, pero nunca tuvo verdaderos compañeros que lo quisieran por *lo que era*.

Los viejos rabinos del Talmud proclaman que las palabras nacidas del corazón penetran en el corazón. El que Michael reconociera ante mí que lo único que pretendía conseguir con su carrera era ese amor que tan esquivo le había resultado de niño me atravesó el corazón como una daga y nos unió como amigos espirituales: me sentía llamado a zambullirme en su soledad.

Un elogio que no era tal

Cuando me llamaron de la oficina para darme la terrible noticia de que Michael había fallecido estaba en Islandia grabando un programa de televisión acompañado por mi familia. Iba en una furgoneta con mi mujer y mis hijos y casi no nos lo podíamos creer. Los niños tenían muy buen recuerdo de Michael; él les había regalado a Marshmallow, el perro, que seguía siendo un miembro más de nuestra familia. A una de mis hijas se le llenaron los ojos de lágrimas y a mí se me partió el corazón al pensar en los hijos de él, a los que adoraba y que a su vez lo adoraban; pensé en Prince y Paris, que solían jugar con mis hijos, y en su hermano Prince II, a quien llamaban Blanket y a quien nunca llegué a conocer; pensé en lo unidos que estaban a su padre (éste solía decirme que estaba convencido de que, cuando crecieran, los biógrafos les preguntarían qué clase de padre había sido) y él quería que sólo tuvieran recuerdos maravillosos para compartir. Por desgracia, la mayoría de esos recuerdos quedarán ahora truncados.

No obstante, la noticia no me sorprendió: había estado temiendo ese día, sabía que tarde o temprano llegaría.

Durante los dos años en que había intentado —finalmente sin éxito— ayudar a Michael a recomponer su vida, lo que me daba más miedo no era que hubiese de afrontar otra acusación de abuso de menores, por más que al final ocurriera; lo que más temía era su muerte. Como conté en la CNN el 22 de abril de 2004 durante una entrevista que se retransmitió a todo el mundo, «mi mayor temor es que la vida de Michael llegue a su fin prematuramente; cuando te faltan los ingredientes necesarios para vivir una vida sana, cuando lo normal te resulta totalmente ajeno y además eres una superestrella, puedes acabar —Dios no lo quiera— como Janis Joplin, como Elvis... Michael va por ese camino».

La familia de Michael desmintió públicamente cualquier insinuación de que estuviera en peligro de muerte; como informó la CNN en respuesta a mi entrevista, «la familia Jackson niega cualquier declaración que dé a entender que la estrella del pop no lleva una vida sana e insiste en que, de hecho, su existencia no podría discurrir mejor, sobre todo teniendo en cuenta las particulares presiones a que está sometido».

En el transcurso de esa entrevista también fui blanco de una reprimenda por parte de Raymore Baine, portavoz de Michael durante el juicio y los años posteriores, quien me acusó de ser un irresponsable por decir que Michael iba a morir. El 6 de mayo de 2009, Raymore Baine demandó a Michael exigiéndole 44 millones de dólares. Seis semanas más tarde ya no importaba gran cosa porque Michael estaba muerto.

No tengo el don de la profecía, pero no hacía falta ser ningún lince para ver el desastre que se avecinaba. Michael era un hombre que sufría terriblemente y su tragedia fue que se dedicó a medicarse para apaciguar ese dolor en vez de enfrentarse a la raíz del problema, que confundió una afección del alma con un mal corporal. Pero ni todos los barbitúricos del mundo habrían podido curar jamás aquella alma abatida que había perdido el rumbo.

Sí, la fascinación desatada en los medios con los detalles más escabrosos de los acontecimientos que siguieron a su muerte más bien lo ha hecho parecer un personaje de dibujos animados, una caricatura del verdadero hombre en vez de la persona real que había muerto. Michael siempre mantuvo con el público estadounidense una relación de mutua explotación: él nos usaba para alimentar su inagotable necesidad de atención y nosotros lo usábamos para alimentar nuestra inagotable necesidad de entretenimiento.

En cualquier caso habría costado trabajo creer que la historia de Michael pudiera ser más extravagante tras su muerte que durante su vida, y sin embargo (con la madre de los dos niños mayores «decidiendo» si quería o no a sus hijos, con el dermatólogo del cantante dando a entender que él podría ser el verdadero padre de Prince y Paris, con Joe Jackson promocionando un nuevo sello discográfico mientras su hijo está todavía de cuerpo presente, con enfermeras declarando que Michael les pedía unas inyecciones de analgésicos que habrían tumbado a un elefante y con la policía federal persiguiendo a doctores que actuaban como camellos con licencia médica) lo imposible se había hecho claramente realidad.

Y justo cuando parecía que este teatro del absurdo había alcanzado su cota más alta, apareció la noticia de que el funeral de Michael iba a celebrarse en una cancha de baloncesto con aforo para 12.000 personas donde al día siguiente actuaría el Circo de los Hermanos Ringling.

¿Acaso no había ningún adulto capaz de imprimir a la ceremonia la necesaria sobriedad o de recordar que un ser humano había muerto, que un alma atormentada había acabado por perder la batalla con la vida y que tres niños inocentes se habían quedado huérfanos? ¿No había nadie capaz de decir que lo que había destruido la vida de Michael y causado un sufrimiento indecible a toda la familia Jackson era su incapacidad para sobrellevar la fama? ¿Nadie advertía que de la muerte de Michael podía aprenderse una lección importante y duradera si se le brindaba una despedida discreta y digna con una ceremonia verdaderamente religiosa que se centrara en los invisibles actos de bondad que había protagonizado y no en los discos que había vendido?

En mi opinión, su muerte no es sólo una tragedia personal, sino también una tragedia nacional porque la historia de Michael es la encarnación del sueño americano: un niño negro y pobre criado en Gary, Indiana, que llegó a convertirse en una estrella multimillonaria. Pero ya sabemos cómo acaba la historia: el dinero no es la moneda con que se adquiere la autoestima; que te reconozcan por la calle nunca podrá sustituir el amor incondicional de tu familia y tus verdaderos amigos.

Se han hecho famosas las palabras de Robert Oppenheimer (citando el Bhagavad-Gita) cuando presenció la explosión de la bomba atómica que tanto había trabajado para crear: «Me he convertido en la muerte, destructora de mundos». Quien haya asistido al lamentable colapso vital de Michael Jackson y al delirante espectáculo de las semanas posteriores a su muerte podría adaptar así la frase: «Me he convertido en la fama, destructora de vidas».

Michael distaba mucho de ser un monstruo, más bien era una persona con un espíritu reflexivo, perspicaz, terriblemente temeroso y en ocasiones profundo, pero estaba tan destrozado que no supo curarse. La fama y las legiones de fans gritando su nombre nunca habrían podido salvarlo de su inevitable descenso al averno.

Michael se merecía otro tipo de atención, y el público se merecía y necesitaba oír otro tipo de mensaje, una oración fúnebre que pudiera redimir la vida de Michael. Tremendamente triste y sumido en un mar de dudas, escribí unas líneas que se publicaron el 5 de julio, dos días antes del funeral con que se le despidió:

La muerte de Michael Joseph Jackson no es sólo la tragedia personal de un hombre que murió joven, ni tampoco representa únicamente un colosal desperdicio de vida y talento; más bien, y por encima de todo, se trata de una tragedia nacional porque, tanto si lo reconocemos como si no, nuestra obsesión con Michael Jackson, esa fascinación que nos produce hasta el más nimio detalle de su vida, se debe al hecho de que encarna un microcosmos de Estados Unidos.

Ya hace tiempo que está de moda caricaturizar a Michael presentándolo como un bicho raro, un freak, *pero ¿era realmente tan peculiar, tan distinto de nosotros?*

El sueño de Michael era hacerse famoso para que así lo quisieran. Como lo obligaron a subirse a los escenarios desde muy pequeño, nunca vivió la experiencia del afecto como un regalo que recibes sin que te pidan nada a cambio. Bien al contrario, la atención, el pobre sustituto del amor con que hubo de conformarse, fue algo que se ganó desde los cinco años, lo que explica su obsesión con ser famoso y el miedo que lo acompañó durante toda su vida a que el gran público lo olvidara. Y si para mantener el interés del público hacía falta comportarse de la forma más estrafalaria posible, estaba dispuesto a pagar ese precio.

Y bien, ¿en qué se diferencia de todos nosotros, viviendo como vivimos en la era de unos reality shows *televisivos donde conseguimos hacernos famosos sacando a la luz nuestros trapos sucios ante las cámaras, cuando concursamos en* American Idol *precisamente porque ese programa ofrece la promesa de convertirnos en el próximo Michael Jackson?*

Por supuesto que también está la cuestión de las constantes operaciones de cirugía estética: ¿hasta qué punto —nos preguntamos— ha de odiarse un hombre para llegar a desfigurar de ese modo su rostro? Claro que lo mismo podría decirse de los millones de estadounidenses, sobre todo mujeres, que conviven a diario con una imagen muy pobre de sí mismos, que se matan de hambre y se someten a procedimientos terribles por cuestiones de belleza —incluido clavarse agujas en la frente— tratando de recuperar la belleza y juventud perdidas.

Sí, Michael era un alma en pena, pero cabe preguntarse: ¿cómo podía un hombre con tanta fama y riqueza ser en realidad tan desgraciado para tener que aplacar el dolor con inyecciones de Demerol? No obstante, amigos míos, Estados Unidos es el país más rico de la Tierra, con el nivel de vida más alto del planeta, y a pesar de ello también consumimos tres cuartos de los antidepresivos que se toman en todo el mundo y un tercio de nuestra población se medica para combatir la ansiedad.

En cuanto al materialismo y la decadencia de Michael, en particular cuando lo veíamos en la televisión gastando millones de dólares en baratijas inútiles: ¿de verdad era tan distinto de nosotros, que hemos agotado el límite de las tarjetas de crédito comprando trastos que no necesitamos con dinero que no tenemos para compensar el infinito vacío interior que sentimos?

Cabe también mencionar las relaciones rotas que Michael llevaba a cuestas: dos divorcios, el alejamiento de sus hermanos y una actividad sexual altamente dudosa e incluso quizá delictiva. Sí, es cierto que —afortunadamente— pocos de nosotros somos culpables de semejante delito; pero el inmenso éxito de las páginas web de pornografía —altamente cuestionables en cuanto a su legalidad—, los videos de Girls Gone Wild *y la sexualización de adolescentes como Miley Cyrus tal vez debieran hacer que nos cuestionáramos la naturaleza inmadura de nuestra propia sexualidad. Y en lo que a relaciones rotas respecta, la revista* Time *acaba de publicar una estadística según la cual, de cada 100 matrimonios, 50 acaban en divorcio, 25 se mantienen con dificultades y sólo 25 son felices.*

En resumen, amigos míos, estamos obsesionados con Michael Jackson porque, pura y simplemente, era la cara más extrema de nosotros mismos, alguien que reunió en su corta vida una versión condensada de todas las rarezas y el despilfarro característicos de una cultura que prima la atención por encima del amor, los fans por encima de la familia, el cuerpo por encima del espíritu, la sedación médica por encima de la visión espiritual. Quizá la razón por la que otros no hemos acabado cometiendo los disparates autodestructivos de Michael sea, sencillamente, que carecíamos del talento y los recursos necesarios para ello.

Y precisamente ahí es donde encontramos una profunda enseñanza moral: la trayectoria de Michael es también la nuestra. La obsesión con Michael siempre fue egoísta porque se centraba en nuestro propio destino, en el rumbo que nos imponen nuestra cultura y nuestros intereses.

Y ahora podemos dar un sentido a esta tragedia inexplicable si, tras la desgraciada desaparición de quien fue en su día una gran leyenda, aprendemos que la vida no gira en torno a la fama y el dinero, sino en torno a Dios, la familia, la comunidad y las buenas obras.

Descansa en paz, Michael. Ojalá encuentres ahora la serenidad que nunca tuviste en vida y en el cielo te juzguen con más misericordia de la que te mostramos aquí en la Tierra.

Nuestra amistad

Cómo nos conocimos
Conocí a Michael en el verano de 1999 a través de nuestro amigo común Uri Geller. Casi todo el mundo conoce a Uri por sus poderes mentales,

pero para mí es un buen amigo que vivía cerca de mi casa durante el tiempo que pasé con mi familia en Oxford. Nací y me crié en los Estados Unidos, pero trabajé como rabino en Oxford durante once años, sobre todo con universitarios, y también fundé y dirigí la Oxford L'Chaim Society, una gran asociación estudiantil especializada en organizar conferencias de líderes mundiales sobre temas relacionados con valores. Uri y su familia solían venir a casa los viernes por la noche para celebrar juntos la cena del sabbat y nos hicimos bastante amigos.

En el verano de 1999 estaba con una beca de investigación en una universidad de los Hamptons, donde me había instalado con toda mi familia como paso intermedio a nuestro traslado de vuelta a Estados Unidos. Uri me llamó y me dijo: «Shmuley, tienes que conocer a Michael». Sabía que Uri tenía relación con Michael Jackson, que le había hablado de mí y que Michael quería conocerme. Para entonces yo ya había escrito más de media docena de libros sobre matrimonio, relaciones, paternidad y salud espiritual y me imaginé que Uri sentía que Michael necesitaba un poco de orientación en su vida y que le vendría bien ponerse en contacto conmigo.

Así que se organizó todo y, pese a que tenía ganas de conocerlo, lo cierto es que la experiencia no me marcó particularmente: ya había asesorado a muchos famosos que vivían de cara a la galería y la opinión que me había formado como consecuencia era que la fama resulta más dañina que benéfica para sus vidas a nivel personal. Del día de mi visita recuerdo llamar a la puerta de la magnífica casa que Michael había alquilando en la Quinta Avenida, muy cerca de Central Park. Quien me abrió la puerta fue Frank Tyson (cuyo verdadero nombre es Frank Cascio), que por aquel entonces hacía las veces de mánager de Michael y luego se convertiría en un querido amigo: me saludó, me invitó a pasar y me informó de que el señor Jackson tenía 30 minutos disponibles para nuestro encuentro. Michael (cuya carrera languidecía, pero estaba trabajando en un ya más que retrasado nuevo disco que por fin salió al mercado en 2001 con el título de *Invincible*) era muy diferente de lo que me esperaba: más callado y más tímido, pero también más abierto y accesible de lo que su imagen pública hubiera podido dejar entrever. Me presentó a sus hijos, Paris y Prince (que debían de tener alrededor de uno y dos años respectivamente), me enseñó las fotos de un concierto en Alemania que acababan de llegarle ese mismo día y estuvimos hablando tranquilamente de diversos temas: cómo criar a los hijos, el reto que supone vivir en una torre de marfil, mi vida y mi trabajo de rabino, etc.

La conversación fue más agradable y sustanciosa de lo que yo me había esperado tratándose de un hombre al que consideraba desproporcionadamente materialista. El encuentro duró mucho más de 30 minutos y salí de allí con la sensación de que, por algún motivo que no alcanzaba a explicarme, Michael, el archiconocido ermitaño, había iniciado un acercamiento.

Después de aquello hablamos por teléfono unas cuantas veces e hicimos planes para vernos en una segunda ocasión; esta vez fue Michael en persona quien me abrió la puerta, pero sólo después de comprobar que no había ningún periodista fuera. Yo le había llevado dos pequeños obsequios: el primero era un *mezuza*, el rollito de pergamino con textos bíblicos que los judíos ponen en las puertas como forma de tener a Dios presente en casa; por lo general sólo se ven en hogares judíos, pero le dije a Michael: «Dios es la fuente de toda bendición, que este *mezuza* te recuerde eso siempre». El regalo lo conmovió y lo colocamos juntos en la puerta principal. También le traje una menorá —el candelabro de ocho brazos típico de la Fiesta de las Luminarias que celebran los judíos durante ocho días—, como símbolo de la luz de Dios que debería iluminar su vida y su hogar.

Mientras charlábamos se respiraba un ambiente franco y distendido, de afecto y sorprendente confianza si se considera que tenía delante a un hombre que, según me habían dicho, era terriblemente reservado. Me enseñó una fotografía publicada a toda plana en el *New York Post* donde se le veía saliendo de una reunión con el dalai lama que había tenido lugar la víspera. Me comentó que le resultaba más revelador hablar conmigo que con el dalai lama y, halagado aunque también un poco avergonzado, le respondí que el dalai lama era indudablemente un gran hombre y desde luego yo no jugaba en su liga, que no era un gurú ni nada por el estilo, sino simplemente un hombre que había elegido hacerse rabino como resultado directo del divorcio de sus padres, que intentaba desentrañar el laberinto de la vida utilizando para ello el profundo código moral que contiene la ley de Dios, la Torá, y que, mientras avanzaba por ese camino, quería compartir con otros lo que había descubierto sobre cómo ser dueño de la propia vida y sentar unas sólidas bases éticas y espirituales en las que poder anclar nuestra existencia.

Cuando ya me marchaba, de repente Michael me dijo:

—¿Sabes qué?, me encantaría que me llevases a la sinagoga algún día.

Me quedé tan sorprendido que le pregunté si lo decía en serio y me respondió:

—Sí, Shmuley, ¿me podrías llevar a la sinagoga, por favor?

—Claro, Michael, será todo un placer —le contesté—, te voy a llevar a una sinagoga que te va a encantar.

A la semana siguiente se celebraba la festividad de *Simjat Torá*, el día en que se termina de leer el Pentateuco en las sinagogas para comenzar otra vez desde el principio, la fecha más feliz del calendario judío. Llevé a Michael a la sinagoga más musical de todo Nueva York, la Carlebach Shule, fundada por el legendario intérprete y compositor de música folclórica judía Shlomo Carlebach, cuyas hermosas y conmovedoras melodías se han hecho famosas con todo merecimiento.

Nadie excepto el rabino sabía que Michael estaría presente. Los judíos no utilizamos aparatos eléctricos durante el día de descanso, así que no hicimos fotos ni grabamos imágenes ni informamos a la prensa, sino que intentamos que fuera una experiencia verdaderamente privada y espiritual. Cuando aparecimos, la congregación se ilusionó mucho al comprobar quién la visitaba y lo recibió con los brazos abiertos; él, por su parte, dejó a un lado su timidez y pareció sentirse como en casa, tarareando las canciones, balanceando el cuerpo al ritmo de la música, estrechando la mano de todos lo que se acercaban a saludarlo sin dejar de sonrojarse ni un solo minuto. Durante el sermón, el rabino dijo que confiaba en que al «hermano Michael» le gustara aquel estilo de música un tanto diferente a la suya. Michael parecía estar encantado, fascinado con la atmósfera que se respiraba. Se veía claramente que era un hombre con una inquietud espiritual, que ansiaba volver a experimentar ese tipo de conexión trascendente, y de hecho, tiempo después, en una ocasión me diría que aquella tarde en la sinagoga había sido una de las más felices de su vida. Y lo mismo le comentó a Frank, a su madre y a más gente. Esa noche dejó huella en él.

Aproximadamente al cabo de una semana de esa experiencia maravillosa en la sinagoga Carlebach, Michael me invitó a cenar a su casa junto con mi familia. Le expliqué que comíamos *kosher* y encargó un cáterin *kosher* expresamente. Durante aquella cena empecé a darme cuenta de lo tímido que era.

Mientras estábamos allí sentados me resultaba prácticamente imposible imaginármelo como una superestrella: parecía tan absolutamente normal… Se mostraba tímido hasta en su propia —si bien temporal— casa y reparé en que cuando estaba en la intimidad odiaba ser el centro de atención. Si la gente lo miraba de cerca se sentía examinado y se volvía reticente y cauteloso. Supuse que seguramente era debido a que pensaba que la gente lo veía como un bicho raro. Pero entonces, cuando ya habíamos acabado la cena que él prácticamente no tocó y nos estábamos levantando de la mesa, se puso a tararear la melodía de una de sus canciones y en ese preciso instante la hermosa voz me recordó el inmenso talento que poseía y que por lo general no resultaba aparente cuando lo tenías delante.

Para festejar Acción de Gracias, Michael nos invitó a toda la familia a ir a un cine normal a ver la película de Disney *Toy Story*. La familia de Michael y la mía entramos en la sala cuando la proyección ya había empezado y se habían apagado todas las luces: nos habían reservado los asientos de las últimas filas y nos trajeron palomitas y bebidas; yo estaba sentado delante de Michael y lo oí reírse como un loco durante toda la película; al principio me pareció un tanto infantil —a fin de cuentas era una película para niños y el único motivo por el que yo estaba allí sentado era que la viesen mis hijos—, pero he de reconocer que oír los ataques de risa de Michael a mis espaldas resultó liberador: era como proclamar que no pasa nada si los adultos bajan la guardia y contemplan el mundo a través de la inocente mirada infantil. Al cabo de un rato yo también me estaba riendo y aquel episodio me mostró una cara más humana de Michael e hizo que creciera mi afecto por él. Nos marchamos justo antes de que terminase la película, así que nos perdimos un poco del principio y un poco del final, pero nadie supo jamás que Michael Jackson había estado en el cine.

En cambio, algunas otras «aventuras» en familia que compartimos no me parecieron tan inocentes ni sencillas, como por ejemplo la tarde de compras en la juguetería FAO Schwartz: Michael se había propuesto tirar la casa por la ventana comprándoles juguetes a mis hijos; me había dicho que iba a menudo y que cerraban la tienda para él. «Me encanta ese sitio —me había comentado—, tenemos que ir, nosotros solos, y que los niños se lleven lo que quieran.» Así que lo hablé con mi mujer y decidimos acompañar a Michael, pero con una condición importante: hablamos con nuestros hijos y les dijimos que podían gastarse como mucho 25 dólares por cabeza, o sea, dos regalos de 12 pavos cada uno.

Fue toda una aventura: en cuanto entramos en la tienda Michael volvió a la vida, parecía conocérsela palmo a palmo y nos hizo de guía llevándonos por todas las plantas, probando los juguetes, haciéndonos demostraciones de cómo funcionaba todo, animando a los niños a que llenaran los carritos. Nuestros hijos venían a enseñarnos los juguetes y nos preguntaban «mamá, ¿este cuesta demasiado?». Michael vio lo que pasaba y nos dijo que no era justo, que habían cerrado la tienda entera sólo para nosotros y a ese paso nos íbamos a gastar 150 dólares como mucho —estaban también los niños de otra familia que no venían con tantas restricciones—, pero yo me mantuve firme y le dije a Michael: «Con esto no estoy dispuesto a negociar; todo el mundo te saca lo que puede y, créeme, hay una parte de mí que es perfectamente capaz de ser tan materialista como el que más, pero la nuestra no es ni será nunca ese tipo de relación».

Esa actitud por mi parte fue de una importancia crítica. Yo ya me había dado cuenta de que uno de los mayores problemas que tenía Michael era la corte de sanguijuelas que lo rodeaban y, si me hubiera unido a sus filas, habría estado comprometiendo mis principios morales mismos, lo que hubiese sido terrible para mí, pero incluso peor para él: necesitaba gente con valores en su vida, no aduladores a los que se pudiera comprar; y además también había detectado en Michael cierta tendencia a comprar a los amigos, sin duda una muestra de su inseguridad. Debía saber que para mí él era suficiente, tal como era.

Durante el otoño nuestras respectivas familias empezaron a estar bastante unidas, celebramos juntos la cena del sabbat en nuestra casa en unas cuantas ocasiones y Michael y yo nos reuníamos una vez a la semana para estudiar y charlar. Me estaba agradecido por la inspiración que, según él, había llevado a su vida y yo por mi parte lo consideraba un perfecto caballero a la antigua usanza, una de esas pocas estrellas de Hollywood a las que de verdad les importaban los demás tanto como ellos mismos.

Aunque me aparte un poco del tema debería explicar brevemente que nunca intenté hacer proselitismo con Michael para que se convirtiera al judaísmo que, por ser una religión que cree en la autenticidad de cualquier fe que lleve a la gente a Dios, no busca hacer conversos sino que, muy al contrario, hay un mandamiento según el cual, incluso si alguien viene a nosotros de motu proprio con intención de hacerse judío, debemos rechazarlo por lo menos tres veces. Yo animé a Michael en muchas ocasiones a que volviera a sus raíces cristianas, en particular a los testigos de Jehová, la fe en la que se había criado. La razón por la que lo introduje en la filosofía y los rituales judíos y lo invité varias veces a la cena del sabbat era ayudarlo a reconectar con la belleza de la oración y la conmovedora melodía de la alabanza a Dios, todo en un contexto más amplio que eran mis intentos de inspirarlo para que llevara la espiritualidad de vuelta a su vida. Desde luego que el judaísmo, tan centrado en la familia, la comunidad y las buenas acciones, podía ser una influencia muy positiva en la vida de Michael, pero no hace falta ser judío para disfrutar de lo mucho que el judaísmo tiene que ofrecer.

Antes de las Navidades y el Fin de Año, sin haber avanzado realmente gran cosa con el nuevo disco, Michael dejó Nueva York para regresar a California, pero mantuvimos el contacto por teléfono, sobre todo para hablar de la familia y los amigos.

Neverland

Nuestra amistad se hizo mucho más estrecha durante los días que pasé junto con mi familia en Neverland como invitados de Michael en el verano de 2000. Era agosto y ya nos encontrábamos en la zona de Los Ángeles visitando a mi padre y mi hermano; como sólo estábamos a unas horas de camino y no lo habíamos visto desde hacía meses, decidimos ir en coche a hacerle una visita que acabó durando casi una semana.

Creo que Michael notaba que yo tenía algo que él necesitaba —tal vez sentido, propósito—, que yo sí sabía lo que quería hacer con mi vida: había sido rabino en Oxford, donde había fundado una organización que tuvo un significativo impacto entre los estudiantes, tanto judíos como gentiles; y, debido al divorcio de mis padres, había dedicado gran parte de mi vida al asesoramiento matrimonial y a escribir libros que ayudaran a hacer crecer la pasión y la intimidad en las relaciones de pareja; había encontrado una misión con sentido mientras que Michael parecía haber perdido la suya.

Nos recibió con todos los honores: cuando llegamos estaba fuera esperándonos con sus hijos y también había por allí domadores de animales, ciervos, hasta un elefante, un caballo enganchado a una calesa con su conductor y los lacayos convenientemente ataviados... Michael quería impresionarnos y desde luego lo consiguió porque aquel mundo de fantasía en el que acabábamos de entrar ciertamente nos sobrecogió.

En cuanto llegamos a Neverland tuve la impresión de que Michael estaba haciendo una especie de declaración con aquel paraíso mágico que se había construido: se había creado su propio universo particular, un mundo de risas de niños, diversión y juegos, dibujos animados y caramelos. Un mundo sin dolor.

Cada ser humano y cada cultura posee una visión diferente del paraíso: un año más tarde, el 11 se septiembre de 2001, el mundo descubriría que para un fundamentalista islámico convertido en terrorista suicida podía tratarse de una vida eterna repleta de candorosas vírgenes; para un materialista frívolo tal vez consista en un lugar donde el dinero crece en los árboles; para los judíos es un futuro donde el instinto depredador ha desaparecido y el lobo se tumba plácidamente junto al cordero. Para Michael era un lugar donde nadie se hace mayor jamás.

Michael era un anfitrión encantador. Primero nos llevó a visitar el rancho de casi 3.000 acres donde se alzan la mansión (un edificio no demasiado grande), un parque de atracciones, un zoo repleto de animales y un galería de juegos. Recuerdo perfectamente que nos llevó a la casa de los reptiles y le pidió al cuidador que sacara una serpiente venenosa, de cascabel, que él mismo sostuvo con unas grandes pinzas: a diferencia de lo que suele contar la prensa, que lo presenta como alguien obsesionado con los gérmenes y que se asusta hasta de su propia sombra, aquél era un hombre que no se amedrentaba fácilmente; luego continuamos la visita guiada de sus posesiones en tren y después recorrimos gran parte del inmenso rancho en *quads* todoterreno con Michael a la cabeza ataviado con un casco blanco. Esa noche cenamos todos juntos y nos contó lo feliz que estaba de tenernos en Neverland, pero lo que me pareció más interesante de todo fue que, incluso en Neverland, en medio de aquel derroche de amabilidad, Michael —aunque más relajado que de costumbre— todavía parecía tímido, incómodo y atribulado.

A los pocos días llegó otra familia que también visitaba el rancho por vez primera. Tengo la sospecha de que Michael invitó al chico —Gavin— para impresionarme cuando viera la dedicación con que se ocupaba de los niños con cáncer. Creo que confiaba en que yo hablaría en su favor ante el mundo y juzgaba que para eso tenía que ver con mis propios ojos lo comprometido que estaba con los necesitados. Gavin llevaba sombrero porque con la quimioterapia se le había caído el pelo; lo observé hablando con Michael, que lo animaba diciéndole que el hecho de estar calvo no era en absoluto motivo para sentir vergüenza. Me pareció digno de elogio que se esforzara tanto por conseguir que el niño viera su propia belleza en medio de los efectos devastadores del tratamiento.

El ambiente era relajado, todos los niños se lo estaban pasando en grande y, recordándolo ahora, parece imposible que al cabo de tres años la relación de Michael con aquella familia acabara con el arresto del cantante, acusado de haber abusado del niño. Hasta donde yo pude ver, la mayor parte del tiempo Michael se desentendía tanto del niño como de su familia, e incluso recuerdo que lo regañé suavemente por la poca atención que les prestaba.

Mis hijas recuerdan a Gavin y su hermano como unos niños tímidos a los que les hizo mucha ilusión pasar la noche en el dormitorio de Michael; a mis hijas también las invitó, pero, al ser niñas y de convicciones religiosas —y por tanto no acostumbradas a tener más que un contacto limitado con los varones hasta llegar a la edad núbil—, ellas ni se lo plantearon y dijeron que no sin tener que pensárselo dos veces. Me extrañó que los padres les dieran permiso a sus hijos, sobre todo teniendo en cuenta que era su primera visita, pero durante aquellos primeros días no pareció ocurrir nada digno de mención. La noche en que supuestamente se produjo el primer abuso, nosotros estábamos en Neverland, en una habitación que formaba parte de la misma zona de invitados donde estaban Gavin y su familia… y además cuesta trabajo imaginar que Michael le hubiera enseñado pornografía al niño estando yo allí.

Pronto descubrimos que nuestra visita coincidía con el cumpleaños de Michael: cumplía cuarenta y uno el 29 de agosto. Me sorprendió mucho comprobar que no se estaba haciendo el menor preparativo para celebrarlo y, de hecho, se me pasó por la cabeza que quizá nos había invitado para no pasarlo solo, en vista de que se había distanciado de su familia y tenía pocos amigos íntimos.

Fui a verlo a su habitación.

—En mi familia los cumpleaños no se celebraban —me dijo, y luego añadió que los testigos de Jehová debían evitar darse importancia, ser el centro de atención, pues se corría el riesgo de acabar siendo arrogante y engreído.

—Pues en cambio en la tradición judía celebrar el cumpleaños es muy importante —le conté yo—. Es el día en que viniste al mundo, celebras tu existencia. Tenemos que crecer con cada año que cumplimos, y como crecer siempre resulta doloroso, no debería ser algo que se viva en solitario, sino una experiencia compartida.

Así que los niños de las dos familias se pusieron a organizar una pequeña fiesta para la tarde del día en que Michael cumplía años.

Sin embargo, lo que a mí me preocupaba no era eso. Algo que se respiraba en el ambiente de Neverland combinado con todo el tiempo que llevábamos sin vernos hizo sonar una alarma en mi interior: lo veía tan aletargado que casi parecía inerte; no era tanto que estuviera triste, sino más bien consumido, indolente, casi perezoso, como un hombre que creyera que la vida ya no tenía ningún misterio ni ningún reto que ofrecerle. Lo único que parecía animarlo eran sus hijos, pero, por lo demás, daba la impresión de estar vacío por dentro, lo que resultaba incongruente con su cautivadora presencia sobre los escenarios y el personaje inabarcable que sin duda era de puertas afuera.

Los empleados de Michael trajeron un montón de tarjetas de felicitación que los fans le habían enviado por correo o le habían dejado a la entrada de Neverland y las colocaron en la inmensa cocina para que las viera, pero él no les prestó la menor atención. No se levantaba hasta bien avanzada la mañana, en ocasiones incluso pasadas las doce, y aunque me había dicho que estaba trabajando sin parar para terminar *Invincible*, casi nunca lo vi haciendo el menor trabajo del tipo que fuera. También había venido de Los Ángeles un músico que había colaborado con él en varios de sus discos anteriores para trabajar juntos en unas canciones nuevas para el disco, pero éste tampoco pasaba apenas tiempo con Michael.

Por las noches se animaba un poco más. Cenábamos en el inmenso teatro privado que tenía en casa la típica comida precocinada que te comes viendo la tele, en unas bandejas especiales para ese fin precisamente, y nos ponía sus videoclips de otros tiempos. Muchas veces mi mujer y mis hijas se iban a la cama al cabo de un rato, pero yo me quedaba un poco más mientras él seguía mostrándome entusiasmado aquellos fragmentos de tiempos pasados.

Poco a poco fui sacando unas cuantas conclusiones —por aquel entonces someras todavía— sobre qué era lo que no iba bien.

Para empezar, Neverland, por muchas cosas buenas que tuviera, no era un buen sitio para Michael porque estaba demasiado aislado, demasiado lejos de todo, y lo convertía en un ermitaño; era una vía de escape insana que le permitía huir de sus responsabilidades —incluso de las profesionales— y desde luego daba la impresión de que Michael estaba poco menos que malgastando su vida allí dentro. Neverland no tardó mucho en perder interés tanto para mí como para mis hijas, incluso porque una cosa es ir de vacaciones a Disneylandia y otra muy distinta vivir allí. Durante los primeros días, tener todas esas atracciones a nuestra disposición resultó increíble, pero al cabo de poco tiempo dejaron de ser una novedad y Neverland empezó a parecernos una jaula gigantesca.

En segundo lugar, lo que estaba afectando de aquel modo a Michael Jackson era mucho más que el entorno en que vivía: la gran superestrella padecía una enfermedad del alma, una tristeza de espíritu. Todas las bendiciones materiales que lo rodeaban no parecían significar gran cosa para él, incluido Neverland. Prince y Paris eran los únicos capaces de sacarlo de su habitación e imbuirle algo de energía.

En tercer lugar, Michael atravesaba un momento crítico en su vida, parecía estar perdiendo pie a una velocidad vertiginosa, sumiéndose en un letargo melancólico que lo alejaba de la menor actividad. Si no hacía algo para salir de aquella situación, lo más probable era que nunca se recuperase.

Y en cuarto lugar, tal vez Michael estuviera convencido de que recobraría la felicidad si su carrera volvía a despegar —tal y como evidenciaba aquella nostalgia profunda que lo llevaba a ver constantemente los vídeos de los momentos estelares de su carrera, los de los tiempos de *Thriller* y *Bad*—, pero yo estaba casi convencido de que no sería el caso, intuía que, en vez de más de lo mismo —por muy rutilante y grandioso que fuera—, lo que Michael necesitaba era llevar su vida a otro plano, uno superior.

Semejante tarea, habida cuenta de la negatividad aplastante con que se juzgaba a sí mismo y las carencias afectivas que sufría, le resultaría muy ardua, casi imposible (suponiendo que hubiese mostrado un mínimo interés). Y entonces ocurrió algo que confirmó todas mis hipótesis.

Más o menos al cabo de tres días de nuestra llegada apareció en Neverland un anciano que venía a reunirse con Michael y Frank. Resultó que no era de ningún sello discográfico, como yo me había imaginado, sino que se trataba de un diplomático de último nivel de un país europeo poco conocido con quien Michael se reunía en secreto porque creía que podía ayudarlo a conseguir el puesto de embajador honorífico de las Naciones Unidas que le permitiría hacer realidad su sueño de convertirse en una especie de portavoz internacional en cuestiones relacionadas con la infancia. Michael me pidió que asistiera yo también a la reunión, supuse que para que ofreciera garantías de lo intachable de su carácter, pero al poco de comenzar la entrevista con aquel hombre se hizo evidente que ocupaba un puesto tan bajo en la jerarquía de la ONU que en realidad no tenía la menor posibilidad de ayudar en nada. Toda aquello resultó una verdadera chapuza desde un punto de vista profesional, además de muy deprimente.

Michael sonaba desesperado y por tanto daba la impresión de que hasta él se creía también la versión comúnmente extendida de que, en vista de las alegaciones surgidas en 1993 sobre un presunto caso de abuso de menores (por el que nunca llego a ir a juicio ni fue condenado), era un personaje quemado y nadie volvería a mostrar jamás el menor interés por su persona. Ahora bien, aquella reunión fue toda una revelación en lo relativo a un aspecto importante.

De repente me di cuenta de que aquella carga tan pesada, aquel sentimiento de vergüenza que arrastraba, era la principal causa de la tristeza de Michael. Las acusaciones de 1993 comprometieron su integridad e hicieron trizas su credibilidad, sobre todo en relación con la infancia. Igual que nos pasa al resto, Michael Jackson quería que la gente pensara que era una buena persona. De hecho, en mi libro *The Private Adam* ya señalo que hay pocas cosas que causen más dolor a un ser humano que el que los demás lo tengan por mala persona. Todos tratamos de proteger nuestra reputación con uñas y dientes, y Michael no soportaba que la gente creyese que era un pedófilo, y el dolor era todavía más grande porque su mayor deseo era poner su fama al servicio de una gran causa. Esa popularidad, igual que Neverland, en realidad era una prisión. Michael ardía en deseos de utilizar su fama para ayudar a los niños del mundo, pero le era totalmente imposible porque había muchos que lo consideraban un monstruo.

Michael Jackson no era distinto de otros hombres (o mujeres) que cuentan en su haber grandes logros, pero que también llevan a cuestas el lastre de una reputación maltrecha. Por ejemplo, el senador John McCain hizo unas declaraciones en las que decía que, pese a haber sido prisionero de guerra durante cinco años en el Hanoi Hilton, donde sufrió torturas y las vejaciones más inhumanas, aquel dolor no era nada comparado con el que le habían producido las acusaciones de ser miembro del *Keating 5*, un grupo de senadores a los que se acusó de servirse de su posición para favorecer a un alto ejecutivo bancario, por más que luego fuese declarado inocente.

De manera similar, Thomas Jefferson —cuya vida estuvo jalonada de sufrimientos, incluida la muerte de su joven esposa y todos sus hijos excepto uno— dijo en una ocasión que el dolor más grande que jamás había sufrido era que lo acusaran de cobarde cuando ocupaba el cargo de gobernador de Virginia durante la Guerra de Independencia. Hasta el famoso gánster Meyer Lansky, cuya mayor preocupación en este mundo era que la sociedad conociera sus buenas obras, alardeó una vez de que «todo el que entraba en su casino sabía que si perdía dinero no sería porque le hubieran hecho trampas». Lansky además donaba grandes cantidades de dinero a obras benéficas.

Para mí estaba claro que Michael era consciente de que llevaba una existencia profundamente contradictoria: por un lado, probablemente era el artista más conocido de todo el planeta y famoso también por su amor a los niños; y, por otro, el americano medio nunca hubiera dejado que sus hijos se le acercaran y consideraba que ese gran interés suyo por los niños era cuando menos sospechoso y, en el peor de los casos, delictivo. Con la visita de aquel diplomático de poca monta a Neverland lo que estaba intentando hacer era recomponer su dañada reputación.

El día del cumpleaños de Michael sentí el impulso de decirle que me parecía que algo iba terriblemente mal, que a su vida parecía faltarle algún ingrediente fundamental, e incluso llegué a ir un poco más lejos: «Estaba pensando qué regalarte por tu cumpleaños y me he dado cuenta de que es un verdadero galimatías porque ¿qué puede regalársele a un hombre que por lo visto lo tiene todo? Así que al final he pensado que no necesitas cosas materiales, pero en cambio tengo la impresión de que cargas con un dolor muy grande por dentro y, si pudiera, me gustaría ofrecerte algo que me parece que es lo que más necesitas: el don de la inspiración».

Ese comentario consiguió verdaderamente romper el hielo: nunca antes me había hablado Michael con la sinceridad con la que lo hizo en esa ocasión: las reticencias y la timidez se esfumaron y me dijo que tenía razón al decir que llevaba a cuestas un gran dolor y una tristeza permanente: «Lo único que de verdad quiero en esta vida es hacer algo por lo niños del mundo. La fama, el dinero... No significan nada para mí. Quiero dedicar mi vida a ayudar a los niños».

Aunque no lo dijo de forma abierta, era sin duda consciente de que no tenía muchas posibilidades de intervenir en actividades relacionadas con la infancia después de los graves acontecimientos de 1993, incluido el acuerdo multimillonario al que llegó con el demandante y del que el mundo entero parecía estar al corriente (hasta el más íntimo detalle) pese a que nunca se hizo público de manera oficial. Me dijo que las acusaciones eran falsas, me lo repitió una y otra vez, insistió en que no había sido más que un montaje para extorsionarlo, que él era incapaz de hacerle daño a un niño. Había gente que le tenía envidia por su éxito y quería hundirlo. Y sus abogados le aconsejaron que llegara a un acuerdo porque el circo mediático que se había desencadenado amenazaba con destrozarle la vida y arruinar su carrera. Me volvió a repetir que el dinero no le importaba, que lo que de verdad le preocupaba era que la gente pensara mal del él.

Hasta que no lo oí hacer ese comentario había estado convencido de que Michael sólo era capaz de relacionarse con la gente que se mostraba deferente, incluso aduladora. En cuanto a nuestra relación, habíamos tenido conversaciones interesantes y yo le había ofrecido un cierto asesoramiento espiritual muy genérico y algunos consejos que confiaba en que le resultarían útiles, pero nunca había esperado que nuestra amistad fuese a pasar de ahí. Ya hacía un año que nos conocíamos pero, hasta que no visité Neverland con mi familia, no habíamos pasado de un trato más o menos superficial ni alcanzado mayores profundidades en nuestra relación.

Quedaba poco para que volviera a la Costa Este con mi mujer y mis hijas y entonces Michael también volvería a su rutina, pero, de pronto, se había abierto a mí de un modo en que —o por lo menos eso sospechaba yo— rara vez lo había hecho con nadie hasta ese momento. Decidí que me iba a enfrentar a aquel reto, empezando por sacar a colación algunas de las realidades desagradables pero ciertas que había detectado en su vida.

Lo miré a los ojos y le dije que, si lo que de verdad quería era convertirse en un creíble abogado de los niños, desde luego no iba por buen camino.

—Tienes que cambiar el enfoque de tu proyecto de ayudar a los niños y, de hecho, el de toda tu vida también —me atrevía a decir—. Lo que te falta, por encima de todo, es credibilidad. Eres famoso, eso está claro. Y, como artista, se te reconoce tu inmenso talento, pero como ser humano el mundo piensa, en el mejor de los casos, que eres un bicho raro y, en el peor, que estás un poco loco; la gente piensa que tu relación con los niños es un poco sospechosa y hasta hay quien cree que las acusaciones de 1993 son fundadas. La única forma de recuperar el crédito que has perdido es dar un giro a tu vida, una transformación moral completa.

Esperaba que apareciera en cualquier momento aquella mirada perdida que se le ponía cuando surgía un tema que le resultaba desagradable o abrumador. Pero no fue el caso, sino que, muy al contrario, me escuchó con suma atención hasta el final y luego me preguntó con mucho interés:

—¿Y tú crees que podrías ayudarme a conseguirlo?

¡Vaya! ¿Me había escuchado de verdad?

—Si lo dices en serio y te lo tomas en serio —le respondí—, entonces sí, estaría dispuesto a ayudarte. Creo que puedes hacer mucho de bueno con tu vida, que Dios te ha concedido este micrófono con el que puedes llegar a todo el mundo, algo que muy poca gente ha tenido a lo largo de la historia. Pero debes poner en orden tu vida si no quieres tirar por la borda todo ese potencial. Hoy es tu cumpleaños… El reloj no para...

Aquel día comencé a esbozar allí mismo un programa que Michael seguiría durante los siguientes nueve meses.

Le dije que lo primero que tenía que hacer era conseguir que la gente lo tomara en serio:

—Tu vida no se terminó en 1993 —sentencié yo—, por más que las acusaciones que se presentaron contra ti fueran muy serias, nunca te detuvieron ni se presentaron cargos, ni hubo ninguna condena. Si la gente seria te toma en serio, si empiezas a actuar de manera respetable y abandonas tus intereses más frívolos, entonces el mundo dejará a un lado tu pasado y la gente volverá a respetarte. Si vas a ser un defensor de los niños, tienes que rodearte de pensadores reputados, autores de prestigio, hombres de Estado y, sobre todo, expertos en cuestiones de la infancia. Y nunca más podrás quedarte a solas con un niño que no sea tuyo. Jamás.

Michael estuvo de acuerdo con lo que le decía e incluso dijo que se comprometía a no volver a quedarse a solas con un niño nunca más.

Yo intuía que la solución para Michael era que trabajara con padres y educadores en vez de con niños. A fin de cuentas, el problema en muchos casos era que a los niños los estaban educando terceras personas porque los padres estaban demasiado ocupados, demasiado estresados o demasiado poco interesados en darles a sus hijos lo que éstos necesitaban más que nada en el mundo: tiempo y amor, cenas en familia, que les leyeran cuentos antes de irse a dormir...

—Trabaja para que tu mensaje llegue a los padres de todo el mundo —añadí—. Al final con eso ayudarás a los niños y el mundo entero te lo agradecerá. Neverland puede ser un sitio precioso, pero está demasiado aislado, tienes que salir ahí afuera y codearte con gente que te sirva de inspiración. Eres una persona que se crece con esa ola de adrenalina que generan las multitudes, pero estás aquí metido en este paraíso precioso... Claro que, en realidad, te deberías preguntar si vives aquí porque te encanta o porque te estás escondiendo —luego le hablé de los obstáculos a los que iba a tener que enfrentarse; simplemente, el mundo no lo entendía—. Todos los días los periódicos publican una sarta de mentiras sobre ti —seguí diciendo—. Yo mismo he leído en alguna parte que tienes diez niñeras para cuidar a tus hijos y que si uno de sus juguetes toca el suelo, aunque sea un leve roce, el juguete en cuestión acaba inmediatamente en la basura porque tienes fobia a los gérmenes. Aunque ya he visto en estos días que nada de eso es cierto... (Michael tenía contratada a una única niñera, Grace, un mujer muy dulce y tremendamente inteligente, de Ruanda, que fue la responsable de que se despertara mi curiosidad por el terrible genocidio que tuvo lugar en su país en 1994 y sobre el que después escribiría varias columnas en los periódicos.)

»Y se cuentan otro montón de mentiras más sobre ti, pero no se te ha dado nada bien lo de explicarte a los ojos del mundo o responder a los incesantes ataques. Nunca has explicado por qué elegiste seguir siendo un niño, y la gente no lo entiende. En vista de lo que pasó en 1993, y puesto que no hay ninguna explicación disponible, la gente por fuerza va a acabar llegando a la conclusión de que un adulto de cuarenta y tantos años que se niega a crecer, o bien es un malcriado o bien tiene un tornillo un poco suelto.

Para terminar también le dije que tenía que asegurarse de que su existencia contara con todos los ingredientes de una vida sana. Ningún familiar vino a verlo el día de su cumpleaños; en aquella casa no se iba a la iglesia los domingos y, de hecho, y a excepción de en su fe personal, Dios parecía estar totalmente ausente de la vida de Michael Jackson. Tampoco mantenía el contacto con amigos que lo quisieran de verdad y su trabajo no parecía gustarle demasiado. Sus hijos no tenían otros niños con quienes jugar y vivían en un grado de aislamiento que era cualquier cosa menos recomendable.

Michael me dijo que aquél sería un magnífico regalo de cumpleaños:

—Hacer algo por los niños lo es todo para mí. Si no puedo ayudar a los niños la vida no tiene sentido. Estoy desesperado y creo que tú eres el único que puede ayudarme: eres mi amigo, te aprecio, y creo que me puedes ayudar.

Sin duda era muy halagador que un hombre con tanta influencia como Michael me dijera que yo era el único que lo podía ayudar, pero no dejé que se me subiera demasiado a la cabeza porque mi problema siempre ha sido la inseguridad más que la vanidad (aunque podría argumentarse que son dos cuestiones íntimamente ligadas). Pero, en cualquier caso, desde luego me hizo sentir especial.

¿Acaso estaría siendo coprotagonista de una especie de gran epopeya de proporciones cósmicas? ¿De verdad sería posible que un rabino y una estrella del rock unieran fuerzas para hacer del mundo un lugar mejor? ¿Podía ser que el gran proyecto vital que había albergado en mi interior desde que mis padres se divorciaron cuando yo no tenía más que ocho años, aquel sueño de ayudar y fortalecer a las familias, se hiciera realidad gracias a la fama de Michael, que además también potenciaría el alcance de mis artículos y los discursos que ya pronunciaba por todo el mundo? ¿O se trataba más bien de que mi propio quebranto interno, combinado con el deseo de que se me reconociera como un exponente de valores morales, fraguaba unos cimientos inestables sobre los que apoyarme? El tiempo lo diría.

De lo que no cabía la menor duda era de que aquél era un reto único, una oportunidad de ayudar a cambiar a un hombre, de contribuir a la rehabilitación de una persona que se estaba convirtiendo en un amigo, que era una estrella y con el que compartía mi amor por los niños y la necesidad de que se los valorara en nuestra cultura. Yo en total tenía siete (ahora tenemos nueve, gracia a Dios). Si el famoso presentador de televisión Jay Leno tenía siete coches antiguos, se le alababa por su magnífica colección, pero yo en cambio tenía que ir por la vida disculpándome por haber contribuido a la sobrepoblación mundial con siete hijos. Ahora bien, también pertenecía a una religión que valora la inocencia de los niños como la más espiritual de las cualidades: incluso los querubines, los dos ángeles gemelos que se suelen representar sentados sobre el Arca en el sancta sanctórum, el lugar más sagrado del Templo de Jerusalén, tenían cara de niños. Como rabino soy el representante de una cultura que valora la familia y los niños por encima de todo, y allí estaba uno de los nombres más conocidos sobre la faz de la Tierra pidiéndome que lo ayudara en su empeño de mejorar la vida de los niños de todo el mundo.

Fui a mi habitación a buscar el portátil y, con Frank y Michael a mi lado, comencé a escribir un plan de acción que podía imprimir un cambio radical en la vida de Michael, un plan para aprovechar su popularidad utilizándola en beneficio de las familias con problemas, para ponerlo en contacto con las personalidades más respetadas del planeta y sentar unas bases firmes y sanas en su vida.

Antes de marcharme de Neverland, Michael y yo acordamos que él iría a Nueva York pronto y se quedaría unos meses durante los que trabajaríamos codo con codo para conseguir que recuperara el equilibrio y poner en práctica un plan de acción para mejorar las vidas de niños y padres.

Más significativo aún: fue entonces cuando empezamos a grabar las conversaciones que manteníamos en su dormitorio o en la biblioteca y que constituyen el alma misma de este libro.

La lucha por la rectitud

Inmediatamente después de la visita de mi familia en agosto, y con objeto de continuar grabando las conversaciones que formarían el grueso del libro que teníamos planeado, Michael y yo acordamos reunirnos en Los Ángeles, luego en otra ocasión de vuelta en Neverland y, para finales de octubre o noviembre, él ya estaba en Nueva York donde se instaló en el hotel Four Seasons. Sí, por supuesto que iba a trabajar en su nuevo disco, pero en realidad venía para que pudiéramos pasar tiempo juntos y poner en marcha nuestro plan.

Prácticamente nos vimos todos los días durante la recta final del otoño. Tuvimos un sinfín de reuniones con gente que podía ayudarnos a participar en toda una serie de actos públicos donde Michael mostraría una faceta mucho más seria de su personalidad; por ejemplo, invité al catedrático Stanley Greenspan, uno de los mayores expertos del país en materia de educación infantil, para que se conocieran; le presenté a mi héroe, Elie Wiesel —superviviente del Holocausto y premio Nobel— y a su mujer. Y también lo llevé a ver a uno cuantos amigos míos que trabajaban en el mundo de las finanzas para que lo ayudaran a poner orden en sus cuentas: al final no hizo nada, pero por lo menos ellos le explicaron cuál era su verdadera situación, que básicamente se resumía en que estaba en la bancarrota y camino del más absoluto desastre económico. Michael hizo un esfuerzo en todos los frentes.

Además dejó de comportarse con ese secretismo tan característico que a mí me parecía destructivo: entre nosotros había una confianza total —o eso creí—, podía verlo siempre que quisiera; por ejemplo, si llegaba a la habitación de su hotel y se estaba duchando, asomaba la cabeza por la puerta del baño envuelto en una toalla y me gritaba «¡ahora mismo salgo!». Hasta había muchos días en que lo despertaba al llegar y le insistía en lo importante que era que rompiese la pauta de quedarse despierto casi toda la noche y dormir durante el día (algo por lo que Elvis también era conocido).

Durante aquellos meses, Michael seguramente estuvo más cerca de llevar una vida normal de lo que jamás había estado o volvería a estar. Mi objetivo era conseguir que dejara de verse como una especie de deidad huraña situada por encima del bien y del mal: era un hombre que cantaba y bailaba, muy probablemente mejor que la práctica totalidad de los mortales, pero seguía siendo un hombre. No era digno de adoración y necesitaba contar con los ingredientes saludables de que se compone una vida normal, igual que todo el mundo. Para conseguir ese objetivo nos veíamos prácticamente todos los días, incluso en sabbat, y solía venir con sus dos hijos a nuestra casa de Nueva Jersey, al otro lado del río Hudson, a la cena del viernes que da comienzo al día de descanso. Esas cenas de sabbat fueron muy importantes porque no sólo permitieron a Michael acceder a un rico ambiente espiritual, sino que también le brindaron la oportunidad de interactuar con los otros invitados que acudían. Puede que parezca poca cosa, pero para Michael, que rara vez había sido tratado como un simple mortal, el hecho de estar sentado a la mesa con otras personas conversando tranquilamente era muy importante.

Nosotros advertíamos a los demás invitados de que seguramente también vendría alguien muy famoso y les pedíamos que por favor lo trataran con total naturalidad. Era fascinante verlo charlar sobre cualquier cosa con unos y otros. Después de unas cuantas salidas un tanto torpes, por así decirlo, ya que Michael siempre se mostraba muy tímido en público, acabó por acostumbrarse y se manejaba bastante bien, llegando incluso a encandilar al resto de los invitados con su encanto. Los viernes por la noche celebro una reunión de oración en casa para los miembros de nuestra comunidad y, un día, cuando llegó Michael nos encontró cantando y bailando en un círculo gigante —de unas treinta personas—; se nos unió y estuvo bailando con todo el mundo. Recuerdo lo mucho que sonrió esa noche, como si el mero hecho de hacer algo en compañía de otros en vez de permanecer distante y apartado del resto ya fuera una liberación.

También hablábamos mucho de los requisitos básicos de una vida sana. Yo le decía: «Te tienes que levantar a una hora normal y te tienes que ir a la cama a una hora normal. Hace falta estructura en la vida. Tus hijos tienen que jugar con otros niños, ir al colegio y salir al parque y, por más que estés divorciado, los niños necesitan tener contacto tanto con su padre como con su madre para que crezcan lo más seguros y equilibrados que sea posible. No puedes aislarte, necesitas tener amigos normales que te ayuden a mantener los pies en la tierra y ante los que sientas un cierto grado de responsabilidad. También te hace falta una familia que te quiera de forma incondicional, así que, si os habéis enfadado, te tienes que reconciliar con tus familiares. Y, por encima de todo, necesitas a Dios, el gran arquitecto de la humanidad y la fuente de toda bendición, el que nos ha dado unas reglas para vivir y prosperar. Tienes que dejar de inventarte tus propias reglas sobre la marcha».

Le hablé a Michael de la importancia de esforzarse por hacer lo correcto, de sustituir su anhelo por ser el centro de atención con el deseo de realizar buenas obras y comprender que el esfuerzo es tan importante como los resultados para alcanzar la felicidad.

Le hablé de uno de los aspectos en que más se diferencian el judaísmo y el cristianismo, que no es tanto la divinidad de Jesús, como la creencia su perfección. Cuando los cristianos plantean la pregunta típica de «¿qué habría hecho Jesús?», lo que están haciendo es utilizar un modelo de perfección que guía sus acciones, lo que a mi juicio lleva a mucha gente a sentir que nunca alcanzará esa abrumadora meta de la perfección absoluta. Tengo la impresión de que en Estados Unidos no nos queremos demasiado, de que albergamos en nuestro interior un cierto grado de odio hacia nosotros mismos porque no somos lo suficientemente realistas con nuestra propia humanidad ni la valoramos: «¡Qué vergüenza ser tan egocéntrico! ¡Qué vergüenza estar casado y que me atraiga la mujer de otro!»

La parte de la Biblia que se lee en el judaísmo, en cambio, no contiene ningún personaje perfecto; todos cometen errores, hasta el profeta más importante, Moisés, no consigue entrar en la Tierra Prometida por culpa del pecado. Todos intentamos hacer lo correcto luchando con nuestra inclinación natural a hacer otra cosa.

Los cristianos definen la rectitud como perfección mientras que los judíos la ven como una lucha: luchamos con nuestra propia naturaleza y tratamos de mejorar constantemente; reconocemos desde un principio que llevamos dentro toda una serie de inclinaciones naturales al altruismo, a la avaricia, a la generosidad, al egocentrismo y a la entrega desinteresada. Hay una lucha constante y hacemos todo lo que podemos para elegir lo correcto por el mero hecho de serlo, incluso cuando nuestro comportamiento no coincide en absoluto con nuestras expectativas y, en ese sentido, nos perdonamos aunque no nos perdonemos nuestras acciones inaceptables.

Lo que traté de explicarle a Michael era que, en efecto, tenía sus demonios —probablemente más que la media—, pero no pasaba nada siempre y cuando luchara para superarlos.

No tardé en darme cuenta de que había dos jacksons: por un lado estaba el niño tímido de voz suave que se había criado en Gary, Indiana, y que no le pedía a la vida nada más que ser querido, que lo cuidaran; y luego estaba el provocador rayano en la grosería, el estrafalario y agresivo rey del pop cuyo único objetivo era conservar la adoración de las masas a cualquier precio. Michael no tenía por qué sentirse derrotado por tener dos personalidades; de hecho, en la tradición judía se aprovecha al máximo esa constante lucha interna entre «la inclinación al bien» y «la inclinación al mal». Si Michael elegía librar esa batalla y esforzarse para lograr que «los mejores ángeles de nuestra naturaleza» (según las palabras de Abraham Lincoln) alcanzaran finalmente la victoria, no sólo conseguiría gozar de una vida más rica y valiosa, sino que también llegaría a la rectitud.

Por raro que pueda parecerle al lector, yo también creía que Michael necesitaba una esposa, una compañera que compartiera con él ese viaje y lo ayudara a corregir el rumbo de su maltrecha vida hacia la salud moral y la redención. Estaba convencido de que Michael no podría rehabilitarse sin la ayuda de una relación llena de sentido con una mujer. Deseaba fervientemente que se casara y habrá quien diga que era muy inocente por mi parte asumir que era heterosexual, pero la verdad es que nunca vi nada que llevara a pensar que fuese gay, y no era yo quien iba a cuestionar la sinceridad de un hombre que me había dicho de manera rotunda que le atraían las mujeres y era perfectamente capaz de mantener relaciones sentimentales con ellas.

El Michael que yo conocí y observé solía hacer comentarios sobre lo atractiva que era esta o aquella mujer y no cerraba la puerta a la posibilidad de tener más suerte con el matrimonio en el futuro. Y, además, nunca mostró el menor interés por los hombres ni hizo el menor comentario que pudiera indicar que fuese homosexual o que su sexualidad encerrara el menor secreto. Lo que creo ahora es que Michael no confiaba en las mujeres y que por tanto no se sentía seguro en su compañía. Cuando me enteré de que era consumidor de pornografía (algo que salió a la luz a raíz del juicio de 2003), unido a todo lo que él mismo me había contado sobre lo expuesto que había estado de niño a una sexualidad adulta de naturaleza degradante y excesiva, vi claramente que era muy probable que jamás hubiera experimentado un cierto sentido de inocencia en relación al sexo, y que lo más seguro era que nunca hubiese llegado a madurar más allá de una sexualidad adolescente.

Estoy al corriente de que uno de los biógrafos más recientes de Michael dice tener pruebas de que era gay. Yo nunca vi nada que me llevara a esa conclusión, Michael nunca hizo la menor alusión a que hubiera ningún hombre en su entorno hacia el que se sintiera atraído y jamás conocí a ninguno que hubiera podido ser su amante. Michael sabía que tengo un hermano que es judío ortodoxo y gay al que quiero y respeto profundamente, y de hecho coincidieron en varias ocasiones, así que también tenía claro que yo no me habría escandalizado si me hubiera dicho que era gay. Pero nunca lo hizo, así que no cejé en lo que me parecía era mi responsabilidad: animarlo a que rehiciera su vida y su familia con una mujer. Además, yo estaba convencido de que sus hijos necesitaban una presencia maternal en sus vidas. Lo que él me respondió fue que, pese a no oponerse al matrimonio —lo había intentado dos veces con poco éxito—, le preocupaba que la mayoría de las mujeres se quisieran casar con él por su dinero.

Hubo una mujer en particular que impresionó a Michael en un sentido positivo aquel otoño y eso me dio esperanza: yo conocía a Katie Couric, la copresentadora del programa *Today*, porque me había entrevistado con motivo del lanzamiento de dos de mis libros y habíamos mantenido el contacto. Ella me pidió que le presentara a Michael, así que un día quedamos los tres para comer en la suite de éste en el Four Seasons.

El encuentro fue agradable y cálido y, en cuanto Katie se marchó, Michael se volvió hacia mí y me dijo:

—Shmuley, siempre me estás animando a que quede con mujeres aunque las que conozco no son de mi estilo, pero alguien como Katie sería perfecta: inteligente, natural y no se cohíbe en mi presencia. Se ve claramente que es una persona muy especial.

—Ya, Michael, claro —le respondí—, supongo que por algo la llaman «la novia de América»... Pero ¿de verdad estás diciendo que te gustaría quedar con ella?

—Sí —me respondió—, igual para tomar un café o algo así.

—¿Pues por qué no se lo pides?

Michael dejó escapar una risita nerviosa.

—Shmuley, ya sabes lo tímido que soy...

—Bueno, sí... ¿Quieres que se lo pida yo?

—Sí, ¿me harías ese favor?

«¡Vaya! —pensé—, ¿y ahora qué hago?» Desde luego que a Katie la invitación le iba a sonar un poco rara, pero ¡qué más daba! En mi trayectoria de asesor en temas de pareja y como escritor siempre había hecho un poco de casamentero, así que esa noche llamé a Katie a casa y le dije:

—Katie, ésta va a ser una de las conversaciones telefónicas más raras que jamás hayas tenido, pero ¿sabes qué?, a Michael le gustaría saber si querrías quedar con él a tomar un café.

Entonces fue el turno de ella para las risitas nerviosas:

—Ay, Shmuley, se ve que no lees muchas revistas del corazón... Estoy saliendo con alguien.

Yo sabía —como todo el mundo— que Katie se había quedado viuda en trágicas circunstancias y que estaba criando a sus dos hijas sola, pero, ciertamente, no tenía ni idea de que tuviera una relación sentimental con nadie.

—Pues... no, la verdad —reconocí con tono avergonzado y me disculpé por la llamada.

—No tienes por qué pedir disculpas —me respondió ella—, ya sé que tu intención era buena.

Más aún, nunca habría desvelado esta historia si no fuera porque, de hecho, la propia Katie la contó en el programa de David Letterman en agosto de 2009... En cualquier caso, éste y otros muchos episodios que apuntaban hacia la heterosexualidad de Michael me llevaron al firme convencimiento de que le gustaban las mujeres.

El día de mi cumpleaños, el 19 de noviembre, mi mujer me había organizado una fiesta a la que invitó a nuestras amistades más cercanas, incluido Michael y sus hijos. Fue divertido y además una oportunidad ideal para que Michael participase en las cosas sencillas de la vida cotidiana y empezara a ampliar su círculo de amigos. (Siempre me ha llamado la atención que precisamente el 19 de noviembre de 2003, la fecha de mi cumpleaños, fuera la víspera del día en que detuvieron a Michael acusado de abuso de menores.)

Luego también pasamos nuestro segundo Día de Acción de Gracias juntos. Vino a nuestra casa con sus dos hijos y nadie más. ¡Y es que no tenía a nadie más! Ni familia ni viejos amigos. Después de la cena me di cuenta de algo muy interesante: Michael había traído una película para entretener a los niños y fuimos todos al cuarto de estar a verla; Michael prácticamente se sentó encima de las manos, como para dejar bien claro que no estaba haciendo nada y no teníamos nada que temer por el hecho de que estuviera cerca de nuestros hijos. Me sentí muy mal por él: cierto que nunca hubiera dejado a un hijo mío a solas con él, aunque tampoco creía que —Dios no lo quiera— le hubiera hecho daño jamás, pero comprobar que incluso con los padres delante se sentía obligado a demostrar la rectitud de su comportamiento me hizo ver lo herido que estaba y cómo creía que todo el mundo sospechaba lo peor de él. Me dio mucha pena.

En diciembre, Michael asistió —invitado por mí— a su primer gran acto público desde hacía muchos años, y esta vez como invitado y no como artista principal. Era el Angel Ball, un baile benéfico organizado por la fundación de Denise Reach. (La hija de la organizadora, Gabrielle —una hermosa joven con mucho talento a quien conocí durante mis años en Oxford cuando ella todavía era estudiante—, murió de leucemia a los 27 años, y el baile se celebra para recaudar fondos destinados a la lucha contra el cáncer.)

Estuvimos con el presidente Clinton, y Elie y Marion Wiesel junto con el doctor Stanley Greenspan nos acompañaron como invitados.

En medio de toda la vorágine de personalidades que se acercaron a conocer a Michael hubo un momento en que le dieron un empujón y dijo que le habían hecho daño en la espalda, de modo que tuvimos que marcharnos pronto de la cena. De vuelta en el hotel de Michael, esa noche descubrí su problema con las drogas, que habría de ser precisamente lo que acabaría con su vida al cabo de los años. Los Wiesel y algunos miembros de mi familia volvieron con nosotros al hotel. Para Michael era un gran honor que una de las personalidades vivas más respetadas del mundo —y además galardonada con el premio Nobel de la Paz— le brindara su amistad y lo acompañara de vuelta a casa con su mujer; se suponía que íbamos a tomar un café todos juntos en la suite del hotel. Pero Michael me dijo que le dolía mucho la espalada y se tenía que ir a la cama.

El doctor Wiesel se ofreció a llamar a su médico personal para que examinara a Michael y al cabo de media hora apareció uno de los médicos más prestigiosos de Nueva York, que se pasó aproximadamente un cuarto de hora con Michael en el dormitorio y luego por fin salió —lívido— y desde el umbral de la puerta nos anunció: «Michael me acaba de pedir que le suministre una cantidad de tranquilizantes que bien podría matar a un caballo».

Yo no podía creer lo que oía, entré corriendo en el dormitorio de Michael y le dije:

—El médico nos acaba de contar que le has pedido que te ponga una cantidad brutal de calmantes.

Él me miró y, sin perder la calma ni un instante, contestó:

—Está exagerando, Shmuley. Tengo una tolerancia muy alta, estoy acostumbrado, no me pasará nada.

¡Estaba dándome argumentos para justificar lo que acababa de hacer!

—Oye, Michael, lo que tú pienses da igual. Hace unos años reconociste que eras adicto a los calmantes y no te digo que no tengas un nivel de tolerancia muy alto, pero el hecho es que el médico se niega a administrarte la dosis que le estás pidiendo. Estás jugando con tu vida, es veneno puro y lo tienes que dejar. Te vas a tener que acostumbrar a vivir con el dolor. Todos vivimos con el dolor hasta cierto punto y el dolor nos hace crecer como personas, no puedes andar medicándote cuanto quieras para hacerlo desaparecer, y tampoco puedes andar pagando a la gente para que lo haga desaparecer. No puedes apaciguarlo llamando al médico y punto. Este médico, que es médico de verdad, se niega a ponerte lo que le pides y además ninguno de nosotros va a dejar que lo hagas.

El doctor se marchó y Michael se quedó sin la medicación que quería.

Al día siguiente vino a casa con Prince y Paris para la cena del sabbat y se aseguró de explicarme que la razón por la que se quedaba de pie en vez de sentarse a la mesa era que no estaba tomando ningún calmante para el dolor de espalda, tal y como habíamos hablado la noche anterior: quería demostrarme que lo había entendido.

A medida que fueron pasando las semanas, Michael y yo seguimos trabajando para promocionar nuestra iniciativa, *Heal the Kids*, centrada en persuadir a los padres de que tengan más relación con sus hijos, cenen en familia, les lean historias a la hora de dormir y ofrezcan a los niños amor y un entorno seguro. Nos reunimos con muchos dignatarios que podían ayudarnos e hicimos planes para celebrar dos grandes eventos justo después de Año Nuevo: el primero era un seminario sobre paternidad que se celebraría en el Carnegie Hall y que Michael presentaría; y el segundo era una conferencia conjunta que Michael y yo ofreceríamos en la Universidad de Oxford sobre la Declaración de los Derechos del Niño.

Justo antes de Navidad, Michael volvió a Neverland para pasar allí las vacaciones y fue entonces cuando de verdad me di cuenta por primera vez de lo descuidado que era con el dinero: había ocupado una planta entera del hotel, que por cierto era uno de los más caros de Nueva York, y no desalojó las habitaciones a pesar de que iba a ausentarse durante tres o cuatro semanas. Cuando volvió le pregunté por qué no habían dejado las habitaciones y me contestó:

—¿Y dónde íbamos a dejar todas nuestras cosas?

—Michael, las metes en maletas y las dejas guardadas en la consigna del hotel, y luego cuando regresas las recuperas tranquilamente —le contesté.

Aquello fue otra pequeña muestra del tipo de conducta insensata que estaba socavando la vida de Michael y llevándolo hacia la bancarrota.

Menciono su desolador panorama financiero porque uno de los factores fundamentales que contribuyeron a su muerte fue precisamente el descabellado calendario de actuaciones con 50 conciertos programados en el O2 Center de Londres en 2009. Michael no tenía fuerza psicológica, emocional o física para aguantar ni un solo concierto —no hablemos ya de 50—, pero no le quedó más remedio que embarcarse en aquella locura debido al terrible estado en que se encontraban sus finanzas tras años de gastos disparatados. Y cuando le entró el pánico por culpa de la terrible presión a que estaba sometido, recurrió a dosis aún mayores de fármacos como su única tabla de salvación.

Cambiar, marcar la diferencia

Siempre había oído decir que Elvis solía reunirse con líderes espirituales de todo tipo y a todos les hacía la siguiente pregunta: «Yo era camionero en Memphis y acabé convirtiéndome en el artista más famoso del mundo. ¿Por qué yo? ¿Qué se supone que tengo que hacer ahora? ¿Para qué tanta fama?». Fue precisamente su incapacidad para encontrar una respuesta satisfactoria a esa pregunta de suma importancia lo que hizo que la fama se convirtiera en una prisión.

Cuando no enfocas la fama hacia algún fin o causa superior, ésta se vuelve una terrible carga. Te conviertes en una carga para ti mismo. Eres la mayor estrella del mundo, pero estás prisionero, no puedes poner un pie en la calle. Y para empeorar aún más las cosas, empiezas a verte como Elvis, ya no eres capaz de pensar en ti mismo de una manera natural y orgánica, sino que te miras con los ojos de los fans. Comienzas a perder tu humildad innata y consideras que todo aquel que no te trate con la debida reverencia no merece ni tu amistad ni tu confianza. A los que te critican los apartas de tu lado inmediatamente y empiezas a rodearte de aduladores. Ahora bien, si pones esa carga al servicio de una causa superior consigues liberarte; de lo contrario acabas aplastado bajo el peso de esa fama, y eso era exactamente lo que le estaba pasando a Michael.

Michael volvió a Nueva York en enero y nos empezamos a preparar de cara a los importantes eventos que teníamos previstos para febrero y marzo con objeto de marcar el lanzamiento de *Heal the Kids*.

El primero tendría lugar el Día de San Valentín en el Carnegie Hall, una gran conferencia a la que Michael y yo invitaríamos a destacados expertos en educación infantil y personalidades como el abogado Johnnie Cochran, la editora Judith Regan y el televisivo doctor Drew Pinsky para debatir cómo el amor entre marido y mujer debe desembocar en la creación de una familia estable donde se críe a los niños sobre la base sólida de la devoción de unos padres entregados. Apenas un mes más tarde, el 6 de marzo, teníamos programada una conferencia en la Oxford Union —una sociedad integrada por estudiantes de la Universidad de Oxford—, nada menos que en la mismísima sala de debate donde tantas mentes preclaras habían expresado sus opiniones antes que nosotros. La conferencia se centraba fundamentalmente en el tema del perdón y la importancia de que los niños no juzguen a sus padres. Yo le había escrito su discurso a Michael basándome en nuestras entrevistas para este libro y en los pensamientos que él había compartido conmigo sobre su deseo de cambiar.

Cuando la gente se enteró de que Michael Jackson iba a dar una conferencia en Oxford, muchos se rieron, pero el hecho es que recibió una ovación increíble de los más de mil asistentes y la respuesta de la prensa fue muy positiva. Trabajé casi más que en toda mi vida para escribir aquel discurso porque deseaba con todas mis fuerzas que la gente tuviera una imagen positiva de Michael y —dato interesante— Ian Halperin usa un fragmento de esa intervención en el prólogo de su exitosa biografía de Michael.

En mi opinión, aunque no las escribiera personalmente, las palabras que pronunció casi pueden considerarse como suyas además de como un reflejo de mi deseo de que su vida tomara un nuevo rumbo. Decidí que el discurso debía girar sobre todo en torno al tema de que los niños eviten juzgar a sus padres para que Michael pudiera así exorcizar también toda la nociva ira que llevaba dentro en contra de su propio padre, pues, si aquel vínculo roto entre padre e hijo había de restablecerse alguna vez, no sería posible en un contexto de amargura, decepción y recriminaciones. Los niños también tenían que aprender a ponerse en el lugar de sus padres, a considerar los retos que éstos habían tenido que afrontar como personas y como padres, y a tratar de comprender por qué habían cometido los errores que habían cometido a la hora de ejercer la paternidad.

Le dije a Michael que tenía que personificar la lección que intentaba transmitir, que se trataba de vivirlo y no sólo de hablar del tema, y que por tanto tendría que reconciliarse con su padre con quien era sobradamente conocido que mantenía una relación tortuosa. Michael lo había criticado en público en numerosas ocasiones y yo ya le había advertido que ese comportamiento estaba completamente fuera de lugar y que debía a su padre gratitud —y no hostilidad—, pues Dios ordena honrar a los padres en el quinto mandamiento. Por más que siguiera queriendo a su padre a pesar de todo, no sólo tenía que quererlo, sino también honrarlo.

De camino a Oxford, cuando no faltaban más que unas cuantas horas para la conferencia, le dije a Michael que había llegado el momento: su discurso no tendría el menor sentido si no llamaba a su padre antes de pronunciarlo y le decía que lo quería y que nunca debería haberlo juzgado. Y eso porque nunca había vivido la vida de su padre y por tanto nunca llegaría a comprender del todo las razones por las que éste había actuado como lo hizo. Agarró el móvil y llamó a su padre, que estaba en Las Vegas.

Íbamos unas cuantas personas en el coche y todos fuimos testigos de como Michael le dijo, tal vez por primera vez en su vida, que lo quería y que esa noche iba a pronunciar un discurso en Oxford que hablaba precisamente de él y de cómo ahora se daba cuenta de que no tenía ningún derecho a juzgarlo como lo había hecho. Michael siempre se refería a su padre como Joseph en vez de papá y comenzó aquella conversación telefónica diciéndole:

—Voy a dar una conferencia en Oxford y va sobre ti.

—Ajá… —respondió el padre inmediatamente con recelo.

—No, no te preocupes, no voy a decir nada malo, es para decirle al mundo que te quiero.

El discurso de Michael comunicaba un importante mensaje sobre la curación de las heridas:

Seguramente a nadie le sorprenderá oír que no tuve una infancia precisamente idílica. Las tensiones y dificultades de mi relación con mi padre son sobradamente conocidas y están documentadas. Mi padre es un hombre duro y desde muy temprana edad nos exigió mucho a mis hermanos y a mí para que nos convirtiéramos en los mejores artistas posibles.

Le costaba mucho mostrar afecto, la verdad es que nunca me dijo que me quería y jamás me hizo un cumplido: si una actuación resultaba excelente, me decía que había estado bien, y si las cosas salían más o menos bien me decía que había sido espantoso. Daba la impresión de que lo que más le preocupaba era convertirnos en un éxito de ventas, y eso, sin la menor duda, se le daba muy bien. Como mánager, mi padre era un genio, y mis hermanos y yo le debemos gran parte de nuestro éxito profesional precisamente a aquella forma poco menos que dictatorial que tenía de exigirnos más constantemente. Él fue quien me enseñó a ser un artista y, con él al timón, el éxito estaba garantizado.

No obstante, lo que yo quería era un padre, uno que me diera cariño, y mi padre nunca lo hacía, nunca decía «te quiero mucho» mirándome a los ojos y nunca jugaba conmigo, nunca me llevaba a hombros, nunca jugábamos a tirarnos almohadas.

Pero me acuerdo de un día —yo debía de tener unos cuatro años— en que fuimos a una especie de pequeña feria y me alzó en volandas para subirme a un poni: un gesto pequeño que a él seguramente se le olvidó al cabo de unos cuantos minutos, pero precisamente por ese minuto es por lo que mi padre ocupa un lugar especial en mi corazón. Así son los niños: le dan tanta importancia a las cosas pequeñas... Y para mí ese momento lo significó todo. En ese instante experimenté una sensación que nunca volvió a repetirse, pero aquello hizo que cambiaran mis sentimientos hacia él y hacia el mundo.

Resulta que ahora yo también soy padre. Un día estaba pensando en mis hijos, Prince y Paris, y en lo que quiero que piensen de mí cuando crezcan y, claro, me encantaría que se acordaran de que siempre deseaba llevármelos conmigo a todas partes, de cómo siempre trataba de ponerlos a ellos por encima de todo, incluidos mis discos y mis conciertos.

Ahora bien, ellos también tienen que enfrentarse a retos en sus vidas, porque a mis hijos los persiguen los paparazzi constantemente y no siempre pueden hacer cosas normales como ir a jugar a un parque o al cine conmigo. ¿Y si cuando se hagan mayores me echan en cara esas cosas y cómo mis decisiones marcaron su infancia? «¿Por qué no tuvimos una infancia normal como todos los demás niños?», podrían preguntarme.

Y, cuando pienso en ello, rezo para que mis hijos me concedan el beneficio de la duda, para que digan: «Nuestro padre lo hizo lo mejor que pudo, en vista de las circunstancias únicas que le tocó vivir. Seguramente no era perfecto, pero sí un hombre cariñoso y decente que intentó darnos todo el amor del mundo».

Confío en que mis hijos se fijarán en lo bueno, en los sacrificios que de buen grado hice por ellos, y que no criticarán los sacrificios que las circunstancias hayan podido llegar a imponerles a ellos a su vez o los errores que yo haya podido cometer y sin duda cometeré mientras siga criándolos. Todos hemos sido el hijo o la hija de alguien y sabemos que incluso si se tiene la mejor de las intenciones y hace uno todos los esfuerzos posibles, siempre se cometen errores. Es una característica ineludible de la condición humana.

Cuando pienso en todo esto, en cómo tengo la esperanza de que mis hijos no me juzguen con mucha dureza y me perdonen todos mis defectos, no me queda más remedio que acordarme de mi propio padre y, pese a que hay una parte de mí que lo ha estado negando durante años, tengo que reconocer que debe de haberme querido. Me quería. Y lo sé.

Lo demostraba en detalles muy pequeños. Por ejemplo: yo era muy goloso de pequeño —todos éramos muy golosos—, y lo que más me gustaba eran los donuts glaseados, cosa que mi padre sabía. Así que, cada dos o tres semanas, cuando me despertaba por la mañana y bajaba a desayunar me encontraba en la mesa de la cocina una bolsa de donuts glaseados; sin una nota, sin la menor explicación, sólo los donuts. Era como si hubiese venido Santa Claus. A veces se me pasaba por la cabeza quedarme despierto hasta tarde para verlo dejar los donuts en la cocina, pero, lo mismo que me pasaba con Santa Claus, no quería echar a perder la magia, me daba miedo que si hacía eso no volviera nunca más. Mi padre tenía que dejar los donuts en la cocina a hurtadillas para que nadie lo pillara con la guardia baja, le daban miedo las emociones porque no las entendía o no sabía cómo lidiar con ellas. Pero de donuts sí sabía.

Y, si permito que se abran las compuertas, me inunda una riada de recuerdos y anécdotas similares, de otros gestos pequeños que, por muy incompletos que fueran, me demostraban que hacía lo que podía.

Últimamente he empezado a pensar en el hecho de que mi padre se criase en el Sur y su familia fuera muy pobre; la Gran Depresión lo pilló al principio de la adolescencia y su propio padre, que tenía que pelear mucho para alimentar a sus hijos, tampoco le mostró afecto jamás a su familia y crió a mi padre y a sus hermanos con una disciplina férrea. Quién podría siquiera llegar a imaginarse lo que debió de ser crecer en el Sur en aquellos años siendo negro y pobre, despojado de dignidad, privado de toda esperanza, luchando por hacerse un hombre en un mundo que lo veía como un subordinado. Mi padre fue el primer artista negro que apareció en la MTV y me acuerdo de lo importante que resultó aquello, ¡y estamos hablando de los ochenta!

Se mudó a Indiana y formó su propia familia, trabajaba largas horas en una planta de laminación de acero, un trabajo que te destroza los pulmones y atenaza el espíritu, todo para poder mantener a su numerosa familia. ¿Acaso es realmente tan extraño que le costara expresar su sentimientos? ¿Tan misterioso resulta que endureciera su corazón y erigiese toda una muralla emocional a su alrededor? ¿Qué otra opción le queda a un hombre cuando su vida es una lucha constante para tan sólo ir tirando? Y, lo primero de todo: ¿es tan raro que nos exigiera tanto a sus hijos para que triunfáramos como artistas y librarnos así de una vida que —a él le constaba— estaba llena de indignidad y miseria? He empezado a darme cuenta de que incluso la extrema dureza con que nos trataba era una forma de amor, imperfecto si se quiere, pero amor a fin de cuentas. Me exigía lo indecible porque me quería, porque quería que ningún hombre mirara jamás por encima del hombro a ninguno de sus hijos.

Y ahora, pasado el tiempo, en vez de amargura siento bendición; en vez de ira, he hallado absolución; he sustituido el deseo de venganza por el de reconciliación y mi furia de los primeros tiempos ha dado paso al perdón.

Hace casi una década fundé una organización benéfica que se llama Heal the World [Sanar el Mundo]. *El nombre está inspirado en lo que sentía dentro de mí y poco podía imaginarme que, tal y como Shmuley me ha contado después, esas palabras forman uno de los pilares fundamentales de las profecías del Antiguo Testamento. ¿De verdad creo que podemos curar a un mundo lacerado a diario por la guerra, el odio y el genocidio? ¿Y de verdad pienso que podemos sanar a nuestros niños, los mismos niños que entran en el colegio empuñando una pistola, cegados por el odio, y abren fuego contra sus compañeros de clase como ocurrió en Columbine; niños capaces de matar de una paliza a un bebé inocente como en la trágica historia de Jamie Bulger (asesinado en Inglaterra por dos niños de diez años de edad)? Por supuesto que lo creo, si no lo creyera no estaría aquí esta noche. Ahora bien, todo empieza por el perdón, porque para sanar al mundo tenemos que sanarnos a nosotros mismos primero, y para sanar a nuestros niños tenemos que haber sanado antes al niño que todos llevamos dentro.*

Como adulto y como padre, me doy cuenta de que no puedo ser un ser humano completo ni un padre capaz de comprometerme del todo a amar de manera incondicional hasta que no haya exorcizado los fantasmas de mi propia infancia.

Y eso es precisamente lo que os estoy pidiendo que hagáis, que viváis conforme al quinto de los mandamientos y honréis a vuestros padres no juzgándolos. Concededles el beneficio de la duda, comprended que ellos también tenían sus propias luchas, sus heridas, sus propios traumas, y aun así hicieron lo que pudieron.

Ésa es la razón por la que quiero perdonar a mi padre y dejar de juzgarlo. Quiero perdonarlo porque quiero un padre y él es el único que tengo. Quiero desprenderme de la carga del pasado y quiero tener la libertad de iniciar una nueva relación con mi padre de ahora en adelante, una que no se vea enturbiada por los espectros del pasado.

Shmuley y yo, que hoy presentamos esta iniciativa, somos miembros de la comunidad judía y negra respectivamente, y ambas han tenido que enfrentarse a grandes horrores y atrocidades a lo largo de su historia. ¿Cómo consiguen nuestras comunidades perdonar los crímenes horribles de los que han sido víctimas sin por ello borrarlos de la memoria? Recordando. Las historias pasan de generación en generación, pero también vamos más allá de las historias. En un mundo lleno de odio, todavía osamos tener esperanza. En un mundo lleno de ira, todavía osamos ofrecer consuelo. En un mundo lleno de desesperación, todavía osamos soñar. Y en un mundo lleno de desconfianza, todavía osamos creer.

A todos los que estáis hoy aquí y sentís que vuestros padres os defraudaron, os pido que no os aferréis más a esa decepción. A todos los que

*estáis hoy aquí y sentís que vuestros padres os han engañado, os pido que
no os engañéis más a vosotros mismos. Y a todos los que estáis hoy aquí
y tenéis ganas de mandar a vuestros padres al cuerno os pido que en vez
de eso les tendáis la mano.*

*Y es que, en lo que a dolor se refiere, las cuentas nunca acaban
de cuadrar. La venganza no puede restituirnos nada. Si perdonamos
a nuestros padres no estamos negando que tal vez se equivocaran, no
estamos disculpando su pecado ni haciendo de ellos unos santos o unos
mártires. Albergando resentimiento en contra de tus padres nunca con-
seguirás el amor que anhelas tan desesperadamente. Pagar con la misma
moneda nunca hace que nuestra vida sea mejor. El dolor es permanente,
el sufrimiento es permanente, es un círculo vicioso sin principio ni fin.
Los bakongo tienen un refrán que dice: «Vengarse es sacrificarse a uno
mismo». Pues bien, amigos míos, nuestra generación ya se ha sacrificado
y ha sufrido bastante.*

*Así que, en lugar de eso, os estoy pidiendo, me estoy pidiendo a mí
mismo, que les regalemos a nuestros padres un amor incondicional para
que ellos también puedan aprender a amar de nosotros, sus hijos; para
que por fin el amor vuelva a un mundo desolado. Shmuley me contó
una vez una antigua profecía bíblica según la cual llegará el día en
que «los corazones de los padres serán restaurados por los de los hijos».
Nosotros somos esos hijos, amigos míos. Mahatma Gandhi decía que el
débil nunca podrá perdonar, que la capacidad de perdonar es propia de
los fuertes. Así que, hoy, sed fuertes. Más que ser fuertes, haced frente
al mayor reto que existe, el de restaurar esa alianza rota enseñando a
nuestros padres cómo se ama. Todos debemos superar lo que nos haya
cortado las alas de niños y, en palabras de Jesse Jackson, «perdonarnos,
redimirnos y pasar página».*

Con toda la prensa mundial publicando reseñas sobre su discurso y ahora
que llevaba una vida cada vez más normal, las cosas iban bien. Michael
venía conmigo a la sinagoga y también solía pasar con nosotros la cena del
sabbat, parecía centrado y feliz, escuchaba los planes que íbamos diseñan-
do y estaba de acuerdo en todo.

También hubo momentos en los que simplemente lo vi hacer cosas
sencillas pero tremendamente conmovedoras, por lo humildes y bondadosas. Un amigo del barrio me preguntó si podía traer a su hermano de
treinta y tantos años con síndrome de Down para que conociera a Michael, que era uno de sus ídolos (hasta sabía hacer el *moonwalk)*. Michael
estaba muy ocupado con su disco, pero me dijo que podía hallar un rato
para un encuentro breve. Así que nos reunimos con el hermano, que nos

cantó unas cuantas canciones de Michael, hizo el *moonwalk* y, en una palabra, nos ofreció una imitación completa de su ídolo. Michael no podría haber sido más amable con aquel hombre especial con necesidades especiales.

Cuando nos quedamos solos le di las gracias por haber sido tan cariñoso:

—Hoy has hecho algo muy bonito —le dije—, muchas gracias, de verdad.

—No, Shmuley —me contestó—, tú me has hecho un favor a mí al presentármelo, me ha encantado pasar un rato con él. Es más, le tengo envidia.

—¿Pero por qué dices eso?

—Porque nunca dejará de ser niño, siempre será pequeño e inocente, y eso me da envidia.

Hubo muchas anécdotas como ésa, acciones pequeñas pero cargadas de amabilidad por parte de un ser humano delicado cuyo corazón era delicado y suave.

El final de nuestra relación

A medida que Michael iba estando más motivado, tenía más energía y se dejaba ver más, todos los que habían decretado que estaba acabado empezaron a aparecer de nuevo. Resultaba evidente que se estaban diciendo «vuelve a ser alguien y sabe lo que hace». Gente que no se explicaba su anterior falta de productividad estaba ahora dispuesta a ponerse en movimiento, agentes y productores de los que no había tenido noticias durante mucho tiempo lo venían a ver al hotel… El resultado directo de todo eso fue que mi influencia sobre Michael empezó a disminuir y las cosas empezaron a torcerse: quedábamos y no se presentaba, estaba dejando de hacer un horario normal, su compromiso comenzaba a flaquear y cuando le preguntaba algo relacionado con nuestro proyecto de dar más sitio a los niños en la vida de sus padres se encogía de hombros y se desentendía. Había una tensión creciente entre nosotros; él empezó a ignorar mi consejo de mantener el rumbo del programa que habíamos ideado el día de su cumpleaños y, en vez de apoyarme, la gente que lo rodeaba fue poniéndome cada vez más trabas y me acusaban de querer empañar el brillo de la fulgurante estrella de Michael.

Luego me enteré de que le habían presentado al promotor de conciertos David Guest (sobre todo conocido por haber estado casado con Liza Minelli y por el desagradable embrollo legal con que aquel matrimonio llegó a su fin) durante el viaje que hizo para conocer a Shirley Temple. David le sugirió a Michael trabajar juntos en la organización de un concierto que marcara sus treinta años como artista. Michael no se atrevió a contármelo porque sabía que me opondría a la idea de que volviese a subirse a un escenario hasta que no hubiera encontrado un sentido de renovación espiritual, que le diría: «No saques el pastel del horno a medio cocer, no vuelvas sin estar preparado, todo eso casi te costó la vida la primera vez, no repitas los mismos errores una segunda».

Yo sabía que estaba teniendo reuniones con unos y otros, pero de lo que no tenía la menor idea —y no me enteré hasta unos cuantos meses después por boca de los padres de Michael en su casa de Encino— era de que había gente del equipo técnico de Michael que le había empezado a decir que yo lo estaba desmitificando y convirtiéndolo en un personaje demasiado accesible. Por lo visto, la opinión general era que el rabino tenía buenas intenciones pero estaba devaluando la marca Michael Jackson al ponerlo a dar conferencias sin cobrar en universidades de por ahí cuando en realidad su sitio estaba en los estadios, ante cientos de miles de fans que habían pagado religiosamente su entrada.

Por aquel entonces me llamaron del despacho del periodista británico Martin Bashir para hablar de la posibilidad de hacer un documental sobre Michael porque uno de los productores con los que trabajaba me conocía de mis años de rabino en Oxford. Le dije a Michael que sería un error garrafal aceptar la oferta: «Ni te plantees hacer ese documental —le advertí—; para empezar, no estás preparado para someterte a un análisis de tu vida hasta el último detalle, y además no necesitas ser todavía más famoso y meter las cámaras en tu casa. Lo que te hace falta es ponerte bien y ganar credibilidad».

Ni me molesté en devolver la llamada de la gente de Bashir y pensé que el proyecto había quedado en vía muerta, pero, al cabo de dos años, nuestro amigo común Uri Geller convencería a Michael de aceptar aquella oferta y se hizo el documental, que apareció en antena en 2003 con el título *Living with Michael Jackson*. Resultaría una de las mayores catástrofes de toda su carrera: millones de personas de todo el mundo vieron sus comentarios sobre «dormir con niños» y aquello conduciría directamente a su detención acusado de abuso de menores.

Uri y yo seguimos siendo buenos amigos y sé que quería mucho a Michael, y de hecho yo nunca lo habría conocido si no hubiera sido por él. Ésa es la razón por la que siempre me preocupé de mostrar mi agradecimiento implicando a Uri en todo lo que hacíamos juntos Michael y yo, incluido nuestro viaje al Reino Unido para la conferencia en Oxford, durante la cual Uri subió al escenario con nosotros. También cumplí con el deseo de Uri de llevar a Michael a su boda y que éste hiciera de padrino y, como rabino de Uri, fue un honor para mí ser el oficiante de la ceremonia.

Uri es una de las personas más entrañables y cariñosas que conozco, pero, incluso con la mejor de las intenciones, que se ocupara de organizar todo para que Michael hiciera el documental de Bashir fue un error estrepitoso y, en última instancia, de trágicas consecuencias.

La vida de Michael era un absoluto desastre: un despilfarrador famoso cuya relación con los niños seguía sin aclararse. Y además, sus incontables miedos hacían que ocultara a sus hijos con intención de protegerlos. Prácticamente no tenía contacto con la realidad cotidiana del mundo exterior —por no hablar de su familia— y estaba desesperadamente necesitado de sensatez en prácticamente todos los aspectos de su vida. Pese a haberme prometido que no volvería a quedarse a solas con un niño nunca más, claramente era una práctica con la que había continuado, por lo menos en el caso de Gavin, el niño al que habíamos conocido en Neverland. Lo que Michael necesitaba con la mayor urgencia era orientación espiritual y asesoramiento moral, no ponerse delante de otra cámara. Nunca he visto ningún otro programa de televisión tirar por tierra el futuro de un hombre del modo como lo consiguió *Living with Michael Jackson*, lo que no es culpa de Bashir y la gente que hizo el documental, sino más bien de Michael y su equipo por haber accedido a participar en el proyecto. Fue verdaderamente desafortunado que gente que quería tanto a Michael lo aconsejara tan mal.

Al instalarse nuevamente en su identidad de estrella, Michael fue cayendo de nuevo en el secretismo y distanciándose de mí. Por ejemplo, me había prometido que nunca se volvería a hacer otra operación de cirugía estética, pero gente próxima a él me contó que había vuelto a pasar por el quirófano, y me lo había ocultado en parte porque le daba vergüenza que yo viera que no era lo suficientemente fuerte para cumplir los objetivos que habíamos marcado, y en parte porque no era capaz de enfrentarse a mis críticas, que habían ido en aumento. Más aún: en vez de considerarme como un amigo verdadero y una persona de confianza que podía guiarlo, ahora más bien me trataba como causa constante de irritación.

Al ir viendo cómo se tambaleaba —levantándose tarde, no presentándose a las reuniones, gastando un dinero que no tenía—, empecé a regañarlo cada vez más, con comentarios suaves y siempre desde el cariño, pero eran broncas en cualquier caso, y Michael no tenía ni idea de cómo afrontarlas.

El 25 de marzo era el día en que debía celebrarse el último evento que habíamos planeado, una iniciativa de alfabetización y salud comunitaria en Newark, Nueva Jersey, y aquello fue la gota que colmó el vaso. Mi querido amigo Cory Booker colaboraba con nosotros en el proyecto: por aquel entonces era concejal y hoy es alcalde de Newark y uno de los líderes con más talento, más admirados e inspiradores de todo Estados Unidos. Pese a ser afroamericano y no judío, Cory fue presidente de mi organización, la Oxford L'Chaim Society, durante el tiempo que pasó estudiando en Oxford con una beca Rhodes, y es uno de los seres humanos más especiales y cariñosos que conozco, una de esas personas con la virtud de levantar la moral a cualquiera. En los tiempos de Oxford, organizamos juntos conferencias de muchos líderes mundiales de la talla de Mijail Gorbachov, por ejemplo, siempre sobre temas centrados en los valores.

Cory y yo seguimos siendo como hermanos, y Michael había coincidido con él varias veces en las cenas de los viernes por la noche en nuestra casa. Michael vio inmediatamente en Cory lo mismo que ya había visto yo hacía muchos años y me comentó en repetidas ocasiones lo mucho que le inspiraba la amistad que me unía a Cory, nuestra afinidad de alma. Michael había accedido a repartir libros infantiles entre los padres de la circunscripción de Cory en Newark, se suponía que iba a ser una magnífica oportunidad para subrayar la importancia de leerles a los niños historias a la hora de irse a dormir.

Pero cuando llegamos a Newark, Michael ya estaba mostrándose receloso y cansado por causa de todos los eventos a los que había tenido que asistir, pues habían sido seis semanas en el ojo del huracán apareciendo constantemente en público, y en un papel que no estaba acostumbrado a interpretar. Yo me daba cuenta de que la situación era insostenible entre nosotros, él parecía estar apartándose poco a poco de la labor que habíamos comenzado juntos para volver a ser una superestrella.

El evento con el concejal Booker en Newark fue un gran éxito —asistieron cientos de familias y distribuimos miles de libros— pero, camino de vuelta a la furgoneta, Michael prácticamente no me dirigió la palabra. Era todo un caballero, en mi presencia nunca dio muestras de la menor hostilidad y jamás lo vi perder los nervios, sino que, muy al contrario, si se enfadaba se limitaba a aislarse, te castigaba privándote de la cosa que más le importaba en este mundo: atención.

Volvimos a la habitación de su hotel y entonces se produjo uno de los episodios más dolorosos de nuestra relación: un mánager de Michael me pidió que nos sentáramos a hablar un momento —con Michael presente y observándolo todo— y comenzó a explicarme por qué estaba disgustado Michael: «Mira, Shmuley, Michael te quiere mucho, pero está molesto contigo. Es que parece que no lo entiendes… Carnegie Hall y Oxford son una cosa, pero… ¿un montón de familias de Newark? Michael es la estrella más importante del mundo y no hace ese tipo de cosas. ¿Colaborar con un concejal de una ciudad de Nueva Jersey? Con quien Michael se codea es con presidentes y primeros ministros». Por lo visto yo estaba perjudicando su imagen.

Entonces el mánager me dijo algo que nunca olvidaré: «Quieres convertir a Michael en una persona normal; lo que no comprendes es que precisamente es famoso porque *no* es normal».

Michael estaba escuchando sin decir nada: se veía claramente que había encontrado alguien que le hiciera el trabajo sucio, que aquel discurso estaba planeado y contaba con su aprobación. Así era: Michael tenía dos caras en permanente conflicto, en guerra constante; por un lado estaba la del simpático y adorable niño normal de Gary, Indiana, que sólo quería cantar y hacer feliz a la gente con eso; y luego estaba la de la superestrella encerrada en sí misma, el hombre dispuesto a caminar al lado de una jirafa y hacerse amigo de un chimpancé, ocultar su rostro y desfigurar su aspecto, todo en un intento de parecer misterioso y distante para que la opinión pública no dejara nunca de fijarse en él.

Consideré el significado de aquellas palabras —«es famoso porque no es normal»— y, tras aquella afirmación, vi la manifestación plena y palpable de la tragedia de la vida de Michael, un hombre tan falto de amor tan necesitado de atención, que estaba dispuesto a hacer prácticamente cualquier cosa para conseguirlo, y si convertirse en una atracción de feria era el precio que tenía que pagar, lo haría: ¡al diablo con la opinión pública siempre y cuando se siguiera hablando de él!

Cuando lo llevé a Newark a repartir libros entre padres de clase humilde para que se los leyeran a sus hijos, lo hice creyendo que le interesaba más hacer algo bueno con su fama que ser famoso en sí, pero la superestrella se había salido con la suya y al chico sano lo habían enterrado vivo. Y la superestrella no hace cosas tan pedestres como repartir libros a un puñado de desconocidos, mucho menos por un simple concejal que se esfuerza para mejorar la calidad de vida de las familias trabajadoras. (¡Qué trágica ironía es ver cómo, al cabo de los años, Michael está tristemente fallecido mientras que a Cory Booker se lo elogia cómo uno de los mejores alcaldes de Estados Unidos y su nombre está empezando a sonar en muchos círculos como alguien destinado a liderar la nación entera!)

Así que nuestra relación se fue deteriorando y al final decidí que había llegado el momento de poner punto final. Mi cometido era ayudar a Michael a mejorar su vida y dedicar su fama a una causa superior, pero si él no era capaz de mantener el compromiso, si me iba a encontrar a cada paso con el comentario de que sólo participaba en las causas que contribuyeran a su fama, si se esperaba de mí que me convirtiese en otro devoto mudo, no me quedaba más remedio que seguir mi camino. Salí del hotel de Michael sabiendo que seguramente nunca volveríamos a tener un trato cercano y que lo correcto cuando ya no puedes ayudar a alguien que pasa por una crisis es, por lo menos, no contribuir a su declive quedándote sentado de brazos cruzados a ver cómo ocurre mientras guardas un silencio complaciente.

Fue la última vez que lo vi.

Dos semanas más tarde me llamó desde Miami y me dijo: «Te voy a mandar un avión para que vengas». Luego se pasó media hora intentando convencerme de que fuera a verlo, asegurándome que todavía quería proseguir con nuestro trabajo; echó la culpa de nuestras desavenencias a la gente que lo rodeaba y, por un momento, dudé. Además yo me había criado en Miami y tenía allí familiares a quienes podía aprovechar para visitar. Así que dije que me lo pensaría y lo hice, pero al final decidí no ir. Si Michael hablaba en serio de reorientar su vida hacia el trabajo que habíamos comenzado daría muestras de ello en forma de acciones tangibles.

Esperé a que regresara a Nueva York, pero fue pasando el tiempo y se anunció que, para conmemorar sus treinta años de carrera, daría dos conciertos que debían celebrarse en el Madison Square Garden en septiembre.

Michael me había decepcionado profundamente, sentía que había mostrado —a mí y al mundo— una imagen de sí mismo que al final era falsa; me había hecho creer que su prioridad absoluta era ayudar a los niños del mundo y llevar una vida de inusitado altruismo, mas a pesar de que muy probablemente él mismo se lo había creído, en realidad nunca sería capaz de superar completamente la atracción que ejercía sobre él la fama. Más que a ninguna otra persona, el primero a quien Michael ofrecía una imagen falsa era a sí mismo. Tenía dos caras —la de persona generosa y la de narcisista— pero ésta última no era capaz de verla.

No obstante, mi relación con Michael no había terminado del todo: llegó el verano y yo me fui a hacer un viaje en caravana con mi familia. Íbamos por la carretera cuando llamó Frank y me dijo: «Michael me ha pedido que te llame, dice que no puede hacer el concierto sin ti. Eres su mejor amigo, Shmuley, y quiere que tú y los niños estéis a su lado; si no, simplemente no será lo mismo». Salí de la autopista para hablarlo con mi mujer porque sabía que lo tenía que decidir al minuto. Doy gracias a Dios de que mi esposa estuviera conmigo ya que no estaba seguro de tener fuerza suficiente para resistirme a la poderosa atracción de una superestrella; pero mi mujer, que es la persona más sana y entera que conozco (y completamente inmune a la fama y el estrellato), me ayudó a superar aquel momento de vacilación y al final decidí no aceptar la invitación.

Yo era amigo de Michael y rabino, pero no era fan suyo. Mi intención era reconducir su vida asentándola sobre una base moral y espiritual sólida, no aplaudirlo cuando moviera los pies en el escenario; no sería otro adulador más que añadir a la lista, no recuperaríamos la amistad a menos que yo pudiera ejercer una influencia positiva sobre él. Me negaba a quedarme de brazos cruzados contemplando como se hundía, eso era algo que jamás me permitiría a mí mismo. Llamé a mi oficina y dicté el siguiente mensaje para que se lo enviaran por fax al asistente personal de Michael:

> El rabino Shmuley Boteach y su esposa agradecen al señor Michael Jackson la amable invitación a su concierto de trigésimo aniversario, pero lamentan no poder asistir al mismo.

Al final, aquello resultó un trance doloroso pero necesario: yo estaba reconociendo que había algo en Michael que escapaba a la redención y que si volvía a entrar en su órbita me hundiría con él. Al cabo de un tiempo le explicaría a Frank que nunca fui amigo del Michael Jackson superestrella, que yo quería a Michael Jackson el hombre, y como él había enterrado esa faceta suya, yo iba a seguir mi camino: quería volver ser el de antes: un rabino que trata de propagar la gloria de Dios y no alguien que se deleita al calor de la luz que proyecta una superestrella.

Sus demonios

Hubo un tiempo en que sentí que Michael podía redimir su vida y que yo podría ser un guía ideal, fuerte y cariñoso, que lo ayudara. Muchos otros también creyeron que podían desempeñar ese papel —desde su madre, Katherine, hasta su primera esposa, Lisa Marie Presley, cuando tuvo que enfrentarse a las acusaciones de 1993 y su adicción a los fármacos, pasando por Frank Cascio, cuya devoción por Michael no conocía límites. Pero, pese todos los puntos fuertes de Michael —su inquebrantable determinación, su talento y carisma, su paciencia, su amabilidad innata y su amor por los niños—, había toda una serie de fuerzas actuando en su vida que no quiso o no pudo superar, en particular su propia arrogancia, el consumo de drogas y el tormento que supusieron las acusaciones por abuso de menores de 1993 y 2003.

Complejo mesiánico

Lo que más corrompió la vida y la carrera de Michael fue su creencia de que él no era como la gente normal sino más elevado, más sensible, que sufría más, y por tanto no tenía que someterse a las rígidas normas tradicionales que dictan lo que está bien y lo que está mal. Su arrogancia no conocía límites: si te parecía que se estaba haciendo demasiadas operaciones de cirugía estética era porque nunca entenderías lo que significa la imagen para una estrella; y si pensabas que el hecho de que se metiera en la cama con niños, por muy platónica que fuera su relación con ellos, era algo deplorable a nivel moral, era también porque viendo las cosas desde tu perspectiva de simple mortal nunca se haría la luz en tu mente que te permitiría ver cómo la autoproclamada «voz de los que no tienen voz» veía las cosas. A Michael se le podía perdonar su ingenuidad de creer que incluso a los asesinos de masas más despiadados les queda algo bueno en su interior, pero lo verdaderamente asombroso era que creyera que él, de algún modo misterioso, habría sido capaz de hacer entrar en sus cabales hasta al mismísimo Hitler, tal y como mostrará más adelante la transcripción de nuestras conversaciones.

Y mintió descaradamente para justificar el hecho de meterse en la cama con niños. Por ejemplo, las ridículas declaraciones al presentador Ed Bradley en el programa *60 Minutes* (dijo que Gavin Arvizo había llegado a Neverland en silla de ruedas y que era necesario llevarlo a todas partes) eran absurdas. El niño que yo vi en agosto de 2001 era tremendamente activo, corría sin parar y se subía a todas las atracciones: incluso se podría haber dicho que era un poco incontrolable. No creo que Michael se propusiera engañar a nadie de manera consciente; en realidad se sentía tan inseguro que siempre intentaba parecer mucho mejor y más santo de lo que en realidad era. Y esa inseguridad lo arrastró a la exageración: no bastaba con mostrarse caritativo, tenía que ser el más caritativo del planeta; no bastaba con dar esperanza a un niño enfermo de cáncer, sino que, siempre en el papel de mártir, se imaginaba atravesando un inhóspito desierto con el niño a la espalda y sin el más mínimo signo de que la Tierra Prometida estuviera cerca.

A medida que pasaba el tiempo fui viendo cómo crecía su insano complejo mesiánico, que sin duda se vio potenciado por los halagos de los fans que nunca le reprocharon ciertos comportamientos claramente destructivos. Michael se negaba a hacerse responsable de sus propios actos y creía que la culpa de todos sus problemas la tenían las envidias de los demás.

La palabra hebrea que se utiliza en la Biblia para referirse al comportamiento de una mujer adúltera es *sotah*, que literalmente significa «apartarse, desviarse, alejarse de la senda del amor y la rectitud», un término muy relevante en relación con los pecados de Michael Jackson ya que éstos —a excepción, por supuesto, de las gravísimas acusaciones de abuso de menores— nunca fueron cometidos contra nadie sino eminentemente contra sí mismo, y consistieron en un alejamiento de la luz hacia las sombras, un desvío hacia una oscuridad que no hacía sino ir en aumento.

Nunca se dio cuenta de que un hombre que se gasta decenas de millones de dólares al año, que gimotea constantemente pese a llevar una vida de lujo y privilegio, alguien que llega incluso a tener a uno de sus empleados de seguridad sujetándole a diario el paraguas para que no le diera el sol cuando llegaba a declarar ante el juez (momento en que habría cabido esperar que por fin mostrara cierta humildad), no es el mesías, sino otro famoso con la personalidad triturada e incapaz de ver más allá de sí mismo.

Adicción a las drogas

Michael confundía los males que aquejan el alma con los sufrimientos del cuerpo y, pese a que en otro tiempo el calor de su buena estrella había bastado para hacer que se sintiera mejor, había llegado a un punto en que ya ni eso lo reconfortaba. Los fármacos se convirtieron en el único bálsamo que calmaba su dolor y, con el tiempo, fui entendiendo por qué los analgésicos o la cirugía plástica le resultaban tan atractivos: Michael sólo conocía el dolor.

El abuso que hacía de las drogas era difícil de detectar por lo ajeno y desconectado de la realidad que todo el mundo esperaba que estuviera. Además resultaba fácil asumir que sólo tomaba fuertes analgésicos cuando sufría algún dolor físico. Desde luego, durante el tiempo en que yo lo traté, siempre se esforzó por mostrarme una imagen positiva de sí mismo y nunca hizo nada inapropiado en mi presencia.

Viéndolo ahora con perspectiva había más señales de que tomaba algo de las que ni yo ni ninguna otra persona de su entorno supimos reconocer o identificar. Michael se olvidaba de todo, a veces parecía medio grogui… Una vez dio una cabezada tremenda mientras estábamos de visita en casa de un amigo mío adonde yo lo había llevado para que se conocieran, pero teniendo en cuenta lo desordenados que eran sus horarios —se iba a la cama a las 3 o las 4 de la mañana—, simplemente lo atribuí a que siempre estaba cansado. Hubo muchas ocasiones en que me llamaba por teléfono y sonaba como si estuviera o increíblemente inspirado o un poco ido:

—Shmuley, sólo te llamo para decirte que te quiero. Teeee quieeeero. Teeee quieeeeeerooooo….

—Yo también te quiero, Michael —solía responderle.

Por lo general esas conversaciones eran muy cortas y pensé que sí, todo era un poco extraño, pero así era Michael: diferente, excéntrico.

Lo que tal vez debería haber despertado mis sospechas eran sus constantes achaques físicos: siempre se estaba quejando de que le dolía alguna parte del cuerpo o de haberse hecho algo. Y, por supuesto, esto se convertiría después en una pieza central del juicio, pero el día del Angel Ball fue la primera vez que lo presencié: Michael dijo que los fans y algunos famosos que andaban por allí lo habían empujado contra una pared tratando de conseguir su autógrafo, pero, incluso si hubiera sido así, yo tenía la impresión de que hasta el menor golpe podía mandarlo al suelo. Puede que de hecho fuese como lo contaba —Michael era de constitución muy frágil— o que estuviera usando esos supuestos dolores, que él creía reales, como excusa para tomar calmantes.

Unas semanas antes de la conferencia que debía pronunciar en Oxford, mientras él estaba de vuelta en California y yo seguía en Nueva York, me llamó por teléfono para decirme que se había roto un pie durante unos ensayos de baile en Neverland.

—¿Vas a cancelar la conferencia de Oxford? —le pregunté.

—No —respondió—, es demasiado importante.

Llegado el momento, Michael viajó a Inglaterra con el pie enyesado y muletas y le oí contar unas cuantas historias contradictorias sobre cómo se había lesionado, pero, una vez más, no le di mayor importancia porque era muy olvidadizo.

Un médico viajó con nosotros a Inglaterra y se hospedó en el hotel de Michael y, siempre que éste se quejaba de que el dolor del pie era insoportable, subían a la habitación de Michael de donde volvían a salir al cabo de media hora, Michael siempre con la mirada perdida y vidriosa. Le pregunté al médico por su carrera, por sus anteriores trabajos, y recuerdo que las respuestas que me dio me parecieron muy insuficientes: era médico personal y había trabajado en Nueva York. Me extrañó que hubiera acompañado a Michael cruzando el Atlántico hasta Inglaterra por un pie roto; en Inglaterra también había médicos si Michael necesitaba uno. Ahora bien, si tal y como yo sospechaba lo que ocurría era que aquel médico le estaba administrando a Michael más analgésicos, desde luego no lo hizo hasta el punto de dejarlo fuera de juego.

Michael llegó a Oxford tres horas tarde, lo que significó que no pudo asistir a la cena que se había preparado en la Oxford Union en su honor; y también llegó tres horas tarde a la boda de nuestro amigo común Uri Geller, que se celebraba al día siguiente y en la que yo era el oficiante y él el padrino. Pero, aparte de eso, el viaje a Inglaterra salió a las mil maravillas.

Justo cuando estaba a punto de embarcar en el avión de vuelta a casa, Michael —que se quedaba más tiempo en Europa— me llamó al móvil:

—Shmuuuuuleeeeeyyyy —comenzó a decir arrastrando las sílabas, trabándose en las palabras—, ayer, en la boda, me quedé mirándote mientras oficiabas la ceremonia; me quedé mirándote porque te quiero, porque eres mi mejor amigo. Teeee quieeeerooooo.

—Yo también te quiero, Michael —le respondí yo como de costumbre.

—No, noooo —replicó él—, no lo entiendes. Teeeee quieeeeeero, teeeee quieeeeero —insistió entre enfáticos balbuceos.

Fue una llamada de lo más halagadora, pero también hizo sonar la alarma sobre la posibilidad de que Michael pudiera estar tomando algún tipo de medicación muy fuerte. Después de aquello le hablé en numerosas ocasiones sobre la necesidad de dejar aquellas medicinas, que eran puro veneno, y él nunca me contradijo sino más bien todo lo contrario, siempre me dio la razón.

Cuando en el mes de marzo pasó a formar parte del *Rock and Roll Hall of Fame*, nos invitó a mí y a mi mujer, Debbie, para que lo acompañáramos a la cena de celebración en el Waldorf-Astoria de Nueva York y, pese a que todavía iba con muletas, parecía estar perfectamente lúcido. Me pasé horas con él en la suite del hotel ayudándole a escribir el discurso de aceptación y mi impresión fue que estaba animado y de inmejorable humor. La siguiente ocasión en que asistimos a un acto público juntos fue al cabo de unas cuantas semanas cuando fuimos a Newark, y para entonces ya tenía el pie curado y le habían quitado la escayola. Ese día, Michael parecía encontrarse bien, lleno de confianza; iba mascando chicle y recuerdo que su actitud sí me resultó irritante como ya he explicado antes, pero no noté nada más, estaba seguro de que fuera cual fuese el medicamento que había estado tomando, era para el dolor del pie y por tanto ya quedaba atrás.

Fue unos pocos meses más tarde, después de que nuestra relación se rompiera, cuando, a través de uno de sus confidentes más cercanos, empezaron a llegarme noticias de que estaba enganchando a los fármacos, de los que consumía ingentes cantidades. Cada vez estaba peor, mucho peor —me contó ese amigo—, y se estaba destrozando la vida a base de Demerol y Xanax entre otros, según me contaban.

—¿Y quién le suministra los calmantes, algún matasanos que no es médico de verdad? —pregunté.

—No —me informaron—, los médicos que lo tratan parecen ser de fiar, tengo la impresión de que los calmantes los saca de otro sitio, nadie sabe de dónde, y se los inyecta él mismo en vena.

—Bueno —respondí dándome cuenta de que ya no teníamos relación y por tanto nada podía hacer yo para ayudarlo—, mejor será que hagáis algo para salvarlo antes de que se destruya a sí mismo completamente.

Los padres de Michael, Katherine y Joseph Jackson, también estaban preocupados y me invitaron a su casa en Encino para pedirme que reanudara mi relación con su hijo. Los padres de Michael me contaron que su estado se había deteriorado notablemente desde la última vez que yo lo había visto, que estaba tan mal que la familia había intentado intervenir para apartarlo de las drogas: unas cuantas semanas antes, los hermanos de

Michael se habían presentado en Neverland de improviso para intentar convencerlo de que se internara en el centro de desintoxicación donde ya había estado casi diez años atrás después de admitir que era adicto a los fármacos, pero Michael se enteró de que llegaban y huyó.

Sus padres estaban preocupados y yo lo sentía mucho por ellos, pero aquella conversación no hizo sino reafirmarme en mi decisión: no sólo estaba seguro de que Michael no me escucharía, sino que además sabía que yo no tenía la menor idea de cómo ayudar a alguien en su situación a excepción de enviarlo a un centro de desintoxicación. Sus padres, en cambio, creían que tal vez yo podría convencerlo o que por lo menos podía ayudar a convencerlo de que ingresara en una clínica; pero yo sabía que se equivocaban porque hacía tiempo que Michael había dejado de escuchar mis consejos, le parecía que le exigía demasiado. Yo le resultaba irritante y me trataba como cabe esperar en ese caso. Katherine, que era el puntal más importante en la vida de Michael y a quien yo conocía porque habíamos tenido una larga conversación cuando preparaba el material para este libro, y Joseph Jackson, a quien era la primera vez que veía, tenían mucha más influencia sobre su hijo de la que pudiera ejercer yo y era absolutamente necesario que ellos le salvaran la vida acudiendo a su lado en aquel momento en que los necesitaba desesperadamente. Si ni sus propios padres podían convencerlo de que buscara ayuda, ¿quién iba a ser capaz?

Joseph Jackson también me sacó el tema de los mánagers de Michael: me dijo que no le gustaba la gente que llevaba la carrera de su hijo en esos momentos y que le gustaría volver a ocuparse él, y yo le respondí —con respeto pero también con firmeza—: «Señor Jackson, ahora mismo su hijo no necesita un mánager, lo que necesita es un padre. Debería usted tratar de ser el padre que siente que nunca tuvo».

Salí de aquella reunión muy afectado. ¡Qué trágico era todo para Michael y cuánto estaba empezando a parecerse su historia a la de Elvis! Otra estrella destrozada, víctima de una terrible angustia mental y emocional, recurriendo a las drogas para aliviar su dolor hasta que éstas lo destruyen. ¿Acabaría Michael muriendo joven también?

Según alguien muy cercano al cantante, el año antes de que lo arrestaran había dejado las drogas. Esta persona me contó que Michael había logrado —sin ayuda de nadie— «dejar aquel rollo... y ahora no se metía nada».

Yo no me lo acababa de creer:

—¿No ha ido a un centro de desintoxicación? —pregunté— ¿Me estás diciendo que ha conseguido dejar las drogas solo?

—Eso es. Estamos muy orgullosos de él. Lo ha dejado todo, te juro que es verdad.

Aquélla era una noticia excelente.

Así que me afectó terriblemente oír de labios de la misma persona que, poco después del arresto, Michael había «vuelto a lo mismo de antes, que deliraba…, que así era como estaba aguantando el juicio, que la mayor parte del tiempo estaba totalmente colocado».

—¿Habéis intentado que lo deje? —quise saber.

—Sí, claro, yo hablé con él y le dije que estaba convencido de que volvía a meterse alguna cosa. Él lo negó todo, pero lo conozco y sé cuando está tomando algo. En cualquier caso reaccionó poco menos que apartándome por completo, ahora ya no se me permite verlo.

Ésta, por desgracia, era una reacción típica de Michael cuando alguien criticaba su comportamiento: simplemente los desterraba.

—¿Y lo sabe la gente de su entorno? —seguí preguntando yo.

—Me cuesta creer que no se hayan dado cuenta —me respondió—; ahora bebe mucho vino y además toma otras cosas.

Ese último comentario me sorprendió particularmente porque, hasta donde yo sabía, Michael nunca bebía alcohol; de hecho, incluso cuando venía a casa para la cena del sabbat, no tomaba ni un sorbo de vino sacramental y decía que nunca bebía «el jugo de Cristo» como el lo llamaba.

El hecho de que Michael Jackson hubiera estado tomando grandes cantidades de fármacos explicaba muchas de sus conductas erráticas: ¿por qué si no iba un hombre famoso por lo excesivamente protector que era con sus hijos mostrar a su tercer bebé a todo el mundo asomado al balcón de una habitación de hotel en Berlín?; ¿por qué si no iba un hombre legendario por su secretismo aceptar que un periodista británico viviera en su casa para el rodaje de uno de esos documentales en los que se cuenta hasta el último detalle de la vida de uno? Michael siempre me había dicho que odiaba a la prensa inglesa más que a la de ningún otro sitio, me contó que el mote de «Whacko Jacko» [Jacko el Pirado] había empezado a oírse en Inglaterra, así que, ¿por qué iba a dejar que Martin Bashir se instalase a vivir en su casa durante tantos meses? Desde luego, la decisión de conceder a Bashir acceso ilimitado hasta el último rincón de su casa siempre será la decisión profesional que más contribuyó a desbaratar su vida.

Cuando vi la entrevista con Ed Bradley en *60 Minutes,* que tuvo lugar poco antes de que comenzara el juicio y en la que Michael acusó a la policía de Santa Bárbara de encerrarlo durante 45 minutos en un cuarto lleno de heces y de tratarlo tan bruscamente que le dislocaron un hombro, todo me sonó tan poco creíble que empecé a sospechar que había dejado de percibir cómo eran las cosas en realidad.

Y por supuesto en dos ocasiones las cámaras mostraron a Michael parando la entrevista para quejarse de lo mucho que le dolía la espalda (la consabida oportunidad —excusa— para que le pusieran algún calmante para el dolor). Llamé a la persona de su círculo cercano con la que seguía manteniendo el contacto:

—¿Es verdad que la policía le ha hecho todo lo que dice?

—No —me respondió—, se portaron muy bien con él. Michael delira.

Cabe la posibilidad de que la información que me proporcionaba esta persona no fuera exacta, pero lo dudo mucho.

En 2004 escribí en un artículo que «si la gente que lo rodea no salva a Michael de sí mismo, éste podría convertirse en otra estrella más que muere joven —Dios no lo quiera— víctima de la enfermedad por antonomasia de los famosos, que es el uso y abuso de drogas y fármacos. Si se teje un manto de silencio en torno a este problema, eso sin duda ayudará a preservar la imagen de Michael, pero no contribuirá en lo más mínimo a protegerlo».

Actitud hacia las mujeres y la pornografía

Yo creía que, tras la reunión con sus padres —mi último punto de contacto significativo con Michael Jackson—, éste desaparecería de mi vida por completo, pero el hecho fue que el rápido deterioro de su estado había despertado misteriosamente en mi interior gran parte del viejo afecto que sentía por el que había sido mi amigo. No sabría decir si el sentimiento era pena o nostalgia.

He dicho en varias ocasiones y de manera insistente que nunca vi a Michael hacer nada que pudiera indicar que había abusado de ningún menor, pero el juicio sacó a la luz que, por lo visto, Michael era consumidor habitual de pornografía y eso me hizo comprender algo que hasta entonces siempre me había resultado un misterio: Michael Jackson, durante el tiempo en que yo lo conocí, nunca tuvo ninguna relación con ninguna mujer y eso le dolía mucho porque implicaba que en realidad había pocas relaciones en su vida que de verdad le aportaran algo.

Durante el tiempo en que yo frecuenté su compañía, el círculo más íntimo de Michael estaba formado exclusivamente por hombres. A excepción de Elizabeth Taylor, a la que nunca conocí y jamás vi en compañía de Michael, éste no se fiaba lo más mínimo de las mujeres y me comentó más de una vez que éstas no solían estar interesadas en nada más que el dinero y que las esposas de algunos de sus hermanos —a las que en su opinión movía la codicia— habían destrozado los fuertes lazos que en otro tiempo habían unido a la familia. Desde luego quería y respetaba muchísimo a su madre, Katherine, y con motivo, ya que es una mujer de profundas convicciones religiosas, una persona con principios y hasta podría decirse que la única influencia positiva que había en la vida de Michael. Por desgracia, su madre tenía poco control sobre la vida de su hijo y él ignoraba sus consejos.

Los hombres que se llenan la mente de pornografía acaban perdiendo el respeto a las mujeres al cabo de poco tiempo porque la pornografía las presenta no sólo como lascivas y vulgares, sino también como seres avariciosos, parásitos. Quien ve películas porno siempre tiene presente que las mujeres que aparecen en pantalla desnudándose para él lo hacen porque cobran y de ahí concluye que no hay nada que las mujeres no estén dispuestas a hacer por dinero y que (a diferencia de los hombres, que al menos respetan unos mínimos) a las mujeres lo único que las mueve es la codicia.

En el caso de Michael, por desgracia, esas imágenes tóxicas comenzaron a poblar su mente desde muy pronto, tal y como revelarían nuestras conversaciones. Él mismo recordaba haber visto desde pequeño a mujeres haciendo estriptis en los clubes donde actuaban los Jackson 5, y Michael acabó por asociar la sexualidad de los adultos en general y de las mujeres en particular con la lascivia, la manipulación e incluso la suciedada. Esto tal vez explicaría también por qué Michael habría podido —tal y como dicen algunos— mostrar una clara inclinación hacia la sexualidad adolescente, mucho más inocente en principio.

Sin lugar a dudas, las imágenes pornográficas de mujeres contribuyeron a consolidar esa opinión y, ciertamente, el juicio de 2005 se centró en torno a si la madre de su acusador, de 15 años de edad, era una cazadinero que había entrenado a sus hijos para que mintieran sobre Michael con el objetivo de sacarle una fortuna. El efecto que tiene la pornografía en la mente de los hombres es un tema que trato de manera más exhaustiva en mi libro *Hating Women: America's Hostile Campaign Against the Fairer Sex* [El odio hacia las mujeres: la campaña contra el sexo femenino en Estados Unidos], y que también es aplicable a Michael Jackson: esas imágenes explotadoras no podían sino reforzar sus temores sobre la gente (y las mujeres en particular) que sólo querían utilizarlo y, por tanto, más le valía andarse con mucho cuidado.

El rey Salomón dice en los Proverbios que «quien encuentra una mujer encuentra un bien», y la incapacidad de Michael para mantener relaciones sanas con las mujeres sin duda contribuyó a su lenta e inexorable caída.

Acusaciones de pederastia

Mucha gente acabó viendo a Michael como un pedófilo. Yo nunca reparé en nada que pudiese llevar ni por lo más remoto a aceptar esa conclusión y nunca creí los cargos que presentó en su contra la familia de Gavin Arvizo.

Tal y como ya he mencionado, estaba en Neverland con mi familia cuando llegaron los Arvizo y, lejos de perseguir a Gavin, me decepcionó la aparente falta de interés en el muchacho por parte de Michael, a excepción de alguna conmovedora conversación ocasional en la que trató de convencerlo de que no se preocupara por quedarse calvo con la quimioterapia porque era un chico muy guapo.

Lo que sí debo admitir es que me impactó mucho el testimonio de la madre de Jordy Chandler, su primera supuesta víctima en 1993, durante el juicio de Michael en 2005, pues del testimonio de aquella mujer parecía desprenderse que Michael sentía por su hijo una obsesión de naturaleza erótica. También es posible, tal y como ya he dicho, que Michael arrastrara las secuelas psicológicas de las perniciosas imágenes de mujeres actuando en clubes de estriptis a que había estado expuesto de pequeño, lo que podría haberlo llevado a rechazar a las mujeres en general y la sexualidad adulta en particular. También cabe la posibilidad de que hubiese acabado por asociar la sexualidad adolescente con la pureza y la inocencia, pero nada de todo esto pasa de ser una conjetura sin contrastar. Lo que resulta sin duda inquietante es el acuerdo multimillonario a que llegó Michael con la familia de Jordy Chandler, aun cuando siempre me dijo que había llegado a ese acuerdo porque sus asesores lo habían obligado temiendo que un juicio destrozara su carrera.

Michael podía tal vez ser inocente de los actos que se le imputaban, pero desde luego era culpable de percibir que las reglas habituales respetadas por todo el mundo no eran aplicables a su relación con los niños o, peor aún, que en ese terreno no había reglas para él.

Yo pensé a menudo en aquellos primeros días en Neverland después de leer en la prensa la exposición introductoria de Tom Sneddon durante el juicio de Michael en Santa Bárbara: el fiscal sostenía que Michael Jackson había invitado a la familia de su acusador al rancho de Neverland Valley en agosto de 2000 y que la primera noche, durante la cena, le había dicho al niño que le pidiera permiso a su madre para pasar la noche en el dormitorio de Michael; según Sneddon, después Michael —con ayuda de su empleado Frank Cascio— había mostrado a su acusador y al hermano de éste fotos pornográficas de Internet.

Todo esto podría ser verdad, pero cuando lo oí por primera vez me sonó muy sospechoso. Michael necesitaba que alguien con una reputación intachable respondiera y hablara por él, quería que yo desempeñara ese papel y por tanto deseaba causarme buena impresión, hasta tuve la sensación de que había invitado a los Arvizo a Neverland mientras nosotros también estábamos allí para mostrarme lo mucho que le importaban los niños que padecían cáncer. ¿De verdad habría empezado a enseñarle al muchacho material pornográfico mientras yo estaba viviendo bajo el mismo techo? Es posible, pero tendría que haber sido un insensato redomado para haberlo hecho. O tal vez fui yo el que se comportó como un insensato al sobrevalorar la importancia de mi opinión para Michael.

A Frank Cascio, que hoy sigue siendo un gran amigo mío, se le retrató como el cómplice —aunque no se presentaron cargos contra él— que supuestamente había estado enseñándoles pornografía a los niños junto con Michael aquella primera noche. (Frank me contó cuando terminó el juicio algo que luego también mencionó durante una entrevista en la cadena de televisión ABC: que sí era cierto que se habían visto imágenes pornográficas en el ordenador, pero que fueron los mismos niños, que estaban descontrolados, quienes las habían buscado.

Conozco bien a Frank, cuyo nombre se menciona a menudo en este libro porque fue un confidente muy cercano a Michael y su asistente personal. No hay nadie que haya mostrado más dedicación por el cantante que él. A mí Frank me cayó muy bien desde el principio y, desde entonces —y sigue siendo el caso— siempre intenté hacerle de mentor porque me parecía que era un joven lleno de buenas intenciones que andaba como sin rumbo en medio del caos delirante que era la vida de Michael Jackson. Frank tenía tan sólo veintitantos años cuando lo conocí, pero en definitiva estaba a cargo de casi todos los aspectos de la vida de Michael y yo solía hablarle de la necesidad de mantenerse firmemente conectado a Dios, de ir a la iglesia (venía de una familia cristiana), de poner a sus padres y sus hermanos por encima de su relación con Michael y tratar de ayudar a éste y protegerlo de sí mismo.

Una de las cosas en que más le insistía yo era que se asegurase de que Michael nunca se quedara solo con niños (habida cuenta de las acusaciones de 1993), y Frank, que quería mucho a Michael y estaba siempre con él, me prometió que siempre estaría presente cuando Michael estuviera en compañía de niños. Tal vez ésa es la razón por la que estaba allí la primera noche en que el acusador de Michael y su hermano fueron al dormitorio de aquél.

La idea, a la que luego se aludió durante el juicio, de que Frank había amenazado a la familia de los niños para que no testificara contra Michael siempre me ha parecido inverosímil además de imposible: Frank siempre ha sido una persona de una amabilidad extrema que se esforzaba lo indecible para contrarrestar el narcisismo de Michael. Hasta donde yo conozco a Frank, no le haría daño ni a una mosca, y desde el primer día siempre me esforcé por ser una influencia positiva para él, por asegurarme de que su vida no seguía los mismo derroteros trágicos por los que acabó discurriendo la de Michael y de que no lo destruyera el mundo superficial y vacío de los famosos.

Frank, que fue contratado para dirigir la carrera de Michael, nunca tuvo mala intención, no lo vi perder la paciencia jamás y siempre se comportó con gran madurez y unos modales impecables. Cuando terminó el juicio, Frank me llamó para ofrecerme algo parecido a una disculpa, pues me dijo que ahora veía claro cómo yo había intentado rehabilitar a Michael cuando los tres manteníamos una relación estrecha, y que sentía que en aquel momento él había sido demasiado joven para entenderlo, pero que después, cuando yo me había marchado, también le dio a Michael muchos consejos idénticos a los que yo le había ofrecido cuatro años antes.

La muerte de Michael

No esperaba que la muerte de Michael me afectara tanto. No es que sea frío, pero el hecho es que temía su muerte y pensaba que podía suceder en cualquier momento. Yo lo conocí bien y hubo demasiadas ocasiones en las que lo vi salir de una habitación acompañado de un médico después de haberse quejado de que le dolía un pie o la espalda o el cuello: era completamente imposible que su cuerpo aguantara indefinidamente semejante maltrato, así que tras suplicarle que dejara aquel veneno y fracasar en mi intento, me preparé para lo peor permitiendo que me inundaran la ira y el desencanto.

¿Acaso no era Michael el hombre que había malgastado tantos dones? ¿Acaso no era el amigo que, tras haber invertido dos años de mi vida intentando ayudarle a recomponer la suya me había tratado como a un estorbo porque me atreví a insistir en que pusiera orden en su descontrolada existencia? Me sobrepondría a la lástima con una actitud desafiante. No, no tenía la menor intención de llorar; él no se lo merecía.

Pero cuando me enteré de que había muerto me quedé destrozado. Michael había sido acusado de pedofilia, pero mis hijos y los suyoss jugaban juntos. Sí, yo siempre estaba cerca para comprobar que todo iba bien, pero los niños no lo veían como un monstruo: Michael traía películas de dibujos animados para que las vieran, nos sentábamos en el sofá del cuarto de estar y nos lo pasábamos en grande bromeando, y mis hijos lo recordaban con mucho cariño y lo echaban de menos.

Un día, cuando mi hijo Mendy tenía ocho años, vino con Michael y conmigo a un restaurante *kosher* de Mahanttan e intentó pedir él solo su comida, pero el camarero sólo se fijaba en los adultos y Mendy se sintió menospreciado. Aun así, repitió lo que quería varias veces y Michael lo oyó, interrumpió al camarero y le dijo: «Disculpe, pero este niño está intentando decirle lo que quiere comer, ¿podría hacer el favor de escucharlo si es tan amable?». No era la clase de reacción que te hubieras podido esperar de una superestrella. Se supone que las superestrellas sólo se preocupaban de sí mismas, ¿no?

Yo no creía que fuera a llorar si Michael moría. De hecho no lo hice hasta que volví a casa y me puse a escuchar las horas de conversaciones grabadas para preparar este libro y me asomé de nuevo a su alma: oír su voz, oírlo decir «Shmuuuuulleeeeeeyyy» con aquella manera lenta y pausada que tenía de hablar alargando las sílabas fue lo que desencadenó el llanto. Brotaron las lágrimas. Sí, estaba enfadado con él. De verdad. Me había echado de su vida. Había llevado una existencia disipada y había dejado sin padre a sus hijos. Y se había medicado con la excusa de sus incontables enfermedades psicosomáticas hasta que su cuerpo no había aguantado más el abuso. Había interpretado el papel de víctima, había echado la culpa de todos sus problemas a los demás y había desperdiciado sus múltiples dones y el potencial que Dios le había concedido. Pero, con todo, también me había conmovido en muchas ocasiones.

Me ablandó y me hizo más amable. Estaba lleno de imperfecciones y probablemente fue culpable de pecados muy serios y terribles para los que tal vez no exista redención posible, pero ¡Dios mío, cómo sufría! Y, aunque eso no es excusa porque se no puedes intentar aliviar el propio dolor utilizando a otros y siempre sería responsable de sus propias acciones, a pesar de todo, ¿acaso anulaba aquello todo lo bueno que había tratado de inspirar en los demás?

Solía observarme decir a mis hijos que los quería y luego me regañaba: «Shmuley, cuando les digas a tus hijos que los quieres, les tienes que mirar a los ojos, tienen que saber que lo dices de verdad, te tienes que centrar en ellos y sólo en ellos. No puedes decirles que los quieres y estar al mismo tiempo mirando para otro lado». Y, desde entonces, siempre miro a mis hijos a los ojos cuando les digo que los quiero.

¡Ay, Dios mío, cómo te echo de menos, Michael! Siempre creí que acabaríamos haciendo las paces, que un buen día me llamarías para decirme que sentías no haber seguido mis sencillos consejos para poner tu vida en orden, que podíamos volver a reunirnos para la cena del sabbat, que así nuestros hijos volverían a jugar y ser amigos y todos nos reiríamos mucho juntos. Pero, por desgracia, lo único que nos queda es la imagen, la oscura, trágica y triste imagen del rey del pop. El monarca de un reino vacío.

LAS CONVERSACIONES

TELÓN DE FONDO

La llamada del destino: una muerte prematura

Michael siempre me hablaba del poder del misterio; no era un prisionero solamente porque fuese tímido, sino también porque creía en la reclusión: tenía que mantenerse en cierta medida oculto para asegurarse el interés del público. En términos de fama, la exposición excesiva era la muerte. Así que le pregunté...

> **Shmuley Boteach**: Entonces, ¿tú dirías que, de hecho, lo mejor que pudo pasarles a los Beatles fue que se separaran y que por eso han sido tan duraderos, porque, de repente, ¡pum!, ya no estaban y por eso nunca te podías cansar de ellos, por eso nunca perdían fuelle?
>
> **Michael Jackson**: Sí, Marilyn Monroe murió joven, no se la vio vieja y fea. Vamos, que ése es el misterio de James Dean.
>
> SB: Y la gente dice de los Beatles: «Ojalá siguieran juntos».
>
> MJ: Sí, sí.
>
> SB: Y uno [el fan] acaba por convertirte en parte de ese deseo. El público los mantiene ahí precisamente por lo mucho que ansía que se vuelvan a reunir.
>
> MJ: Desde luego, si no ahora estarían pasados de punto y viejos y no interesarían a nadie.
>
> SB: Entonces, Michael, ¿podría ésa ser una razón para que un día digas «hasta aquí» y te retires?
>
> MJ: Bueno, sí, me gustaría desaparecer de algún modo, que llegara un momento en que me volviera invisible y dedicarme a hacer cosas para los niños, pero nada que se viera. Desaparecer es muy importante. A las personas nos van los cambios, necesitamos el cambio en nuestras vidas, por eso tenemos primavera, verano, otoño e invierno.

En ese momento empecé a preocuparme y quise saber a qué se refería cuando hablaba de «desaparecer»: una cosa es dejar el mundo del espectáculo y otra muy distinta albergar deseos de morir, así que le comenté...

SB: Ya, claro, pero tú quieres vivir muchos años, no quieres desaparecer como —Dios no lo quiera— desaparecieron todas esas estrellas, del modo como lo hizo Marilyn. No quieres morir joven, ¿verdad?

MJ: Pues… es una pregunta interesante. ¿Seguro que quieres que te la responda?

SB: Sí, seguro.

MJ: Bueno, te voy a ser sincero. Bueno… eeh… El gran sueño que me queda por cumplir —porque claro, he visto cumplirse mis sueños con la música y todo eso, y me encanta la música y el mundo del espectáculo— es un proyecto con niños, una cosa que estamos haciendo. Pero… ummm… Porque todo lo demás me da igual, de verdad, de verdad que me da igual todo, de verdad que me da igual, Shmuley. Lo que hace que siga adelante son los niños. Si no, en serio que… yo… Ya te lo he dicho en alguna ocasión, y te juro que lo digo como lo siento. Si no fuera por los niños y los bebés lo haría, tiraría la toalla. Ésa es mi más sincera respuesta… y ya lo he dicho antes; si no fuera por los niños, elegiría la muerte. Lo digo de corazón.

Y parecía que hablaba completamente en serio. Aquellos comentarios no podían ser más alarmantes: ¿de verdad acababa de decirme que elegiría la muerte? No me lo podía creer, así que le pedí que me lo aclarara.

SB: ¿Elegirías la muerte del mismo modo que Marilyn Monroe?

MJ: De algún modo. Encontraría la manera de abandonar el planeta porque la vida ya me da igual. Vivo para esos niños y esos bebés.

SB: Porque el hecho es que los ves como una parte, un reflejo de Dios en la Tierra, ¿no?

MJ: Te juro que así es.

SB: Así que para ti son lo más espiritual que existe…

MJ: Para mí no hay nada más puro y espiritual que los niños y no puedo vivir sin ellos. Si ahora me dijeras «Michael, no puedes volver a ver a un niño», me quitaría la vida. Te juro que lo haría, porque no tengo ninguna otra razón para seguir viviendo. Es así. Sinceramente.

Me sorprendió, y también me conmovió mucho lo que me decía. Tenía que conseguir que entrara en razón, así que…

SB: ¿Quieres vivir muchos años?

MJ: A ver, retiro lo de jurar porque no hay que jurar por Dios. Lo retiro. No quiero usar esa palabra. ¿Qué me preguntabas?

SB: Decías que querías desaparecer. ¿Te parece que desaparecer es importante?

MJ: No quiero vivir mucho... No me gusta, es que no, no... Creo que hacerse viejo es lo peor, lo peor que hay. Cuando el cuerpo empieza a dejar funcionar y te vas arrugando... Me parece terrible. No... es que no lo entiendo, Shmuley. Y no quiero mirarme en el espejo y encontrarme con eso. No me entra en la cabeza. De verdad que no. Y la gente dice que hacerse viejo es la experiencia más bonita que hay, y esto y lo otro. No estoy de acuerdo. En absoluto.

SB: Así que quieres morir antes de que eso ocurra...

MJ: Ee... No quiero llegar a viejo. Lo que me gustaría es...

Sé que no debería haberle cortado cuando estábamos hablando de un tema tan serio, pero sus alusiones al suicidio eran de lo más inquietantes y sentí una necesidad imperiosa de alentarlo a escoger la vida, así que dije...

SB: ¿Y si permaneces joven de espíritu, qué, Michael?

MJ: Ya, para mí eso es importante.

SB: Puede que te salgan arrugas, pero ¿no quieres ver crecer a Prince y Paris?

MJ: Sí, claro.

SB: ¿No quieres llegar a conocer a sus hijos?

MJ: Es sólo que no quiero parecer viejo ni empezar a olvidarme de las cosas. Quiero mantenerme siempre joven y con energía para correr por ahí y jugar al escondite, que es uno de mis juegos favoritos. Con la casa tan bonita y tan grande que tienes, la última vez que estuve de visita, no sabes qué ganas me entraron de jugar al escondite... mmm... Odio ver cómo envejece la gente.

Sí, podíamos hablar del escondite, pero no con Michael considerando la posibilidad del suicidio. Así que volví a retomar la idea de cumplir años pero aun así permanecer joven y lleno de energía.

SB: ¿No has visto gente que se va haciendo mayor pero conserva el espíritu de la juventud, esas personas que se comportan como si todavía fueran jóvenes?

MJ: Sí, sí, tienen el corazón joven. Eso me encanta. Pero cuando empiezan a olvidarse de las cosas y se arrugan, y el cuerpo deja de funcionarles, se me parte el corazón. O cuando les...

SB: ¿A quién le está pasando entre la gente que te rodea? ¿Tu madre se está haciendo vieja?, ¿tu padre?, ¿algunos artistas que conoces?

MJ: Sí, se ha muerto gente a la que quería mucho y no entiendo por qué. Hay un hombre del que yo estaba completamente enamorado, pero enamorado... Y era mi amigo, Fred Astaire, y no lo entiendo... ¿Sabes?, cuando era pequeño, un crío, Fred vivía muy cerca de casa y hablábamos mucho cuando yo era pequeño, y me enseñaba cosas, y solía decirme que iba a ser una gran estrella y todo eso en lo que yo ni pensaba cuando era niño. Y verlo bailar en las películas era, bueno, era increíble. Yo... mmm... verlo llegar al punto en que... Hubo un día en que me dijo: «¿Sabes una cosa, Michael? Yo, si ahora hiciera un giro me caería de bruces. He perdido completamente el equilibrio». Y cuando iba a visitarlo y venía a abrirme la puerta, iba así, Shmuley... Dando pasitos pequeños... Y se me partía el alma. Se me rompía el corazón. Lo pasé muy mal el día que murió, lo pasé muy mal. Me destrozó. Y eso...

SB: Pero, por otro lado, lo que le pasó a [la princesa] Diana, por ejemplo, eso fue una tragedia horrible, Michael.

Estaba intentando recordarle que, por muy doloroso que resulte hacerse viejo, morir joven y de una forma trágica es mucho peor.

MJ: Eso fue una gran tragedia. Lo pasé fatal, yo creo que todo el mundo lo pasó fatal.

SB: Morir joven no es bueno, Michael. Puede que te convierta en un mito, pero la vida es demasiado valiosa, ¿no te parece?

MJ: La vida es muy bella y muy valiosa.

SB: Así que crees que algún día te convertirás en tan sólo eso, un mito.

MJ: A ver, ¿por qué no podemos simplemente ser como los árboles, que vuelven? ¿Sabes a lo que me refiero? Se les caen las hojas en invierno y luego vuelven a recuperar la belleza en primavera, ¿no? Hay algo inmortal en ellos, y la Biblia dice que el hombre fue creado para vivir eternamente. Pero, por culpa del pecado y todo eso, morimos.

En ese momento debería haber dicho que efectivamente en la Biblia —en el Deuteronomio— se compara a las personas con árboles del campo, y debería haber desarrollado la metáfora: un árbol puede acabar secándose o cayendo, pero aún así siembra las semillas de la siguiente generación y en ese sentido genera vida y la suya continúa a través de sus descendientes y a través de la oxigenación del aire o, en otras palabras, a través de lo que hace por el medio ambiente, lo que hace por otros. De igual modo, nosotros también podemos morir, pero nuestras buenas obras perduran; los seres humanos tal vez no sean inmortales, pero viven para siempre por medio de la gente que los quiere y de sus buenas obras. Ahora bien, por alguna razón y a pesar de haber escrito mucho sobre este tema, no se me ocurrió comentarlo en ese momento.

SB: Pero tal vez va uno a un lugar diferente, superior, y el alma, viéndose de repente libre de toda limitación, puede acercarse incluso más a la gente. Piénsalo: Dios está aquí ahora mismo, Michael, los dos lo creemos, incluso si no puedes tocarlo ni sentirlo, está aquí. ¿Acaso son las almas de los que amamos tan diferentes?

MJ: Me encantaría volver como un... como un... un... niño que nunca se hace mayor, como Peter Pan. Desearía, desearía poder creer que es verdad, que puedo volver una y otra vez. Espero que sea verdad, me encantaría creerlo, Shmuley.

SB: ¿Creer en la reencarnación, quieres decir? ¿Te gustaría reencarnarte una y otra vez en un bebé?

MJ: Sí, incluso si nuestra... mi religión [los testigos de Jehová] habla en contra de ello y sostiene que no existe tal cosa [la reencarnación]... Cuando mueres, el alma muere y, en ese caso, los muertos son como este sofá, ¿sabes? Pero luego, por otro lado, está la promesa de la resurrección y todo eso, claro.

SB: Pero los hindúes en cambio creen que uno vuelve.

MJ: Me encantaría creerlo, y me gusta lo que hacen los egipcios y los africanos, la manera como entierran [a los muertos]... Y me gustaría ver —a todos nos gustaría— cómo son las cosas al otro lado, ¿no crees?

SB: Sí, todos desearíamos saber cómo es la otra vida, cómo es el cielo.

MJ: Claro, porque hay tantos conceptos...

SB: ¿Crees que en el cielo hay niños jugando?

MJ: ¡Ay, Dios mío, rezo para que sea así!

SB: ¿Y crees que en el cielo los adultos también juegan?

MJ: Supongo que sí, y me imagino que además son muy parecidos a los niños, como Adán y Eva. Debe de ser una especie de paraíso feliz, un lugar perfecto y en total armonía y calma. Rezo para que sea así.

SB: ¿Tienes miedo a la muerte?

MJ: Sí.

SB: Eso nos pasa a todos.

MJ: Siempre he dicho que quiero que me entierren donde haya niños, que quiero estar cerca de ellos; creo que así me sentiría más seguro. Quiero tenerlos cerca, necesito que sus espíritus me protejan. En mi cabeza siempre lo he tenido muy claro, y me veo, y no creas que me gusta pensar en estas cosas, pero me veo a mí mismo y veo niños tendidos a mi lado para protegerme.

Pensando en la muerte de Michael pocos años después de que tuviera lugar esta conversación, estos comentarios resultan inquietantes y claro está que impresionan… Dijo claramente que si ya no podía trabajar con niños o en beneficio de los niños, encontraría la manera de abandonar el planeta. Tras el arresto de Michael —acusado por segunda vez de abuso de menores— el 20 de noviembre de 2003, se hizo bien patente que nunca podría volver a trabajar con niños, así que… ¿se suicidó? No. Estoy firmemente convencido de que no lo hizo porque quería demasiado a sus propios hijos para considerar la posibilidad de buscar la muerte a propósito y dejarlos huérfanos. Pero creo que, tras las acusaciones de 2003 y pese a que luego se aclaró que no había hecho nada y fue declarado inocente, Michael perdió las ganas de vivir. El fenomenal incremento de su consumo de fármacos muestra que vivió gran parte de los años que le quedaban en una especie de estupor inducido por las sustancias que tomaba, aunque es imposible que no se diera cuenta de que un consumo tan elevado de drogas podría acabar por matarlo. Michael me dijo en más de una ocasión que sabía cuanto hay que saber de fármacos porque había tomado los suficientes para convertirse en un auténtico experto. Así que perdió las ganas de vivir y poco a poco se fue marchitando. Si accedió a hacer esos últimos conciertos no fue porque tuviera ningún interés intrínseco en su música ni en su carrera, sino porque necesitaba el dinero. La única cuestión que queda por resolver y para la que no tengo respuesta es por qué el amor y la dedicación de Michael a sus propios hijos no fue suficiente para imbuir en él una pasión constante por la vida. En cambio se diría que poco le importaba a Michael vivir o morir siempre y cuando pudiera seguir aplacando el dolor con el veneno que acabó por matarlo.

Cuando murió tuve que enfrentarme además al profundo dilema moral de qué hacer con las conversaciones en las que dice que quiere que lo entierren en un lugar donde haya niños cerca y, al final, después de consultar a varias personas cuya opinión me merece un gran respeto, decidí que revelarlas inmediatamente después de su muerte no influiría en la decisión de la familia sobre dónde enterrarlo, pero sí ridiculizaría a Michael a los ojos del público. Además yo no creía que debía ser enterrado donde hubiera niños cerca, fuera cual fuera su deseo. Ahora bien, en cualquier caso, me entristeció mucho ver que se hablaba de enterrarlo en Neverland porque ese rancho lo aisló bastante y ya fue suficientemente perjudicial para él mientras estuvo con vida, así que, ¿por qué condenarlo a la soledad y el olvido eternos con el único objetivo de incrementar el atractivo económico del lugar?

1. EL NIÑO FAMOSO Y JOE JACKSON

Infancia, soledad, hermanos y dibujos animados

La experiencia que más marcó la vida de Michael fue que lo obligaran a subirse a los escenarios desde los cinco años aproximadamente. Michael sentía que le habían robado la parte más mágica y esencial de la infancia. Anhelaba recuperarla y se pasó el resto de sus días haciendo exactamente eso. Hay quienes dicen que Michael era un caso claro de «atrofia del desarrollo», pero yo no estoy de acuerdo. Michael Jackson eligió no crecer.

> **Shmuley Boteach**: ¿Hubo una edad a la que pensaste «¡Dios mío, me he perdido la infancia!»?
>
> **Michael Jackson**: Sí, lo recuerdo perfectamente... Es como estar subido en una atracción de feria de la que te quieres bajar pero no puedes y piensas «¡ay, Dios!, ¿qué he hecho?», pero estás demasiado metido y no puedes bajarte. Me di cuenta antes de llegar a la adolescencia. Lo que más quería en este mundo era salir a jugar al parque que había al otro lado de la calle porque veía a los niños jugando al béisbol y al fútbol americano mientras que yo en cambio tenía que ir a grabar. Veía el parque, justo al otro lado de la calle, pero tenía que marcharme al edificio contiguo, donde estaba el estudio, y pasarme allí hasta altas horas de la madrugada. Solía quedarme mirando a los otros niños con las lágrimas rodándome por las mejillas, y me decía a mí mismo: «Estoy atrapado y ahora tengo que seguir haciendo esto el resto de mi vida, tengo un contrato que cumplir». Pero lo que quería era salir a la calle, y lo quería con tal intensidad que me estaba matando; lo que más deseaba era hacer un amigo al que poder decirle simplemente «hola». También solía ir por la calle buscando un amigo, eso creo que ya te lo he contado.
>
> SB: ¿Cuántos años tenías?
>
> MJ: Eso fue cuando estábamos grabando *Thriller*.
>
> SB: O sea, que eras la estrella más famosa del planeta y en cambio...
>
> MJ: Andaba por ahí buscando gente con quien hablar. Me sentía tan solo que a menudo subía a llorar a mi cuarto y pensaba: «¡Ya basta!

Yo me largo, lo dejo». Y entonces era cuando me iba a la calle a caminar sin rumbo fijo. Recuerdo haber dicho a la gente: ¿quieres ser mi amigo?

SB: Seguramente se quedarían de piedra.

MJ: Me miraban con cara de estar pensado: «¡Pero si es Michael Jackson!». Y yo me decía: «¡Ay, Dios!, ¿y ahora se hará amigo mío porque soy Michael Jackson o por mí mismo?». Yo sólo buscaba alguien con quien hablar.

En este comentario ya podía verse el germen de dos personalidades que estarían en permanente conflicto en el interior de Michael: por un lado estaba Michael Jackson, el rey del pop, una estrella huraña que lo tenía todo y no necesitaba a nadie; y, por otro lado, Michael Jackson, el chico tímido que se escondía tras la máscara y necesitaba desesperadamente un amigo de verdad.

SB: ¿Y encontraste a alguien?

MJ: Sí, bueno… fui a un parque donde había unos niños jugando en los columpios.

SB: ¿Así que entonces fue cuando decidiste que los niños eran la respuesta, que son los únicos que te tratan como a una persona?

MJ: Sí, eso es verdad.

SB: Así que te diste cuenta a esa edad, de repente te dijiste: «¡Madre mía, he perdido la infancia porque estos niños son los únicos seres humanos con quienes me identifico!».

MJ: En ese sentido sufrí mucho porque a partir de ese momento supe que había algo que no iba bien, pero necesitaba a alguien… Seguramente por eso compré los maniquíes aquellos, yo diría que porque necesitaba a alguien, una persona a mi lado, no tenía… Era demasiado tímido para estar con gente de carne y hueso, a la gente de verdad no era capaz de hablarle. No era como las ancianitas que charlan con sus plantas, pero siempre pensé que necesitaba algo que me hiciera compañía, siempre me he preguntado «¿para qué los quiero?»; son como bebés de verdad, niños, gente, y me hacen sentir como si tuviera compañía.

La importancia de estas palabras da que pensar. Michael Jackson se sentía tan solo que acabó recurriendo a unos maniquíes para sentir que estaba acompañado, hasta ese punto se sentía aislado (y es un sentimiento que compartía con muchas de las personas que llegan a lo más alto y se distancian de su familia, de sus amigos y de su comunidad).

SB: ¿Y por qué eras demasiado tímido para hablar con gente de carne y hueso? ¿Porque lo único que te habían enseñado a hacer era actuar y no habías tenido la oportunidad de pasar tiempo con gente?

MJ: Exactamente. No había tiempo para dejarlo pasar sin más.

SB: ¿Y te sigues sintiendo así de solo todavía?

MJ: No tanto como antes, no.

SB: Claro, por un lado tienes a tus hijos, y eso ya es una gran diferencia. Pero hay una parte de nosotros que no se reduce a ser padres, hay una parte de nosotros que necesita otras formas de interacción.

MJ: ¿Qué tipo de interacción?

SB: El contacto con alguien en quien puedas apoyarte, con quien te puedas desahogar emocionalmente de un modo que Prince y Paris nunca podrían entender.

Me estaba refiriendo a un alma gemela al nivel más íntimo.

MJ: Hummm... Hay amigos y cierta gente en la que puedo confiar. Elizabeth [Taylor] o... no sé... Mac [Macaulay Culkin], Shirley Temple, gente que siempre ha estado ahí.

Increíble: la única gente que le parecía que podía llegar a entenderlo eran otras personas a quienes, como a él, les habían robado la infancia.

SB: Así que son todas personas que han pasado por lo mismo, que han sido estrellas desde niños...

MJ: La gente dice «ya, ya, entiendo lo que quieres decir», pero en realidad no es así, simplemente están dándote la razón.

SB: ¿Con los amigos que también triunfaron de niños hablas de cosas concretas que les hayan podido pasar o en realidad ni siquiera te hace falta preguntarles si entienden de qué estás hablando?

MJ: ¿Sabes? Es casi telepático. Me gustaría que nos hubieras visto a Shirley Temple y a mí juntos.

Unas semanas antes de que tuviéramos esta conversación, Michael había ido a San Francisco a hacerle una visita a Shirley Temple.

SB: ¿Todavía mantienes el contacto con ella?

MJ: La tengo que llamar un día de éstos, tengo que llamarla. Yo no hacía más que darle las gracias y ella me preguntó «¿pero por qué?», y yo le contesté «por todo lo que has hecho por mí».

SB: ¿Crees que le dedicarás una canción algún día?

MJ: Me encantaría.

SB: Así que Macaulay Culkin no necesita decirte algo como «estaba en el plató y me pasó tal cosa con mi padre». No necesitáis siquiera tener conversaciones de ese estilo...

MJ: No, no, sí que hablamos de esas cosas. El hecho es que hay un Macaulay Culkin que sigue siendo un niñito adorable y dulce y no para de preguntarse: «Pero ¿cómo me he metido en este lío? Si yo nunca quise ser actor...». Siempre quiso dejarlo. Y no te puedes hacer una idea de la energía que se genera cuando empieza a criticar a su padre... es una energía negativa que lo destroza, ¿sabes? Pero también tengo que decir que yo he visto al padre en acción [Michael se pone a chillar]: «¡Mac, métete ahí dentro ahora mismo!». Le da unos gritos...

SB: ¿Y eso te recordaba a lo que habías tenido que pasar tú? Supongo que él ha tomado muchas de las decisiones que también tomaste tú en su día... Él también ha intentado aferrarse a su infancia durante el mayor tiempo posible, pero hay otros niños prodigio que no lo hicieron, como Brooke Shields, por ejemplo, que de puertas afuera da la impresión de no haber podido decidir nada por sí misma cuando era niña, pero que tampoco intentó redescubrir la infancia después. ¿Crees que eso le acabará pasando factura? ¿Piensas que Macaulay Culkin, tú y otros como vosotros en el fondo estáis más equilibrados porque entendéis lo que os falta y que, por lo tanto, tenéis que encontrar algún tipo de compensación?

MJ: ¿Sabes una cosa? Hay gente con la que entiendo lo que pasa y gente con la que no. En el caso de ella, la verdad es que empezó de modelo, así que no se pasaba el día en el plató. Era modelo, no se convirtió en una estrella de cine hasta que no hizo *La pequeña*, en la que interpretaba a una prostituta a la edad de... doce años creo que tenía. Ella hizo muchas sesiones fotográficas, y eso no era estar allí de sol a sol como hacíamos nosotros. Yo creo que a cada persona la afecta de manera distinta, pero al final siempre es lo mismo. Brooke es encantadora y muy inteligente, no es una cabeza hueca, de eso nada, es muy pero que muy lista. Mucha gente cree que si una persona es guapa tiene que ser forzosamente una cabeza de chorlito, pero ella es muy inteligente.

SB: ¿Con qué otros niños famosos has tenido relación?

MJ: Ya no quedan muchos, eso es lo más preocupante: la mayoría acabaron destruyéndose.

SB: A los trece años te convertiste en un personaje de dibujos animados. ¿Te costó asumirlo?

MJ: Me levantaba todos los sábados por la mañana para verlos, me encantaban.

SB: ¿Para ver *Los Jackson*?

MJ: Sí, para ver la serie de dibujos animados *Los Jackson 5*. Me parecía un honor tan grande que hubieran hecho un dibujo animado en mi honor… Estaba tan contento… ¡Es que no te puedes hacer una idea! Nosotros no teníamos que hacer nada, las voces eran de otros, simplemente usaban nuestros personajes y canciones de los discos que habíamos grabado. Y fue una serie que duró años. Me acuerdo de cuando estuvimos en Brunei actuando para el sultán en un hospital —era el hospital más bonito que he visto en mi vida—: estaba tumbado en la cama un día viendo la tele y pusieron *Los Jackson 5*. ¡Me quedé de una pieza!. ¡Los ponían a todas horas! La misma empresa hizo *Los Beatles*, *Los Osmond* y *Los Jackson 5*.

SB: ¿Así que esa fue una de las cosas que más te gustaron de ser famoso?

MJ: ¡Uy, sí, me encantaba!

SB: ¿Era porque te hacía sentir más conectado con los niños de todo el mundo, porque sabías que eran sobre todo niños los que lo verían?

MJ: Me encantaba la idea, es que era como si me transportara a otro mundo, de verdad, era como «¡vaya, estoy en otra galaxia!». Me hacía sentir especial, creo que me sentía más especial por eso que por todos los grandes éxitos y los conciertos y todo lo demás. Lo de los dibujos me impresionaba más que ninguna otra cosa.

SB: Y además, de los cinco hermanos, tú eras del que más se hablaba, tú eras el que se estaba convirtiendo en una estrella y por fin llegó un día en que empezaste a cantar en solitario. ¿A tus hermanos les costó asumirlo? ¿Y a ti? ¿Dirías que hay alguna analogía con la historia de José en la Biblia, que como le prestan más atención que a sus hermanos éstos al final acaban haciéndole daño?

MJ: Ni se me pasó por la cabeza hasta mucho después, y no se hizo patente hasta pasado mucho tiempo. Mi madre lo vio, pero no me dijo nada… Pero la verdad es que creo que fue cosa de las esposas, ellas fueron las instigadoras. Al final fue por eso por lo que nos separamos, y en el caso de los Beatles pasó algo parecido, fue por culpa de las mujeres; y con Martin y Lewis [Dean Martin y Jerry Lewis] pasó otro tanto. Prácticamente todos los grandes grupos se han separado por lo mismo: las mujeres comienzan a involucrarse y a decirle a su marido: «Tú eres la estrella. Él (o ellos) te necesita a

ti y no al revés». Y entonces el esposo va a trabajar al día siguiente
hinchado como un pavo y ahí es cuando empiezan las peleas. Eso
es exactamente lo que me pasó a mí con mis hermanos. De verdad.
Es que lo vi...

Aquella fue la primera ocasión en que Michael expresó la desconfianza
que sentía por las mujeres y cómo había acabado viendo a muchas de
ellas como manipuladoras, maquinadoras y dispuestas a usar su sexualidad para conseguir dominar a los hombres. Mucha gente cree que
Michael Jackson era gay, pero yo personalmente no vi signos de que
así fuera; muy al contrario, Michael hizo muchos comentarios en mi
presencia sobre lo atractiva que era esta o aquella mujer. A Michael le
atraían las mujeres, pero no se fiaba de ellas y por tanto era incapaz de
compartir con ellas su intimidad. Su percepción de que las mujeres
siempre buscan controlar a los hombres y usan su sexualidad para conseguirlo hizo que se volviera un tanto misógino, salvo por la opinión
que tenía sobre su madre, Katherine, a quien adoraba. Pero esta idea de
que las mujeres podían llegar a tener comportamientos sórdidos y servirse del sexo como arma de manipulación se fue formando durante los
años que, desde muy temprana edad, Michael pasó actuando en clubes
nocturnos de dudosa reputación donde recordaba haber visto mujeres
haciendo estriptis y tentando sexualmente a los hombres. Si eso fue lo
que pasó, y no tengo por qué dudar de lo que me dijo Michael, claramente era demasiado joven para presenciar semejantes escenas y el
daño que aquello debió causarle siendo todavía tan pequeño perduró y
en cierto sentido fue irreversible.

SB: ¿Fue eso lo que hizo que nunca acabara de convencerte la idea del
    matrimonio?
MJ: La verdad es que sí, me dije: «No quiero ser parte de una cosa así.
    Yo no me caso». Y seguí en mis trece durante años.
SB: ¿Habría habido algún modo de evitar todo aquello? ¿No podías ha-
    berles dicho a tus hermanos: «¡Un momento!, ¿qué está pasando?».
    ¿No podríais haberlo evitado? Ellos se casaron todos muy jóvenes...
    Seguramente también se sentían solos.
MJ: Se casaron jóvenes para escapar al control de mi padre, para salir de
    casa. Les rogamos que no se casaran pero lo hicieron.
SB: ¿Y tú por qué te quedaste en casa?
MJ: Todavía vivía en casa cuando el gran éxito de *Thriller*, y creía que
    seguía siendo un crío, que todavía no había llegado el momento de
    emanciparme. «En realidad sigo siendo un niño, todavía no estoy

preparado para marcharme de casa.» De verdad que eso era lo que sentía.

SB: Pero al mismo tiempo le seguías teniendo miedo a tu padre... ¿Cómo se explica eso?

MJ: Por aquel entonces ya no era mi mánager, aunque sí se llevaba una comisión, y estaba mucho más calmado, y orgulloso de mí auque no lo dijera.

SB: ¿Pero tú querías oírlo de sus labios?

MJ: Lo necesitaba.

SB: ¿Más que de ninguna otra persona en el mundo?

MJ: Sí...

SB: Pero nunca decía nada, y sigue sin decir nada, ¿no? ¿Crees que sabe que eres la estrella más famosa del mundo o todavía sigues pensando que en realidad no acaba de hacerse del todo a la idea?

MJ: Lo sabe, pero le cuesta hacer cumplidos y eso es lo que me hizo tan perfeccionista, estar siempre intentando impresionarlo. Se sentaba entre el público y te ponía una cara así, hacía... [Michael imita la cara que ponía su padre] y es que lo mirabas y no te llegaba la camisa al cuerpo, y te decías a ti mismo: «No puedo meter la pata, como meta la pata nos va a matar». Y al final toda la gente aplaudía, pero él decía: «Te vas a ganar una buena, ¡cómo se te ocurre meter la pata así!». Y tú pensando: «¡Dios, se me va a caer del pelo cuando acabe la actuación!».

SB: Teniendo en cuenta que lo que nos mueve en la vida son fundamentalmente dos fuerzas, la del miedo y la del amor, ¿crees que podrías haber llegado todavía más lejos si lo que te hubiera motivado hubiese sido el amor?, si tu padre te hubiera dicho algo como: «Michael, yo te quiero de todos modos, pero sé que puedes hacerlo». Evidentemente, estás en tu derecho de quejarte del miedo que te inspiraba tu padre, pero el hecho es que te convertiste en la estrella más famosa del mundo, así que tal vez el miedo es mejor fuerza motivadora que el amor... Claro, yo no lo creo, pero ¿no te parece que se podría pensar que tú eres un ejemplo viviente de que esa afirmación es cierta?

MJ: A mí me parece que siempre puede encontrarse un equilibrio. ¿De verdad merece la pena renunciar a ser padre? ¿Merece la pena renunciar al amor que yo habría podido darle y a la camaradería que podría haber habido entre nosotros cuando nos miráramos a los ojos o paseáramos por el parque de la mano? A mí no me parece que merezca la pena en absoluto. Lo siento mucho pero es así, eso no hay dinero que lo pague.

SB: Si ahora tu carrera sufriera por ser un padre muy pendiente de tus hijos, ¿estarías preparado para aceptarlo y pagar ese precio?

MJ: No, no estoy preparado para eso. Pero puedo hacer las dos cosas, la verdad es que siento que debo hacer las dos cosas.

SB: ¿Crees que Dios te dio un potencial, un don, y que ahora tienes que hacer algo con él?

MJ: Debo hacerlo.

El padre mánager

Shmuley Boteach: ¿Y si alguien te dijera: «Oye, Michael, por supuesto que estás en tu derecho de lamentar la manera como te crió tu padre; era muy estricto, muy autoritario, y podía llegar a ser duro e incluso malo. Pero sus métodos funcionaron». Y ahora puedes incluso decir que el éxito profesional no es lo más importante —y no puedo estar más de acuerdo—, pero fuiste tú el que, durante una de nuestras primeras conversaciones, dijo: «Le debo mucho a mi padre, él me enseñó a moverme y a bailar». Y, siendo ya una superestrella, has dicho en muchas ocasiones que es una persona muy importante para ti. Así que, qué pasaría si te dijeran: «Tú te equivocas y él lleva razón. Él te ha convertido en lo que eres, así que ¿cómo te atreves a ser tan desagradecido?». Sobre todo, Michael, si se tiene en cuenta que él se crió en la más absoluta pobreza y quería evitar que tuvieras que seguir sus pasos y ponerte a trabajar tú también en la fundición, seguramente pensó: «Es mejor que ensaye y practique de niño, y no que tenga que andar luego de mayor actuando en baruchos de mala muerte, porque por lo menos así tendrá ya un buen dinero ahorrado que le permitirá vivir dignamente».

Michael Jackson: Desde luego que hizo un trabajo excelente en lo que se refiere a prepararme para los escenarios, para ser artista, sí; pero como padre era muy, pero que muy estricto. Odio juzgarlo pero, como padre, desde luego yo habría hecho muchas cosas de otra manera. Nunca sentí que me quería. Me acuerdo de estar en aviones y que me tenían que meter y sacarme en brazos porque me aterrorizaban las turbulencias, que me ponía a chillar y a dar patadas como un loco si despegábamos en medio de una tormenta, y recuerdo con toda claridad que él nunca me tocaba ni me abrazaba, que tenían que venir las azafatas a darme la mano y acariciarme el pelo para que me calmara.

SB: ¿Era un hombre iracundo?

MJ: Creo que llevaba mucha amargura dentro, no sé por qué. Claro que ahora ya no es así, pero por aquel entonces era muy duro, la persona más dura con la que jamás me he topado.

SB: Y si alguien viniera y te dijera: «Mira, Michael, no lo puedes tener todo: fue un mánager fantástico, pero no un padre cariñoso y cercano; te enseñó a moverte en un escenario y te enseñó a ser disciplinado». ¿Crees que le responderías que estarías dispuesto a sacrificar al artista que más discos ha vendido a cambio de haber tenido una infancia feliz? ¿O acaso opinas que no tiene por qué hacer falta elegir y que podrías llegado igual de lejos si las cosas hubieran sido de otra manera?

MJ: Podría haber hecho todo lo que hizo conmigo, pero dedicar también un poco de tiempo a ser mi padre, a jugar a la pelota o a lo que fuera... Recuerdo que te conté la anécdota de aquella vez que me subió al poni. Yo creo que ni se dio cuenta de que a mí aquello se me quedó grabado para siempre.

SB: Ésa es una de las historias más conmovedoras sobre lo que significa ser padre que he oído jamás, ese relato de cómo un simple gesto de un padre con un hijo puede dejar una huella tan indeleble es increíble y muy conmovedor.

MJ: Cuando lo pienso ahora, desearía que hubiera hecho un poquito más, sólo un poco. Me habría hecho sentir algo completamente distinto, hasta hoy.

SB: Y tal vez no habrías estado tan deseoso de demostrar lo que valías. Si hubieses tenido una infancia llena de amor no habrías necesitado tanto el cariño del público y hoy no serías una superestrella. ¿Estarías dispuesto a renunciar a todo eso a cambio de que te hubieran querido más de niño?

MJ: No. Nunca estaría dispuesto a renunciar a todo eso, es mi trabajo. Creo que se me concedió todo eso por una razón. Lo creo y siento que...

SB: ...que Dios te ha escogido, que tienes un don especial...

MJ: De verdad que así lo creo. ¡Me gustaría que vieras las caras de la gente, en todo el mundo. Hay personas que se te acercan y te dice: «Gracias, gracias, muchas gracias por habernos salvado la vida a mí y a mis hijos, ¿te puedo tocar?». Y luego se echan a llorar. Es como tener el don de curar... Se nos concede por una razón, para que ayudemos a los demás.

SB: Así que lo que hizo Shirley Temple por ti con esos carteles [fotos suyas que Michael colgaba en las habitaciones de los hoteles para sentirte más seguro] es algo parecido a lo que haces tú con la gente por todo el mundo y en un sentido mucho más amplio...

Como se verá más adelante, Michael indicaba a los empleados que viajaban unos días antes que él —para preparar su llegada a un hotel— que colgaran fotografías de Shirley Temple en las paredes de la habitación antes de las actuaciones.

MJ: Eeee... sí, sí, claro que sí, eso es, y por eso yo sólo quería darle las gracias [a Shirley Temple por ser una fuente de inspiración en sus horas bajas] y empecé a llorar con tal desconsuelo que simplemente no conseguía articular palabra, y entonces ella alargó la mano y se puso a acariciar la mía así.

SB: Michael, cuando le dices que no sabías si ibas a ser capaz de seguir y que luego recorriste con la mirada esos carteles con fotos de sus películas de cuando era niña, ¿qué era lo que iba a poder contigo?, ¿qué era, la mezquindad con que la gente te trataba, el hecho de que siempre has tenido que trabajar mucho para seguir siendo el mejor, todo eso y más?

MJ: Tener que trabajar mucho, no tener la oportunidad de parar un momento y jugar y divertirme. Bueno, había un poco de eso en los hoteles... mis hermanos y yo hacíamos guerras de almohadas y cosas así, tirábamos cosas por la ventana... pero la verdad es que lo pasamos muy mal. Me acuerdo de una vez que nos íbamos a Sudamérica y yo estaba en casa cuando llegó la hora de salir para el aeropuerto y me puse a llorar como un loco, hasta me escondí: no quería ir... recuerdo que dije: «Yo sólo quiero ser como todo el mundo, quiero ser normal». Pero mi padre me encontró y me obligó a meterme en el coche porque teníamos ya comprometidas las fechas de los conciertos. Claro que también conoces gente mientras estás viajando, hasta convives con ellos, igual son hasta una familia, pero sabes que tienes que aprovechar ese poco tiempo para disfrutar de su compañía al máximo porque lo más probable es que no vuelvas a verlos, y eso duele. Sabes que la amistad no durará y ese tipo de cosas duelen de verdad, sobre todo cuando eres pequeño.

SB: Durante toda tu vida siempre has tenido que anteponer tu carrera a las relaciones que te aportaban algo, así que, hoy por hoy, ¿tienes algo en tu vida que te aporte verdaderamente? Porque, igual que un coche no va sin gasolina, tú no puedes seguir si no recibes cariño, no puedes dar amor si nunca recibes amor; y decir que te lo dan los fans no es suficiente, Michael, porque ellos te quieren por lo que haces y no por lo que eres, te quieren por la energía y la emoción que proporcionas a sus vidas.

MJ: Recibo amor a través de la alegría y la ilusión que veo en los ojos de los niños. Ellos me han salvado la vida así que quiero... devolverles el favor [Michael empieza a llorar]. Ellos me han salvado, lo digo completamente en serio: simplemente estar con ellos, verlos, eso me ha salvado la vida, en serio.

SB: Al hacerte mayor, ¿tuviste la impresión de que te habían hecho promesas que luego no se cumplieron?

MJ: Mi padre rompió una promesa muy importante y por eso sí que me enfadé y sigo enfadado: me convenció de que firmara un contrato con Columbia cuando tenía dieciocho años con la promesa de que me llevaría a cenar con Fred Astaire.

Michael había dado a entender en una ocasión anterior que Fred Astaire vivía en el mismo barrio, pero no le pedí que me aclarara la discrepancia.

MJ: Mi padre sabía cuánto me gustaba Fred, que lo adoraba; sabía que firmaría sin leer el contrato y salió de aquel despacho tan contento y luego nunca hizo nada para que hubiera cena. Me decía que lo sentía, pero no había podido ocuparse del asunto o cualquier cosa por el estilo, y a mí me rompió el corazón que lo hiciera. Me engañó.

SB: ¿Alguna vez le has dicho lo disgustado que estás por eso?

MJ: No, hoy es el día en que sigue sin saber cuánto daño me hizo. Por eso yo no hago promesas que no puedo cumplir.

Uno de los grandes defectos de Michael era su incapacidad para darse cuenta de que se iba corrompiendo poco a poco. Se había jurado a sí mismo que nunca sería como su padre, lo cual significaba no romper una promesa jamás, pero en sus últimos años tuvo que enfrentarse a unas cuantas demandas judiciales de gente que sostenía —precisamente— que había roto sus promesas, ya que empezó a convertirse en una costumbre no cumplir con lo pactado en los contratos, algo que acabó siendo la nota dominante de sus últimos tiempos y que yo, por desgracia, tuve la oportunidad de presenciar. Michael tenía buenas intenciones, pero, como en muchos otros aspectos de su vida, no supo hacer acopio del coraje suficiente para vivir de acuerdo con sus convicciones.

La apariencia física: feo en el espejo

Shmuley Boteach: Todavía te quedan muchos años de vida, ¿de verdad crees que un día te recluirás y desaparecerás para siempre?
Michael Jackson: Sí.
SB: ¿Te encerrarás en Neverland y punto?
MJ: Sí, sé que lo acabaré haciendo.
SB: ¿Pero por qué? ¿Porque no quieres que la gente vea cómo envejeces?
MJ: No puedo con eso. Me gustan demasiado las cosas bellas y las cosas bellas de la naturaleza en particular, y quiero que mis mensajes lleguen a la gente, pero no quiero que me vean... como cuando vimos mi foto en Internet antes, es que se me revuelve el estómago al verla.
SB: ¿Por qué?
MJ: Porque soy como un lagarto. Es horrible. Nunca me gustó mi aspecto. La verdad es que desearía que no me pudieran hacer fotos, ser invisible para todo el mundo, y lo cierto es que me obligo a hacer las cosas que hacemos, ésa es la verdad.

Se estaba refiriendo a las conferencias que había pronunciado en público siguiendo mi consejo, como la de la Universidad de Oxford o la que dio en el Carnegie Hall de Nueva York. Y, sin embargo, era muy importante que empujara un poco a Michael para que saliese de su reclusión y se mostrara públicamente en beneficio de una causa superior.

SB: Michael, se ha escrito que tu padre solía decirte que eras feo, ¿es cierto?
MJ: Pues sí. Solía reírse de... Me acuerdo de una vez que estábamos en un avión justo a punto de despegar; yo estaba pasando por esa etapa rara de la pubertad cuando tus facciones empiezan a cambiar y el fue y me dijo: «¡Puf, menuda nariz tienes! Desde luego de mí no la has sacado». No se dio cuenta del daño que me hizo con aquel comentario. Me hizo tanto daño que quería morirme.
SB: ¿No sería un comentario hostil que en realidad iba dirigido a tu madre con eso de «desde luego de mí no la has sacado»
MJ: No sé qué estaba tratando de decir exactamente.
SB: ¿Crees que es importante decirles a los niños que son guapos?
MJ: Sí, pero sin pasarse tampoco. Se es bello por dentro. Es mejor algo así: por ejemplo, Prince se está peinando mirándose en el espejo y me dice «estoy guapo», y yo le contesto «sí, estás bien».
SB: ¿No te parece que tu padre te inculcó la creencia de que no eras guapo? Así que intentaste cambiar tu apariencia un poco y aun así

sigues sin estar contento de verdad, así que, ¿no te parece que ya va siendo hora de que empieces a quererte y apreciar tu aspecto y a ti mismo y todo eso?

MJ: Ya lo sé. Ojalá fuera capaz.

SB: Todos tenemos problemas con nuestro aspecto. Mira, yo por ejemplo con esta barba alborotada: cuando hago televisión, la gente con la que trabajo siempre me aconseja que me la recorte, hasta que me la quite, pero mi religión no me permite cortármela y por eso sigue ahí, creciendo.

MJ: ¿Te gustaría cortarte la barba?

SB: Sí, la verdad es que sí. No del todo, ¿eh?, pero recortármela, sí. Pero Dios y mi religión son más importantes que mi aspecto físico.

MJ: ¿Y de verdad que no puedes?

SB: En resumidas cuentas, no. Me la recojo por aquí. Claro que hay muchos rabinos que sí se cortan la barba, y otros que no…

MJ: Y si se la cortan, ¿eso va contra las normas?

SB: La interpretación de las normas depende del rabino. La Biblia dice que no debes ponerte una hoja afilada en la cara y hay gente que lo interpreta de manera literal y se afeita con maquinilla eléctrica, pero no con la tradicional, que tiene filo. Y para otros el significado del versículo es que no debes usar ningún tipo de objeto cortante sobre la cara, nada que pueda cortar la barba. Eso sí, ¿sabes lo que dice mi mujer, Debbie? «No me casé con un hombre que anda todo el día preocupado de seguir las normas que dicta la sociedad, me casé con un hombre al que quería respetar y tú eres rabino, siéntete orgulloso de lo que eres.»

MJ: ¿Y a ella no le importa la barba?

SB: No sólo no le importa, sino que se disgustaría si me la afeitara; esta misma mañana me ha dicho: «Si de verdad me quieres y me respetas nunca digas que te quieres recortar la barba porque me molesta cuando pretendes tener un aspecto que se ajuste más a la media». Mi mujer quiere que viva siempre conforme a mis principios.

MJ: ¡Increíble!

SB: La otra noche, el jueves, tú tenías un aspecto fantástico. [Michael se había arreglado para asistir al baile benéfico que organiza Denise Rich para la lucha contra el cáncer, el Angel Ball]. Yo diría que eras el más guapo de todos. Así que ¿por qué no te gusta que te hagan fotos?

MJ: Desearía que no me volvieran a hacer una foto nunca más, y desearía hacerme invisible para siempre. Y, en relación con el trabajo, me encantaría poder montar los bailes de manera que tengan el aspecto que yo quiero exactamente, y lo mismo con las películas.

SB: ¿Ahora quieres hacer cine?

MJ: El cine me encanta, pero no puedo controlar el resultado final, no hay garantía de que las imágenes reflejarán la luz y la expresión de mi rostro en ese momento... ¡aj!

SB: Y si un niño te dijera «odio que me hagan fotos», ¿tú qué le dirías?

MJ: Le diría: «No tienes ni idea de lo guapo que eres, es tu espíritu lo que...».

SB: Pero, a ver, ¿por qué aceptas que eso sea cierto en el caso de todo el mundo menos en el tuyo?

MJ: Pues no lo sé. [Esto lo dijo con una voz teñida de desconcierto y resignación.]

SB: Por tu experiencia con las fans, sabes de sobra que hay un montón de mujeres que se arrojarían en tus brazos a la menor oportunidad, lo que debe querer decir que eres guapo y deseable. ¿Tienes la sensación constante de que quieren enamorarse de ti?

MJ: Cuando lo pienso me doy cuenta de que seguramente es así —y esto nunca lo diría en la televisión—, pero no creo que me atreviera a salir al escenario si lo hiciera pensando en lo que se les pasa por la cabeza a las mujeres en ese momento. Si tuviera presente lo que están pensando... en el sexo, o en qué aspecto tendré desnudo... entonces, ¡Dios!, eso me daría mucha vergüenza, no podría salir a escena. Es horrible.

Una vez más, Michael asocia inmediatamente a las mujeres con la lascivia. Las manifestaciones de tipo sexual, a las que por lo visto estuvo tan expuesto cuando todavía no era más que un niño inocente e impresionable, bien podrían haberle dejado una secuela permanente. En lo que a Michael se refería, lo único que querían las mujeres que gritaban en sus conciertos era irse a la cama con él y, en su mente, el sexo parecía ser lo que ocupaba la mente de las mujeres más que ninguna otra cosa.

SB: A mucha gente le gusta ser un símbolo sexual, pero a ti no porque eres tímido. Cuándo algunas mujeres hablan contigo, ¿notas que eso es lo que tienen en la cabeza?

MJ: ¡Ajá! Y además me lo dicen.

SB: «¿Me quiero acostar contigo?»

MJ: ¡Ajá!

Miedo al padre

Shmuley Boteach: ¿Sabes una cosa, Michael? Yo solía juzgar a mi padre con mucha dureza hasta que un día dejé de hacerlo porque advertí que él tenía que lidiar con sus propios retos, que ha tenido una vida muy difícil que comenzó en la más absoluta de las miserias, en Irán, y para un judío no es nada fácil criarse en Irán... ¡Vete a saber lo que fue su infancia en realidad! ¿Tú todavía juzgas a tu padre?

Michael Jackson: Solía hacerlo, solía enfadarme tanto con el... simplemente me iba a mi cuarto y me ponía a gritar de rabia porque no entendía cómo podía haber nadie tan vil y malintencionado como él. Recuerdo una vez que ya estaba metido en la cama, durmiendo, debía de ser alrededor de la medianoche y me había pasado todo el día grabando en el estudio, cantando sin parar, sin tiempo para la menor diversión, ni un minuto para jugar. Y entonces llegó él —ya era tarde— y me gritó desde el otro lado de la puerta: «Abre ahora mismo —yo había echado el pestillo—. Te doy cinco segundos y luego tiro la puerta abajo». Y entonces se puso a pegar patadas a la puerta hasta que la desencajó. «¿Por qué no has firmado el contrato?», me preguntó a gritos. Y yo le contesté «no sé, no lo sé», a lo que él me respondió: «Pues fírmalo. Si no lo firmas te vas a enterar de lo que es bueno». Y yo pensaba «¡Dios mío!, ¿y qué hay del amor, del cariño de un padre?», así que le pregunté: «¿Lo dices en serio?». Y el me empujó y me golpeó con todas sus fuerzas. Era un hombre muy físico.

SB: ¿Empezaste a sentir que para él no eras más que una máquina de hacer dinero?

MJ: Sí, claro que sí.

SB: ¿Igual que lo que contó Macaulay Culkin?, ¿sentías que te utilizaba?

MJ: Sí, y entonces un día —odio contarlo—, un día dijo y Dios bendiga a mi padre porque por otro lado hizo cosas maravillosas y era un genio, brillante—, pero un día nos dijo a todos los hermanos: «Si alguna vez dejáis de cantar, conmigo no contéis para nada, no quiero saber nada de vosotros a partir de ese momento». Aquello me hizo muchísimo daño. Lo normal era suponer que se daba cuenta de que teníamos corazón y sentimientos, ¿acaso no era consciente del daño que nos hacía diciendo algo así? Si yo les dijera algo parecido a Prince y a Paris me doy perfecta cuenta de que les haría daño, no se le puede decir una cosa semejante a un niño; desde luego a mí se me quedó grabado a fuego y sigue afectando a mi relación con él.

SB: ¿Así que si dejabas de actuar él dejaría de quererte?

MJ: No querría saber nada de mí a partir de ese momento. Eso fue lo que dijo.

SB: ¿Y tú madre siempre venía por detrás a arreglar las cosas, a decirte: «No le hagas caso, no lo dice en serio»?

MJ: A mi madre siempre se la oía en un segundo plano cuando él perdía los nervios y la emprendía a golpes y empujones con nosotros. Me parece estar oyéndola [Michael imita la voz de su madre]: «Joe, no, ¡los vas a matar! ¡No, Joe, no, basta, basta, te estás pasando!». Y mientras tanto él rompiendo muebles, era horrible. Siempre he dicho que si alguna vez tenía hijos nunca me comportaría así, que no les tocaría ni un pelo. La gente dice siempre que quien ha sido víctima de malos tratos luego se convierte en maltratador y no es cierto, ¡no es cierto! En mi caso es exactamente lo contrario. Yo, lo peor que llego a hacerles es mandarlos de pie al rincón durante un rato, ¡como mucho!, con eso los pongo a raya si hace falta.

SB: Creo que llevas razón. Odio oír cosas como eso de que las víctimas de abusos siempre acaban siendo abusadores, es como decir que estás condenado a ser mala persona.

MJ: ¡Es que no es verdad! Yo siempre me he dicho que nunca nunca haría lo mismo, nunca. De hecho, si oigo a alguien regañando a un hijo me pongo fatal y me echo a llorar porque me recuerda a cómo me trataron a mí cuando era niño, me derrumbo inmediatamente y me deshago en sollozos y temblores. No lo soporto. Es muy duro.

SB: Cuando mis padres se divorciaron, nosotros nos mudamos y mi padre se quedó viviendo a más de 5.500 kilómetros, así que no resultó nada fácil mantener un contacto estrecho con él, pero yo lo quería e intenté por todos los medios no juzgarlo; hice un gran esfuerzo para estar mucho más cerca de él. Creo que tenemos que tomarnos en serio el mandamiento de la Biblia de honrar siempre a nuestros padres; la Biblia no dice «hónralos si se lo han ganado», sino que simplemente nos ordena que los honremos: simplemente por ser quienes nos han dado la vida ya se han ganado el derecho.

MJ: Todavía le tengo miedo a mi padre. Cuando entra en una habitación, Dios es testigo de que ha habido veces en que me he desmayado por el mero hecho de su presencia. Bueno, para ser más exactos, me he desmayado una vez, y he vomitado en su presencia porque cuando entra en una habitación viene envuelto en esa aura suya... y me empieza a doler el estómago y sé que me voy a poner malo. Ha cambiado mucho, el tiempo y la edad lo han cambiado y ahora quiere estar con sus nietos y trata de ser mejor padre, es casi como si hubiera dejado en dique seco esa faceta suya para siempre, pero a mí me cuesta muchísimo aceptar que este tipo es el mismo que me crió... ¡Cómo me gustaría que hubiera aprendido la lección mucho antes!

SB: ¿Así que todavía te da miedo?

MJ: Sí, porque la cicatriz, la herida, sigue ahí.

SB: O sea, que sigues teniendo presente la imagen de cómo era antes y te cuesta mucho trabajo verlo como un hombre nuevo.

MJ: No logro verlo como un hombre nuevo. Me siento como un ángel —aterrorizado y frágil— cuando lo tengo delante. Un día me dijo «¿por qué me tienes tanto miedo?», y no fui capaz de responderle; me entraron ganas de decirle: «¿Tienes la menor idea de lo que has hecho? [se le quiebra la voz] ¿Tienes la menor idea de lo que me has hecho?».

SB: Para mí es muy importante oír todo esto porque, como amigo tuyo que soy, como alguien a quien preguntan constantemente sobre ti, es muy importante que yo entienda las cosas. Y es muy importante que el mundo las entienda también. ¿Sabes una cosa, Michael? Nadie te habría juzgado tan duramente como lo han hecho si esto se hubiera sabido; la gente habría hecho un esfuerzo por comprender tu sufrimiento en vez de juzgarte. ¿Lo llamas papá o Joseph?

MJ: De niños no nos dejaba llamarlo papá, nos decía: «No me llaméis papá, me llamo Joseph». Eso nos decía. Pero ahora quiere que lo llamemos papá. A mí me cuesta mucho, no puedo llamarlo papá porque solía insistir: «No me llaméis papá. Me llamo Joseph». Así que me encanta cuando Prince y Paris me llaman papi o cuando oigo a un niño italiano llamar a su padre *papà* o a un chico judío decirle al suyo *poppy*. ¡Dios!, ¿cómo no vas a estar orgulloso de que te llamen así? ¡Son tus hijos!

SB: ¿Qué edad tenías tú cuando empezó a deciros que no lo llamarais papá?

MJ: Desde pequeño hasta los tiempos de *Off the Wall* y *Thriller*.

SB: ¿Crees que le parecía que era todo más profesional de ese modo?

MJ: No. Yo creo que se veía a sí mismo como una especie de joven pura sangre... Se consideraba demasiado *cool* como para ser el padre de nadie. Él era Joseph. Yo no soportaba oírselo decir...

SB: He leído en alguna parte que tu madre pensó en separarse de él, que hasta presentó la demanda de divorcio...

MJ: No sé si presentó la demanda, igual sí, aunque yo diría que no. Desde luego hubo muchas ocasiones en que quiso hacerlo, porque él tenía muchas otras mujeres y porque era muy difícil soportarlo... Pero, por sus creencias, mi madre sólo podía separarse si lo acusaba de fornicación...

cosa que podría haber hecho porque él le había sido infiel muchas veces y ella lo sabía, pero es una santa y nunca se separó. Sabía de sobra que andaba por ahí con unas y con otras y a qué se dedicaba, que la engañaba, pero es tan buena que lo dejaba volver a casa, a su cama, a su lado. De verdad que no conozco a mucha gente tan buena como mi madre, es como la madre Teresa, en serio que no hay muchas personas como ella.

SB: Así que tu madre es una mujer sufrida y bondadosa. ¿Tienes la impresión de que sufrió durante demasiado tiempo, de que no debería haber tenido que soportar todo eso?

MJ: Le suplicábamos que se divorciara, le decíamos «madre, divórciate ya de él», pero ella nos contestaba: «¡Dejadme en paz! ¡No!». Le decíamos «deshazte de él», hasta le gritábamos «¡divórciate de una vez!» cuando éramos pequeños. Durante tantos años, en cuanto oíamos el coche de mi padre en la entrada —tenía un Mercedes inmenso y siempre conducía muy despacio—, ahí empezaban las carreras —«¡que viene Joseph, rápido!»—, y todo era salir disparados a nuestras habitaciones y cerrar la puerta corriendo.

SB: ¿Tanto miedo le teníais?

MJ: Sí. Por eso siempre he dicho que cuando llegase a casa quería que mis hijos corrieran a mi encuentro gritando «¡papi, papi!» y se me subieran encima de un salto para saludarme. Y eso es lo que hacen los míos. Quería justo lo contrario de lo que yo tuve. No quiero que salgan disparados a esconderse.

El protector de Janet

Shmuley Boteach: Déjame que te diga un cosa: has dicho que tu padre te humillaba durante los conciertos y que te hacía llorar y te sacaba del escenario a empujones delante de todas aquellas fans que te adoraban, pero... ¿para qué? ¿Para demostrar el poder que tenía sobre ti?

Michael Jackson: Pues...mmm... no. No lo hacía en el escenario. Era después de los conciertos: el camerino podía estar lleno de fans —a mi padre le encantaba que vinieran chicas al camerino—, así que estábamos allí comiendo algo o lo que fuera y la habitación estaba repleta de chicas lanzando risitas nerviosas, fans que nos adoraban, temblando de la emoción de pies a cabeza. Y si yo estaba hablando o algo así y pasaba algo que no le gustaba, me miraba de aquel modo... me miraba de un modo que me mataba de miedo, y entonces me daba un bofetón, con todas sus fuerzas, y luego me sacaba a empujones a la sala contigua, que también estaba llena de fans, con lágrimas corriéndome por las mejillas y, claro, ¿qué iba a hacer yo?

SB: ¿Cuántos años tenías? [Se oye a Prince a cierta distancia: «¡tengo tres años!» (carcajadas).]

MJ: Ummm… no debía de tener más de doce… once, más o menos.

SB: Así que esos fueron los primeros momentos de tu vida en que te sentiste humillado, verdaderamente humillado, ¿no?

MJ: No, hubo otros. Era tan duro, cruel… muy cruel… No sé por qué. Era implacable. Nos pegaba con tal violencia… ¿sabes? Me acuerdo de que nos obligaba a desnudarnos primero y nos untaba con aceite, era todo un ritual… Lo hacía para que luego, cuando nos pegara con el final del cable de la plancha, nos doliera más [Michael imita el sonido de los golpes], ¿sabes?… Y el dolor era horrible. Nos pegaba en la cara y por todo el cuerpo, por la espalda, por todo el cuerpo. Y siempre se oía a mi madre por detrás: «¡No, Joe, no, los vas a matar, los vas a matar, no!». Yo simplemente me rendía, aceptaba que no podía hacer nada para evitarlo. Eso sí, lo odiaba, lo odiaba con toda mi alma. Todos lo odiábamos. Y se lo decíamos a nuestra madre, nos lo decíamos los unos a los otros. Me acuerdo de una cosa que nunca olvidaré: estar hablando con Janet y decir… decir:

—Janet, cierra los ojos.

—Ya, ya los tengo cerrados —me respondía ella.

—Imagínate a Joseph en un ataúd, muerto, ¿te da pena?

—No —me contestaba.

Así de sencillo. A eso nos dedicábamos de niños… Jugábamos a ese tipo de cosas… Hasta ese extremo llegaba nuestro odio; yo le decía «imagínatelo en un ataúd, muerto, ¿te da pena?», y ella me respondía tan tranquila «no, ni pizca». Hasta ahí llegaba la ira que sentíamos contra él. Y yo hoy lo quiero, pero era muy cruel, Shmuley, era brutal.

SB: Pero tú, de niño, ¿te dabas cuenta de que todo eso, todo ese odio, te estaba corrompiendo? ¿Te decías a ti mismo: «Tengo que hacer algo para librarme de estos sentimientos, tengo que hacer algo para que esto termine?».

MJ: Sí, yo quería convertirme en un artista excepcional para que me quisieran.

SB: ¿Con la esperanza de que él cambiara? ¿Eso pensabas? ¿Creías que si tú… que si tú te convertías en una gran estrella, si tenías mucho éxito y el mundo entero te adoraba, si llegabas a lo más alto, entonces tu padre también te querría?

MJ: Eso es.

SB: Así que pensabas que con eso lograrías que cambiara.

MJ: Sí, eso, tenía la esperanza de poder hacer que otra gente me quisiera… Porque yo necesitaba desesperadamente que me quisieran,

¿sabes? La gente necesita que la quieran, uno necesita sentirse querido. Eso es lo más importante. Por eso me dan tanta pena esos niños
que viven en orfanatos y hospitales y que están solos, esos niños a los
que incluso atan a la cama porque no hay suficiente personal. Es que
pienso: «¿Pero estáis locos o qué?». Me encantaría ir cama por cama
soltándolos a todos, devolviéndoles la libertad. «Ésta no es manera
de tratar a los niños —les diría a los que hacen esas cosas—, a los niños no se les ata.» Y también hay sitios en los que los tienen sujetos
a la pared con cadenas, como en Rumanía, por ejemplo, y hasta los
obligan a dormir en sus propios excrementos y su propio pis.

SB: Entonces, ¿dirías que te identificas más con la gente así porque
también eres más sensible a todos esos temas?

MJ: Sí, siempre abrazo con más fuerza a Mushki [mi hija mayor, que
por entonces tenía unos doce años] porque siento su dolor, noto
que sufre mucho. Cuando Janet pasó por aquellos tiempos en que
estaba gorda me acuerdo de que lloraba mucho. Pero decidió perder
todos los kilos que le sobraban. «Me los voy a quitar todos», decidió.
Y lo hizo. Pero era muy desgraciada.

SB: ¿Tú la proteges mucho por ser tu hermana pequeña?

MJ: Si, sí, yo estaba decidido a que perdiera peso. La verdad es que me
portaba muy mal con ella, la provocaba gastándole bromas para que
adelgazara. No me gustaba que estuviera tan gorda; no me gustaba
porque sabía que la hacía infeliz.

SB: ¿Y cómo conseguiste que hiciera algo al respecto?

MJ: Pues le dije que tenía que adelgazar porque estaba hecha una vaca;
yo se le decía y ya sé que no está bien que le dijera eso... Ella me
respondía «¡cállate!», y yo le contestaba «¡no, cállate tú!». Estaba decidido a hacer que mi hermana adelgazara y estuviera guapa porque
en el fondo de mi corazón la quiero con locura y sólo deseo que
brille, y cuando ella también se convirtió en una estrella, ¿sabes?
Cuando empezó a grabar discos me puse muy contento, estaba tan
orgulloso... ¿sabes? Porque lo había conseguido.

SB: ¿Todavía sigues protegiéndola tanto por ser la pequeña?

MJ: Sí, sí... Sólo que me gustaría que estuviéramos más unidos. Lo
estamos en espíritu, pero no como familia, no nos reunimos ni celebramos nada juntos, ahora ya no tenemos ningún motivo para
reunirnos. Me gustaría que nos hubieran inculcado ese sentimiento de familia. Por ejemplo, me encanta veros a vosotros, ver cómo
bendecís a los niños, eso me conmueve porque veo que tenéis una
relación muy cercana, es maravilloso.

Los viernes por la noche, cuando comienza el sabbat, mi mujer y yo bendecimos a nuestros hijos uno por uno para que crezcan hasta parecerse a los grandes personajes de la Biblia, los grandes patriarcas y matriarcas del pueblo judío. Michael vio este ritual varias veces cuando lo invitamos a la cena del sabbat en casa y siempre nos contemplaba con suma atención mientras bendecíamos a nuestros hijos.

Una bendición dolorosa: yo sólo quería que me quisieran

Shmuley Boteach: ¿Dios siempre ha respondido a tus oraciones?

Michael Jackson: Por lo general, sí, desde luego que sí. Por eso creo.

SB: ¿Y sientes que ha estado contigo acompañándote durante algunas de esas etapas difíciles de tu vida?

MJ: No ha habido una sola cosa que le haya pedido y no me haya concedido. No son cosas materiales, claro. Te voy a decir algo que nunca le he dicho a nadie, y además de verdad, no tengo por qué mentirte y Dios sabe que no lo estoy haciendo. Creo que el éxito y la fama que he conseguido, que he anhelado, los deseaba porque en realidad buscaba que me quisieran. Nada más. Ésa es la verdad. Necesitaba que la gente me quisiera, que me quisiera sinceramente, porque nunca me he sentido verdaderamente querido. Ya he dicho que conozco mi talento. Pensaba que si lo perfeccionaba, la gente tal vez me querría más. Sólo deseaba que me quisieran porque me parece muy importante que te quieran y decirle a la gente que la quieres y mirarla a los ojos y decírselo.

Recuerdo que me recorrió un escalofrío cuando Michael dijo aquello; estaba sentado con la estrella más famosa del mundo entero, un ídolo al que tanta gente aspiraba a parecerse, y ahí estaba él diciéndome que todo lo que había hecho en la vida (todas esas canciones, las coreografías, el *moonwalk*) sólo tenía un único y sencillo propósito: mendigar unas migajas de amor. Me dije que Michael vivía en un agujero negro donde no había ni un ápice de amor, un abismo de tales dimensiones que pocas personas podrían siquiera llegar a comprenderlo.

SB: Pero la otra cara de la moneda es que hubieras recibido grandes cantidades de amor cuando eras niño, Michael, y tal vez de haber sido ése el caso no te habrías esforzado tanto para alcanzar el éxito.

MJ: Eso es cierto, por eso no cambiaría nada, porque al final ha funcionado en muchos sentidos.

SB: ¿Así que conseguiste darle la vuelta al desprecio y convertirlo en una bendición?

MJ: Sí...

SB: Recuerdo algo que dijo Paul McCartney hablando de ti una vez cuando acababas de convertirte en una gran estrella, creo que le preguntaron algo así como «¿crees que Michael Jackson acabará como otras estrellas del rock —Dios no lo quiera—, muerto prematuramente a los treinta, consumido por las drogas?». Y McCartney contestó: «No. Michael tiene un carácter completamente distinto, él no anda por ahí soltando tacos, no se emborracha...». Lo dijo hará unos treinta años. ¿Tú eras consciente de eso, de que tenías un carácter distinto y si seguías por el camino que llevabas la fama y el éxito no acabarían por destrozarte como a otros?

¡Vaya! Ahora me entristece enormemente leer esta parte de la conversación, al cabo de ocho años nada más. ¡Si hubiera sabido que precisamente ésa era la suerte que correría! Pero por aquel entonces todo era distinto y Michael parecía una persona muy distinta.

MJ: Sí, siempre he sentido una inquebrantable determinación porque siempre he tenido también una visión clara de lo que quería hacer y hasta dónde quería llegar, y nada me lo iba a impedir. Estoy muy centrado en lo que quiero y sé lo que quiero y lo que deseo conseguir y no me voy a desviar de mi camino. A veces me desanimo, sí, pero sigo en la carrera de fondo, en dirección a la meta que me he marcado, y eso evita que me desvíe. Me entrego por completo.

SB: Sí estás completamente satisfecho con la persona que eres, entonces... Has dicho que no cambiarías nada porque sabes que sean cuales sean las vivencias por las que hayas tenido que pasar de niño al final todo eso te ha hecho quien eres y te ha conducido al éxito que hoy tienes. Así que ¿no habrías hecho nada de forma diferente?

MJ: No. Poseo esa sensibilidad especial hacia los niños debido a mi pasado y con eso soy feliz.

Rose Fine: la institutriz de Michael

Michael y yo también hablamos de Rose Fine, la profesora particular que acompañaba a los Jackson 5 cuando estaban de gira. Michael siguió muy unido a ella incluso mucho tiempo después de haberse hecho mayor y hasta ayudaba económicamente a la familia de la señora Fine. Empezamos la conversación hablando de los viajes en avión:

Michael Jackson: Me han marcado terriblemente.

Shmuley Boteach: ¿El qué?

MJ: Las turbulencias, el tener que aguantar ahí arriba mientras piensas que te vas a morir.

SB: ¿Te acuerdas de esa historia que me contaste sobre aquella institutriz judía que tuviste?

MJ: ¿Rose Fine?

SB: Una vez me contaste por teléfono que solía decirte que si había una monja en el avión, entonces sí que iba a morir todo el mundo.

MJ: Sí, me decía: «No nos va a pasar nada, estamos todos sentados en el avión tranquilamente y tenemos fe, y además ya he ido a mirar y no hay ninguna monja a bordo». Yo la creía a pies juntillas.

SB: ¿Entonces todavía buscas a la monja entre los pasajeros?

MJ: ¡Todavía lo pienso! Nunca he visto una monja en un avión… Ella [Rose Fine] me ayudaba mucho siempre porque me agarraba la mano y me acurrucaba contra su pecho. Y también después de los conciertos, recuerdo que yo me iba corriendo a su habitación y leíamos juntos; y me preparaba un vaso de leche caliente, que era lo que mas podía necesitar yo en ese momento. Siempre me decía «entra, la puerta esta abierta», siempre dejaba su puerta abierta.

SB:¿Es posible que alguien que no es su padre biológico quiera a un niño tanto como si fuera suyo? ¿Quieres a otros niños tanto como a Prince y Paris?

MJ: Desde luego que sí.

SB: Siempre he pensado que una de las cosas que más me impresiona de ti es que siempre que te digo algo como «Prince y Paris son muy guapos», tú me corriges: «No, todos los niños son guapos». Nunca dejas que la cosa se quede en Prince y Paris.

MJ: Para mí todos los niños son guapos. Veo la belleza en ellos… para mí son todos bellos, tan bellos… Y los quiero a todos por igual. Antes solía discutir sobre esto con la gente que no estaba de acuerdo conmigo, que decía que se debe querer más a los propios.

SB: Rose Fine, pese a que no era tu madre biológica, sí que te mostró siempre mucho afecto maternal, ¿no?

MJ: ¡Y no sabes la falta que me hacía! De pequeño casi nunca estaba con mi madre, muy rara vez, y mi madre es maravillosa, yo la considero un ángel, pero siempre estábamos fuera, siempre de gira, haciendo un concierto detrás de otro por todo el país, en el extranjero, de club en club. Siempre estábamos fuera. Así que Rose me ayudó mucho: la estuvimos llevando con nosotros de gira prácticamente hasta el día en que murió, Janet y yo. Ha muerto hace poco.

SB: ¿Crees que la deberíamos mencionar en el contexto de nuestra iniciativa a favor de los niños?

MJ: Sí, por favor. Su recuerdo debe permanecer.

SB: ¿Cuántos años tenía?

MJ: Nunca decía la edad pero creo que debía de andar por los noventa. Me acuerdo que solía decir: «Cuando me retire y ya no trabaje para vosotros, ese día os diré cuántos años tengo». Pero luego se retiró y nunca confesó su edad. Estuvo con nosotros desde las primeras giras de los Jackson 5 como profesionales hasta que yo cumplí los dieciocho. La primera gira la hicimos tras haber tenido nuestro primer gran éxito con un single. Ella siempre tuvo el poder en sus manos, por ejemplo si los conciertos empezaban con retraso, llegado un momento ella podía parar el concierto si quería argumentando que la Junta de Educación no permitía que estuviéramos levantados a esas horas, que no era legal tenernos despiertos tan tarde. Pero siempre dejaba que el concierto continuara porque no quería perjudicar al público.

SB: ¿Y durante el día os daba clase?

MJ: Eso es.

SB: ¿Las asignaturas normales? ¿Matemáticas, lengua y esas cosas? ¿Y además a los cinco a la vez?

MJ: Sí, nos daba clase a todos juntos durante tres horas. También a Janet. A todos.

SB: Cuéntame más cosas de ella.

MJ: Bueno pues... Rose ha muerto este año y Janet y yo pagamos una enfermera particular y todos los gastos del hospital, y si se le estropeaba la televisión o le fallaba la electricidad o había cualquier problema en su casa nos encargábamos de pagar las facturas. Ahora su marido también está enfermo y yo me estoy ocupando de él, y todo porque sentimos que era como una madre y uno se ocupa de cuidar a su madre.

SB: ¿De verdad la veíais como una madre?

MJ: Totalmente. Era más que una institutriz y no soy capaz de perdonarme el haber estado tan lejos cuando murió, tan tan lejos. No conseguí llegar a tiempo. Estaba en Suiza cuando Evvy [la secretaria de Michael] me llamó y me dijo que Rose había muerto. Yo le dije: «¿Cómo? ¡No puede ser, estoy en Suiza! No voy llegar». Me enfureció no poder estar a su lado, pero hice lo que pude. También me dolía mucho ir a verla en los tiempos en que ya estaba mal, cuando me abría la puerta y yo la saludaba:

—Señora Fine, hola, soy Michael

—Tú no eres Michael —me respondía.

—Soy Michael, de verdad —le insistía y ella no daba su brazo a torcer:

—No, tú no eres Michael, no digas que eres Michael.

Ese tipo de cosas, cuando la gente mayor ya pierde la cabeza, eso es muy duro. Envejecer puede ser algo terrible. Y muy triste.

SB: ¿Y cómo puede un chico lidiar con todo eso? Tú has intentado mantenerte joven, no dejar de ser un niño, jugar, todo eso de lo que ya hemos hablado. ¿Crees que hacerse viejo es una maldición?

MJ: En cierto sentido, sí. Cuando el cuerpo empieza a acusar la edad… Pero también es cierto que los mayores se vuelven otra vez como niños —yo los he visto—, recuperan esas ganas de jugar y esa actitud infantil, y entonces me relaciono muy bien con ellos porque poseen las cualidades que se tienen de pequeño. Cuando voy a un hospital siempre encuentro la forma de escaparme un rato a charlar con la gente mayor. Hace dos días sin ir más lejos lo hice, y son tan tiernos… porque te reciben igual que lo haría un niño y te dicen «pasa, pasa», y te pones a hablar con ellos. Son tan tiernos y tan sencillos…

SB: Así que la vida es algo así como un círculo: empiezas siendo niño, luego pasas por la fase adulta —que no siempre es la más sana, que tiene muchas cosas negativas— y luego por fin regresas al punto de partida cuando llegas a viejo y recuperas la inocencia, te vuelves infantil; tienes mucho tiempo, igual que les pasa a los niños. Supongo que por eso los abuelos se llevan tan bien con los nietos.

MJ: Los ancianos y los niños se parecen mucho, tanto unos como otros son despreocupados y les gusta jugar, son sencillos, libres y tiernos. Es un sentimiento espiritual. Es verdad que no visito las residencias de ancianos tanto como los orfanatos. Muchos tienen alzheimer y ya no reconocen a nadie… Pero tengo muy buena relación con la gente mayor, me encanta hablar con la gente mayor y que me cuenten historias de cuando eran niños y de cómo era el mundo entonces, me encanta. En Nueva York conocí hace mucho tiempo a un anciano judío que me dijo: «Nunca dejes de dar las gracias por tu talento ni de ayudar a los pobres, de ayudar a otros. Cuando era pequeño, mi padre me dijo una vez: "Vamos a hacer un paquete con esta ropa y esta comida, y tú vas a ir corriendo al otro lado de la calle, al edificio de enfrente, vas a subir al último piso, vas a dejar el paquete delante de la puerta, tocas el timbre y sales corriendo de vuelta para aquí". Y yo le pregunté "¿y por qué tengo que salir corriendo?", y el me respondió "porque no quiero que pasen vergüenza cuando abran la puerta; ellos también tienen su orgullo. La verdadera caridad se hace así"». Nunca he olvidado esa historia que me contó aquel anciano. Es maravillosa, ¿no te parece? Por lo visto de niño hacía cosas así todo el tiempo…

SB: ¿Así que tú también has intentado hacer obras de caridad sin que se enterara nadie?

MJ: Sí, sin llamar la atención. Él [el anciano] me estaba diciendo que la verdadera caridad consiste en dar de corazón sin llevarse ningún mérito por ello, que cuando salía corriendo era precisamente para eso, para que nadie supiera que era él quien les había dejado las cosas, para que fuese como si Dios se hubiera pasado por allí y las hubiera dejado a la puerta, ¿sabes? ¡Me parece algo tan bonito! Esa historia se me quedó grabada; creo que tenía unos once años cuando me la contó aquel anciano judío, ya muy mayor, un hombre encantador. Todavía me acuerdo de él.

En la religión judía, la máxima expresión de la caridad es aquélla en la que el benefactor no conoce la identidad del receptor y éste a su vez no conoce la identidad de aquél. De ahí viene la costumbre de poner dinero todos los días en una caja que se tiene en casa y cuyo contenido está destinado a obras benéficas, o entregar dinero a una fundación administrada públicamente que luego lo distribuye entre los pobres.

SB: ¿Era [Rose Fine] judía practicante? ¿Observaba las leyes de su religión o era más bien una judía secular?

MJ: ¿A qué te refieres?

SB: ¿A si por ejemplo evitaba viajar en sabbat, si comía sólo comida *kosher*, cosas así?

MJ: No, que yo recuerde. Me enseñó muchas cosas de la tradición judía, pero no sé si comía *kosher*… Eso sí, siempre me dio mucha pena porque sufrió lo indecible con lo de su hijo, que era médico y murió muy joven. Me acuerdo de lo triste y desconsolada que estaba el día en que murió. Por lo visto era un médico excelente, había ido a Harvard, y además era alto y muy guapo. Creo que tuvo un tumor cerebral o algo así. No puedo ni imaginarme lo que debe de ser perder a un hijo de ese modo, por no hablar de la pérdida de cualquier niño…

SB: ¿Aprendiste algo del judaísmo a través de Rose Fine?

MJ: Me enseñó muchas cosas de la cultura judía y nunca olvidaré cuando, siendo yo todavía muy pequeño, aterrizamos en Alemania y de repente se quedó muy callada. Yo le pregunté:

—¿Qué le pasa, señora Fine?

Ya sabes como son los niños, que se dan cuenta enseguida cuando a su madre le pasa algo... Y ella me respondió:

—No me gusta este sitio.

—¿Pero por qué?

—Porque aquí mucha gente sufrió de un modo horroroso.

Ésa fue la primera vez que oí hablar de los campos de concentración, ella me lo contó porque yo hasta ese momento no sabía nada del asunto. Nunca olvidaré la impresión que me produjo. Rose se quejaba de que allí tenía frío todo el rato, de que era como si pudiera sentir todo aquel sufrimiento. Era maravillosa, fue ella la que me introdujo en el fascinante mundo de los libros y la lectura y estoy seguro de que sería otra persona si no la hubiera conocido; le debo mucho y por eso le voy a dedicar mi nuevo disco.

SB: ¿Crees que para ella eras como un hijo?

MJ: Se refería a mí como su hijo. Cada vez que nos subíamos a un avión éramos siete niños negros con un padre negro, todos con el pelo afro, y al final venía aquella judía menuda de tez blanca... Cuando la paraban y le preguntaba «disculpe, ¿usted quién es?», ella siempre respondía lo mismo «soy la madre»; siempre decía eso y la dejaban pasar. Me encanta esa anécdota. Era una mujer maravillosa, muy especial, y yo la necesitaba a mi lado.

SB: ¿Porque té quería incondicionalmente?

MJ: Exacto.

SB: ¿Entonces tú crees que el amor incondicional se puede dar incluso entre personas que no están unidas por lazos de sangre?

MJ: ¡Claro que sí, Dios mío! Creo que lo aprendí de ella, y lo he visto y lo he vivido. No importa el parentesco ni la raza ni el credo ni el color. El amor es amor y no conoce límites ni fronteras. Es algo que se ve enseguida. Yo lo veo en los ojos de los niños. Cuando veo un niño es como si tuviera delante un cachorrito indefenso: son tan dulces... ¿Cómo podría nadie hacerle daño a un niño? ¡Son tan maravillosos!

SB: O sea que Ros murió hace poco, lo que significa que tendrás que pasar por un periodo de luto. ¿Cómo se enfrenta un niño a una pérdida así y el duelo que viene después? Los niños viven en el paraíso, en un mundo perfecto como el que estamos tratando de describir; luego de adultos se corrompen por así decirlo, por las guerras, las envidias y el cinismo, y de repente aparece la muerte... pero incluso los niños tienen que enfrentarse a la muerte a veces, así que... ¿cómo lo hacen? ¿Y cómo lo haces tú, cómo lidias con la muerte?

MJ: Ya... Sí, yo he tenido que enfrentarme a la muerte a mi alrededor y es muy difícil.

2. LOS TESTIGOS DE JEHOVÁ Y LA RELIGIÓN

Rechazado por los testigos de Jehová

La religión fue una parte muy importante de la vida de Michael: su madre era una miembro muy devota de los testigos de Jehová, y Michael se tomaba tan en serio sus compromisos religiosos que incluso después de *Thriller* continuó saliendo de misiones todos los domingos, yendo de puerta en puerta repartiendo ejemplares de *La atalaya* e intentando convencer a la gente de que Dios existe. Pero a medida que fue pasando el tiempo, Michael empezó a sentir que se distanciaba de la Iglesia, un distanciamiento que tuvo consecuencias funestas porque, en mi opinión, Michael nunca se recuperó de la pérdida de un anclaje espiritual y los comportamientos extravagantes que acabarían por caracterizar su vida empezaron a surgir a raíz de que abandonara los testigos de Jehová.

Michael rememoró las experiencias de su infancia con la Iglesia de los Testigos de Jehová en un artículo que escribí para él y que apareció en Beliefnet.com, la conocida página web sobre espiritualidad; el artículo trataba sobre las experiencias de la gente con el sabbat, y los recuerdos de Michael eran tan vívidos y tenían tanto sentido para él que me ha parecido procedente reproducir aquí un fragmento:

> *Cuando la gente ve las apariciones televisivas que hice de pequeño —con ocho o nueve años, muy al principio de mi carrera—, en lo que se fijan es en el niño de sonrisa luminosa y suponen que ese niño sonríe porque es feliz, que no para de cantar porque es dichoso, y que baila con energía imparable porque vive alegre y confiado. Pero por más que cantar y bailar fueran —y sin lugar a dudas siguen siendo— fuentes de gozo incesante para mí, por aquel entonces lo que yo más ansiaba eran las dos cosas que hacen de la infancia la etapa más maravillosa de nuestras vidas: tiempo para jugar y una sensación de libertad. Por lo general, el público no ha comprendido las presiones a las que están sometidos los niños artistas al llevar una vida que, por muy emocionante que sea, al final les pasa factura, ¡y cómo!*
>
> *No obstante, había un día de la semana en que conseguía escapar*

de los escenarios y las muchedumbres, y ese día era el sabbat. En todas las religiones, el sabbat es un día en que se permite y requiere a los creyentes que abandonen sus ocupaciones cotidianas para centrarse en lo excepcional. Yo conocí el sabbat a una edad particularmente temprana a través de Rose, y luego mi amigo Shmuley me ha explicado con más detalle cómo, en el sabbat judío, las tareas diarias de preparar la cena, ir al supermercado y cortar el césped están prohibidas para que la humanidad pueda hacer de lo ordinario algo extraordinario y de lo natural algo milagroso. Incluso actividades como ir de compras o encender las luces están prohibidas; durante ese día, el sabbat, la gente de todo el mundo deja de ser ordinaria.

Pero lo que yo más ansiaba era ser común y corriente, normal, así que, en mi mundo, el sabbat era el día en que podía alejarme de esa vida única y diferente que llevaba y asomarme a una vida normal.

Los domingos eran mi día de «expedición», que es el término con que los testigos de Jehová se refieren a la labor misionera. Nos pasábamos el día por los barrios residenciales del sur de California yendo de puerta en puerta o por los centros comerciales repartiendo ejemplares de la revista La atalaya. Yo seguí saliendo de expedición durante años y años después de que mi carrera hubiera comenzado a despegar; hasta 1991, cuando hice la gira Dangerous, me ponía mi disfraz, que consistía en un traje con relleno para parecer gordo, barba, peluca y gafas, y salía a vivir en el mundo del estadounidense medio, yendo por centros comerciales y barrios de casas idénticas en las afueras de las ciudades. Me encantaba entrar en todos esos hogares captando atisbos de las alfombras medio deshilachadas y los típicos sillones reclinables de escay de la marca La-Z-Boy, los niños jugando al Monopoly, las abuelas cuidando a los nietos y todas esas cosas maravillosamente ordinarias que, para mí, no podían ser más mágicas. Sé que mucha gente diría que todas esas escenas no son gran cosa, pero insisto en que para mí eran fascinantes.

Lo gracioso es que ningún adulto sospechó jamás quién era en realidad aquel extraño barbudo, y en cambio los niños, con esa intuición especial que los caracteriza, se daban cuenta inmediatamente. Igual que el flautista de Hamelín, acababa con una estela de ocho o nueve niños que me seguían cuando comenzaba la segunda vuelta por el centro comercial: iban detrás de mí, cuchicheando y soltando risitas, pero nunca revelaban mi secreto a sus padres, más bien se convertían en mis ayudantes y cómplices. ¡Quién sabe! ¡Tal vez me hayas comprado un ejemplar de La atalaya sin saberlo en alguna ocasión! Seguro que ahora te ha entrado la duda...

Durante mi niñez y juventud, el domingo también era sagrado por dos razones más: era el día en que iba a la iglesia y también el día en que ensayaba más que ningún otro. Tal vez suene a que eso va totalmente en contra de la filosofía del «sabbat como día de descanso», pero en realidad era la forma más espiritual en que podía invertir el tiempo: desarrollando el talento que Dios me había concedido. No se me ocurre mejor forma de mostrar mi agradecimiento a Dios por el don que me ha regalado que cultivarlo al máximo.

La iglesia era un regalo en sí misma porque, una vez más, me ofrecía la oportunidad de ser «normal». Los ancianos —los líderes— me trataban exactamente igual que a todos los demás y nunca se molestaron en los días en que la parte de atrás se llenaba de reporteros que habían descubierto que yo estaba allí. De hecho trataron de integrarlos en la celebración como a cualquier visitante pues, a fin de cuentas, los reporteros también son hijos de Dios.

Cuando era pequeño, toda mi familia iba junta a la iglesia en Indiana pero, a medida que fui creciendo, cada vez resultaba más complicado y mi extraordinaria y verdaderamente bondadosa madre a veces acababa yendo sola. Cuando las circunstancias hicieron que se volviera ya muy complicado para mí asistir, por lo menos me consolaba la creencia de que Dios está en mi corazón y en mi música y en la belleza, no sólo en el edificio donde tiene lugar el culto, pero aun así echaba de menos la sensación de pertenecer a una comunidad, añoraba a mis amigos y a la gente que me trataba como si fuera uno más —sencillamente humano— compartiendo el día con ellos y con Dios.

Shmuley Boteach: ¿Crees que el hecho de que odies el sentimiento de orgullo es una especie de reliquia proveniente de tu formación religiosa?

Michael Jackson: Sí, y es algo que me ha hecho mucho daño y a la vez me ha ayudado mucho.

SB: ¿En qué sentido te ha hecho mucho daño?

MJ: Ee... [Se hace un largo silencio.] En el pasado, el hecho de que en ocasiones hiciera ciertas cosas sin darme cuenta en absoluto de que iban contra mi religión y eso me ganara unas reprimendas muy severas casi acabó conmigo. Estoy hablando de ciertas cosas que hice como artista y por las que se me castigó... Aquello me dolió muchísimo, casi me destruyó, y mi madre vio cómo ocurría.

SB: ¿Te refieres a que fue testigo de la reprobación y el rechazo?

MJ: Cuando hice el *moonwalk* por primera vez en el programa *Motown 25*, me dijeron que estaba haciendo un baile burlesco y que además era sucio, y así estuvimos durante meses hasta que me acabaron advirtiendo: «No puedes volver a bailar así nunca más». Yo respondí que el 90,9% de todo baile consiste en mover las caderas, y me contestaron: «Pues no queremos que lo hagas». Así que durante mucho tiempo intenté bailar sin mover esa parte del cuerpo, y luego cuando hice *Thriller* con todos aquellos demonios y fantasmas me dijeron que aquello era diabólico, que era poco menos que ocultismo y que el hermano Jackson no podía hacer aquello. Llamé a mi abogado hecho un mar de lágrimas y le dije «destruye el vídeo, asegúrate de que lo destruyen», pero gracias a que no me obedeció la gente pudo ver *Thriller*. Pero los ancianos de la iglesia me hicieron sentir tan mal por todo aquello que ordené que lo destruyeran.

Lo que sí hizo Michael al final fue incorporar, a sugerencia de su iglesia, un aviso al principio de *Thriller* que advertía de que en modo alguno el contenido de aquel videoclip se proponía abogar en favor del ocultismo.

SB: Así pues tú has visto las dos caras de la religión, la cara amable y cálida que te enseña a no ser orgulloso sino humilde, y también otra cara que describirías como mezquina, malévola, llena de prejuicios.

MJ: Lo que ocurre es que a veces se equivocan a la hora de distinguir unas cosas de otras. No creo que Dios estuviera de acuerdo con todo lo que dicen. Por ejemplo, con Halloween: yo me perdí esta fiesta durante años, pero ahora la celebro. Me parece genial eso de ir de casa en casa pidiendo dulces y caramelos. Es más, creo que necesitamos más de eso en el mundo, es algo que hace que la gente se comunique.

SB: ¿Tú llevas a Prince y Paris llamando por las puertas de las casas en Halloween?

MJ: ¡Claro que sí!, vamos dos familias de la zona juntas, y les dejamos comer dulces a los niños ese día. Quiero que vean que la gente puede ser amable. Yo también llevo una bolsa llena de chucherías y [ahora Michael baja la voz con aire misterioso] les cambio las que les dan por los típicos ojos de caramelo, ¿sabes cuáles te digo?

SB: Ayer por la noche, ya tarde, estaba hablando con Andrew Sullivan, el periodista que fue editor de *The New Republic*. Estábamos los dos participando en un debate sobre homosexualidad en una universidad y después estuvimos hablando de ti; se sorprendió mucho de oírme decir cosas positivas sobre Michael Jackson y me preguntó «¿y se puede saber por qué no sé yo nada de todo eso?»; a lo que yo le respondí: «No tengo ni la menor idea». Pensamientos como ése que acabas de compartir conmigo, Michael, sobre la esencia de Halloween…, ésas son cosas sobre las que deberías emitir comunicados de prensa: «La esencia de Halloween es que los niños conozcan en la práctica lo que es la amabilidad por parte de completos desconocidos». Me encanta. Es una idea de lo más positiva, y eleva la costumbre de ir pidiendo chucherías por las casas a otro plano, la convierte en algo mucho más lleno de sentido que atiborrarse de dulces.

MJ: Yo lloro tras la máscara, de verdad que lo hago cuando los acompaño, y la gente les dice «abre la bolsa» y se la llenan de golosinas mientras yo pienso en todo lo que me he perdido. No tenía ni idea de que esto… Les miro las caras y es como si te hicieran un regalo. Es una escena muy tierna. Los niños abren sus bolsas y luego comentan lo que les han dado llenos de excitación: «¡Mira este caramelo pequeño de colores, mira qué chulo es!». Me parece enternecedor ver cómo reaccionan. Creo que es una experiencia llena de bondad, que refleja a la perfección un aspecto de Estados Unidos del que estoy profundamente orgulloso.

¿Se veía Michael como un elegido de Dios? ¿Tenía poderes de curación?

Shmuley Boteach: Jesús dijo «dejad que los niños se acerquen a mí», y hay un montón de citas suyas increíbles sobre los niños, y también toda una serie de personajes a los que se atribuye gran santidad son vistos a menudo rodeados de niños. ¿Te identificas con ese tipo de gente? ¿Sientes que Dios te ha dado algo más que talento para la música?

Michael Jackson: Sí, desde luego que sí.

SB: Un momento… ¿Sabes? Creo que tienes una misión especial aquí en la Tierra, todo ser humano la tiene y no podemos ignorar el hecho de que tú gozas de unos niveles de popularidad que rara vez se habían visto antes. Así que tenemos que canalizar toda esa fama de forma correcta. Entonces será cuando te conviertas en un maestro, Michael, y no en un simple animador; tienes que identificar qué es, con qué mensaje positivo quieres impactar en la humanidad. Entonces tu fama adquirirá una cualidad redentora. De hecho, me parece que el término «animador» es en cierto modo un insulto tratándose de ti. Tú no eres un animador y siempre deberías aspirar a ser mucho más que eso. Eddie Murphy es un animador, y es genial, muy divertido; pero nadie acampa frente a su casa, ya sabes a lo que me refiero. Lo tuyo es algo muy poderoso y tienes que establecer qué es lo que quieres conseguir con ese don, qué utilidad sana y espiritual quieres darle. Y desde luego no puede ser algo que sea para ti, tiene que tratarse de alguna empresa que supere con creces el ámbito de tu persona, un objetivo elevado y que vaya más allá del mundo del espectáculo. ¿Eres capaz de verte en ese papel? ¿Sientes que Dios te ha concedido cierto poder para sanar?

MJ: Sí.

SB: ¿Luego cuando hablas con Gavin, de hecho lo estás curando y no sólo hablando con él?

MJ: Sé que lo estoy curando, y he visto cómo los niños me colman de amor, y simplemente quieren tocarme y abrazarme y aferrarse a mí y llorar y no soltarme nunca. Y eso sin conocerme. Ya lo verás cuando vayamos a algún lugar público: las madres me ponen a sus bebés en los brazos; «toca a mi bebé, toca a mi bebé, tenlo en brazos», me piden. Y no es que me estén adorando del modo como se hace en un contexto religioso, no es idolatría.

SB: ¿No es idolatría? ¿Por qué? ¿Porque no te están adorando a ti, porque con eso se sienten mejor en su propia piel? Al estar cerca de ti, la gente tiene la sensación de ser más ligera que el aire, les parece que casi pueden caminar sobre las aguas ellos también. ¿En qué sentido no es eso idolatría?

MJ: No lo es porque mi religión nos enseña que no debes hacer eso, en mi iglesia nunca me hubieran tratado como me trataron en la tuya.

Una vez llevé a Michael a la sinagoga para celebrar el sabbat y la gente lo saludó con gran entusiasmo, pero los testigos de Jehová tenían especial cuidado en no tratarlo de manera diferente a los demás feligreses. En el caso de la sinagoga no avisamos a la congregación de que iba a venir porque queríamos que su visita pasara desapercibida y yo deseaba que Michael experimentara la belleza y serenidad del sabbat sin interrupciones ocasionadas por toda la excitación que rodeaba a su personaje público, pero cuando lo vio, la gente se apresuró a darle la bienvenida y estrecharle la mano.

MJ: Sí que se habrían mostrado amables después del servicio, me habrían dicho «¿qué tal hermano Jackson, todo bien?», pero cosas como darme abrazos o frases del estilo de «¡ay, Dios mío, me encantas!», eso nunca. Les habría parecido que era idolatría y se supone que no debes cometer idolatría. Creo que seguramente no llevan razón, que es exagerar la nota, porque no tiene nada de malo decir «gracias, gracias por lo que haces, nos encanta tu trabajo».

Aquel comentario me resultó fascinante: me había pasado tanto tiempo tratando de apartar a Michael de esa necesidad de ser venerado y de su creciente complejo mesiánico... ¡Y ahora resultaba que era precisamente en una sinagoga judía donde lo habían tratado de una manera que fomentaba todo eso! Lo que Michael no mencionó fue que él iba a la misma iglesia de los testigos de Jehová todos los domingos, así que al final la gente ya se había acostumbrado a su presencia. Supongo que si hubiera ido conmigo a la sinagoga Carlebach todos los sábados, la gente hubiera acabado inmunizada contra su fama... y desde luego el judaísmo comparte con los testigos de Jehová la prohibición de la idolatría; es más, fue el judaísmo la religión que inventó la norma y ésa es la principal razón por la que los judíos rechazan la divinidad de Jesús.

Sentirse Dios, conectar con lo divino

Shmuley Boteach: ¿Te diviertes cuando estás sobre un escenario interpretando tu música?

Michael Jackson: Sí, me encanta. Si no me gustara no lo haría. Lo hago porque me apasiona verdaderamente. No hay mayor placer para mí que bailar y actuar, es como una celebración, y cuando te encuentras inmerso en un momento así, en ese lugar en que se encuentran ciertos artistas cuando sienten que son uno con la música, que son uno con el público, cuando estás a ese nivel, es casi como un trance, es sobrecogedor. Empiezas a interactuar y sabes dónde va a ir a parar todo incluso antes de llegar; el público tiene que darse cuenta de adónde te los llevas y estar dispuesto a responder. Es como un partido de pimpón, como cuando los pájaros viajan en grandes bandadas y todos saben hacia dónde se dirigen. O como los peces, que tienen poderes telepáticos, que están todos en la misma longitud de onda. Eso es lo que ocurre cuando te subes a un escenario, que sientes que eres uno con los músicos y con el baile y la música y entras en un trance. ¡Y claro que tienes a la gente contigo, los tienes comiéndote de la palma de la mano! Es increíble. Sientes que te transformas.

SB: ¿Y la energía que te lleva hasta ese punto, qué es, divina?

MJ: Es divina, es pura, es una revelación. No quiero sonar espiritual ni religioso, pero es una energía divina. Hay gente que lo llama espíritu, dicen que es como si un espíritu entrase en la sala; otros desprecian todo esto. En ocasiones la religión puede menospreciar este tipo de cosas porque les parece diabólico, eso dicen: que es un culto, que es del demonio. Pero no es verdad; es algo que viene de Dios, la energía es pura y es divina, sientes la luz de Dios derramándose sobre ti.

Los testigos de Jehová, según me explicó Michael, se hicieron cada vez más crítica con su fama y la adulación que recibía del público, les horrorizaba que lo trataran como a un dios. Michael debería haber considerando muy seriamente aquellas críticas y haberse dado cuenta de que, sin entrar a hablar de sacrilegios ni nada por el estilo, no había hombre sobre la faz de la Tierra capaz de verse expuesto a ese tipo de idolatría y sobrevivir. Los humanos estamos llenos de defectos, tenemos que ajustar y corregir nuestro comportamiento a cada paso, necesitamos que los amigos y la familia nos regañen y rectificar el rumbo. Pero los hombres-dios son perfectos, nunca se les censura nada de lo que hacen y, en consecuencia, acaban estrellándose y ardiendo y su trágico final resulta prácticamente inevitable.

MJ: Durante ciertas actuaciones, como por ejemplo la del programa *Motown 25*, cuando hice *Billy Jean* y el *moonwalk* por primera vez sobre un escenario, aquel público chillaba como loco en cuanto hacía el menor paso; movía una mano y se desataba un clamor: «¡Aaaaaaaaa!». Hiciera lo que hiciera. Momentos así son como entrar en trance, es como si sintiera lo que está pasando pero no lo oyera, lo hago todo guiándome únicamente por el instinto. Al final de la actuación, cuando acabo, abro los ojos y veo la reacción del público, me sorprendo mucho porque en realidad yo estaba en otro mundo, centrado en vivir el momento en total armonía, en trabajar ese momento justo cuando se produce.

SB: Así que no actúas para complacer a nadie... Puede que ése sea tu secreto como artista, que nunca te has centrado en lo que la gente quería, en las influencias externas, en adaptarte a lo que esperaban los demás.

MJ: No.

SB: ¿Y crees que serías capaz de enseñar a la gente cómo se alcanza ese estado? ¿Tienes la impresión de que, si albergas en tu corazón algún tipo de amargura o resentimiento en momentos como ése, si son instantes divinos como tú dices, tienes la sensación de que esas emociones negativas se evaporan?

MJ: Efectivamente, todo eso se evapora, en esos momentos estás por encima de todo, por eso me gusta tanto, porque te transporta a un lugar donde no hay nada que hacer, en el sentido de que es el punto de no retorno, el vacío, y es maravilloso. Es como si despegaras, puedes sentirlo; ahora bien, eso no significa que... Todos los presentes lo comparten contigo: los músicos, todo el grupo y el público...

La relación de Michael con la religión

Se ha publicado en la prensa que traté de convertir a Michael Jackson al judaísmo, pero nada podría estar más lejos de la realidad. Sí, llevé a Michael a una sinagoga y se convirtió en invitado regular a las cenas del sabbat los viernes por la noche en nuestra casa, al igual que muchos otros amigos míos que no son judíos; y, ciertamente, en los once años que he sido rabino en la Universidad de Oxford han pasado por mi sinagoga y mi mesa tantos gentiles como judíos. El judaísmo no es una religión proselitista sino que, de hecho, incluso cuando alguien se nos acerca con intención de convertirse tenemos la obligación de decirles que no al menos tres veces. Esta costumbre se basa en la creencia judía de que no hay un solo camino hacia Dios y de que además debemos honrar nuestra encarnación original, pues tal como Dios nos creó es como encontraremos el máximo significado a nuestras vidas. Yo personalmente soy un gran admirador de la fe cristiana y siempre intento que mis hermanos y hermanas cristianos consideren primero su fe antes de buscar el sentido espiritual de la vida en otro lugar.

Yo animé a Michael en múltiples ocasiones a que volviera a la Iglesia de los Testigos de Jehová y, durante la dura prueba que supuso su arresto, hice un llamamiento público a los líderes de la misma para que lo acogieran de vuelta y le proporcionaran la dirección espiritual que tan desesperadamente necesitaba. Mientras fue testigo de Jehová tenía un anclaje firme y eso le permitió prosperar. Incluso después de *Thriller*, cuando se había convertido en el cantante que más discos había vendido del mundo, siguió siendo un devoto testigo de Jehová y eso le permitió mantener la cabeza sobre los hombros y los pies sobre la tierra, ya que se sentía vinculado a una comunidad y unos valores espirituales. Sin duda alguna puede trazarse la trayectoria del declive de Michael en sentido inverso hasta llegar al punto de partida que fue su salida de la Iglesia. La opinión que Michael tenía de Jesús y el cristianismo era por tanto muy significativa.

Shmuley Boteach: Michael, una vez leí en una revista que tú habías comparado las presiones que soportó Jesús con las que sufre un famoso en los tiempos modernos. ¿Te acuerdas de eso?

Michael Jackson: No, no me acuerdo, la verdad. ¿Cuándo fue?

SB: No me acuerdo yo tampoco… ¡Igual me lo he inventado! ¿Dirías que tienes una relación con Jesús?

MJ: Jesús… sí, sin duda. Pero tú [se dirige a mí] también crees en Jesús, ¿no?

SB: No, al menos no creo que fuera el mesías ni creo tampoco en su divinidad.

MJ: ¿Y tampoco crees que existiera?

SB: Eso sí, creo que existió. Nosotros pensamos que era un buen hombre, un judío devoto, un gran maestro de principios morales. Pero no creemos que fuera hijo de Dios o el mesías. Hace poco salí en el programa de Larry King con una de las hijas de Billy Graham hablando precisamente de esto.

¿Sientes una afinidad con Jesús a nivel personal? ¿Sientes que era algo así como un cruce entre niño y adulto porque se lo presenta como alguien muy sensible y que tenía un mensaje moral muy hermoso, y era delicado y vulnerable por fuera? ¿Te parece que era un poco el estereotipo de alguien que en realidad sigue siendo un niño por dentro?

MJ: Sí, desde luego.

SB: ¿Y por eso le gustaba rodearse de niños?

MJ: Creo que si me sentara con él a hablar un rato luego lo empezaría a seguir por todas partes para sentir su presencia, que me comportaría como un niño en su presencia, como con Gandhi.

SB: ¿Te lo imaginas riendo?

MJ: Sí, y a Gandhi cuando se deshacía en risitas igual que un niño pequeño… es tan conmovedor: un hombre que surgió como de la nada y acabó liderando a una nación entera; no tenía posición política alguna, ningún cargo en el gobierno. Creo que ése es el verdadero poder. Es increíble. Gandhi fue todo un fenómeno, algo increíble. Y la película sobre su vida también es fantástica, ¿la has visto? [Le digo que sí.]

SB: ¿Qué historias de la Biblia te inspiran más?

MJ: Me encanta el Sermón de la Montaña, y también me encanta la historia de cómo los apóstoles están discutiendo entre ellos sobre quién es el más grande y Jesús les dice: «Si nos os humilláis y convertís en niños pequeños…». Me parece la contestación perfecta: volved a la inocencia.

SB: ¿Alguna vez te ha dicho alguien que daba la impresión de que estabas tratando de reconstruir el Jardín del Edén aquí [la conversación transcurre en Neverland], de hacer realidad tu propia visión del paraíso perfecto, un refugio a salvo de la locura de los adultos del mundo?

MJ: No, tú fuiste el primero en comentarme algo así.

SB: ¿Le encuentras algún significado especial a la historia de Adán y Eva?

MJ: Claro, claro que sí.

SB: ¿Detectaste las características infantiles de los personajes inmediatamente?

MJ: Sí, y me hubiera encantado estar allí. ¿Es simbólico, es real? ¿Ocurrió de vedad? A veces me confunde un poco ese bucle infinito de preguntas... Cuando iba a la iglesia [de los testigos de Jehová], en ocasiones hacía preguntas que ni los ancianos eran capaces de responder.

SB: ¿Les hacías muchas preguntas sobre la Biblia?

MJ: ¡Ya lo creo! Era de los que solían agarrar el micrófono y preguntar «bueno, pero entonces qué pasa con esto o con aquello?», y ellos me respondían «hermano Jackson, eso lo podemos hablar luego con más calma», y me salían con respuestas que en realidad no acababan de encajarme del todo.

SB: Adán y Eva: dos seres perfectos que eran como niños. Dios los creó ya adultos, pero su situación es única porque también son niños, acaban de nacer, acaban de ser creados. Así que su perfección se basa precisamente en que eran adultos y niños a la vez. Representan la amalgama de las virtudes de unos y otros y esto es fundamental para la historia que estamos tratando de desarrollar tú y yo: que la gente sea adulta por fuera, pero que siempre retenga las características infantiles en su interior. ¿Es ésta una historia que siempre tuvo un significado especial para ti?

MJ: Para mí lo que no tiene sentido es que Dios los ponga a prueba con el fruto del árbol prohibido: si eres Dios ya sabes cuál va a ser el resultado. Y, si eres Dios, ¿para qué poner a prueba a unas criaturas que supuestamente has creado perfectas y por tanto incapaces de cometer ningún error? ¿Y por qué juzgar y mostrarse tan iracundo con ellos y expulsarlos y tentarlos a través de la serpiente? ¿Haría Dios semejante cosa? ¿Les haría yo eso a tus hijos? No, no se lo haría. No es que esté tratando de juzgar a Dios ni criticarlo en modo alguno, pero a veces creo que es todo simbólico y el propósito de la historia es enseñarnos ciertas lecciones.

No estoy seguro de que ocurriera en realidad. Por ejemplo, yo no me llevaría a tu bebé ni a ninguno de tus hijos y los pondría a prueba con algo para ver si pueden hacer tanto el bien como el mal. Y luego está la historia de los dos niños, Caín y Abel... ¿era incesto? Y además eran dos niños varones, ¿cómo iban a tener hijos? Había un montón de cosas para las que nadie me daba una respuesta.

SB: ¿Ése era el tipo de preguntas que les hacías a los ancianos en la iglesia?

MJ: ¡Ajá!

De hecho, las preguntas de Michael eran lo suficientemente importantes como para haber sido formuladas y respondidas por algunos de los comentaristas judíos de las Escrituras de los tiempos antiguos. Quienes estén interesados en las repuestas que dieron pueden consultar mis libros *The Private Adam* y *Judaism for Everyone*, en los que trato el tema de Adán y Eva en el Jardín del Edén. Asimismo, la obra fundamental del rabino Joseph Soloveitchik titulada *The Lonely Man of Faith* analiza de forma brillante la cuestión de Adán y Eva en el Paraíso.

La religión y la búsqueda de Dios en los rituales

Shmuley Boteach: Siempre digo que el principal propósito de la religión es enseñarnos a los veinte lo que no descubres hasta los setenta por ti mismo. La religión no gira en torno a desvelar secretos cósmicos, es algo sencillo y su profundidad reside precisamente, y especialmente, en su simplicidad: sé una persona decente, pasa tiempo con tus hijos, ama a Dios... A los ochenta ya has aprendido todo eso, pero en realidad deberías saberlo en la adolescencia o con veintitantos años para así no malgastar la vida.

Michael Jackson: Claro, sí, ya entiendo lo que dices. Estamos todos hablando de lo mismo.

SB: Tú eres una de las pocas personas que conozco que parece ser religiosa sin ser practicante; me refiero a que tienes una espiritualidad muy profunda, pero no participas en muchos rituales religiosos. Por ejemplo, me dices cosas como: «Pese a que hubo un tiempo en que creía que Dios vivía en una iglesia, ahora creo que está en todas partes, que habita en mi corazón... Ahora encuentro a Dios en los momentos que paso con los niños, encuentro a Dios en la gente que no ha perdido la inocencia».

Estaba citando el artículo sobre el sabbat que escribí para Michael basándome en nuestras conversaciones.

MJ: Sí, es verdad, es verdad.

SB: ¿Sabes? Sin duda eres muy religioso, pero es importante también que conectes con Dios a través de los rituales. Es parecido a lo que pasa con [mi mujer] Debbie: ella es mucho más espiritual que yo por naturaleza y simplemente siente la presencia de Dios con mucha más claridad que yo, que necesito hacer cosas para sentirla. Yo no soy un alma tan pura como ella, mi caso es muy diferente.

MJ: Entonces vosotros no vais a la... ee... laaa...

SB: Vamos a la sinagoga todas las semanas, sí.

MJ: ¿Todas las semanas?

SB: Sí, sí, todas.

MJ: ¿Qué día?

SB: Los viernes por la noche y los sábados.

MJ: ¿En serio?

SB: Sí, claro, ¿te acuerdas de aquel servicio que celebramos en mi casa?

Michael asistió una vez en mi casa al servicio nocturno del viernes y bailó en círculo con todos mis amigos.

MJ: ¿Y los niños van también?

SB: ¡Por supuesto!

MJ: ¿Y cuánto tiempo estáis?

SB: Los viernes por la noche, alrededor de una hora, y luego los sábados por la mañana unas tres y por la tarde otras cuatro aproximadamente.

MJ: ¿Y los niños aguantan tres horas, en serio?

SB: ¡Sí!

MJ: Eso explica por qué se portan tan bien y son tan educados.

SB: Se portan muy bien, la verdad es que son muy buenos. Y, además, una vez al mes no vamos a la sinagoga, sino que me quedo en casa con ellos y practicamos las oraciones para que sepan lo que tienen que decir en la sinagoga.

MJ: ¿Así que rezáis juntos?

SB: Celebramos el servicio en casa un vez al mes.

MJ: Deben de ser unas oraciones preciosas.

SB: ¡La verdad es que sí, son preciosas!

MJ: Seguro que sí, lo sé.

SB: Y también son muy sencillas. Las oraciones judías no son sobre grandes cosas, sino sobre lo pequeño, la oración nos insta a encontrar a Dios en los pequeños detalles de la vida diaria. Está por todas partes.

MJ: Pero son oraciones muy bonitas, ¿a que sí?

SB: Hablan de dar gracias a Dios por la lluvia, de dar gracias a Dios por la brisa, de dar gracias a Dios por los milagros recogidos en la historia de los judíos.

MJ: ¡Vaya!

SB: Los judíos llevamos mucho tiempo sobre la faz de la Tierra y Él siempre nos ha cuidado. Somos un pueblo muy antiguo…

MJ: ¡Vaya! Y entonces Mushki y todos los demás también van… ¿Baba también? [Baba es el nombre que usamos en casa para referirnos a nuestra hija Rochel Leah, que por aquel entonces tenía tres años].

SB: Sí, Baba también asiste, no va tres veces pero sí asiste los sábados por la mañana con Debbie. Como Debbie está embarazada ahora, en ocasiones va las tres veces, pero por lo general sólo los sábados por la mañana, porque ya sabes que vamos andando, que no usamos el coche durante el sabbat.

MJ: ¿Y tenéis que caminar mucha distancia?

SB: No, no mucha, menos de un kilómetro, no está lejos.

MJ: ¿Y todos los niños van andando?

SB: ¡Todos!

MJ: ¿De verdad?

SB: Cuando vivíamos en Oxford [donde fui rabino durante once años], ahí sí que quedaba lejos la sinagoga… En Oxford teníamos que caminar casi 5 kilómetros de ida y otros tantos de vuelta.

MJ: ¿Los niños también?

SB: Y siempre estaba lloviendo, es que siempre llovía.

MJ: Shmuley, ¿de verdad que andabais cinco kilómetros?

SB: Cinco kilómetros, sí.

MJ: ¿Los niños nunca se quejaban?

SB: No, sólo se quejaban si volvíamos a casa muy tarde, porque solíamos quedarnos a cenar con los estudiantes los viernes por la noche para celebrar el comienzo del sabbat y cuando volvíamos a casa a pie ya era más de media noche.

MJ: ¡Me encanta tu familia!

Karma y justicia

Shmuley Boteach: Me encanta el hecho de que en Neverland haya personal de «protección», no de «seguridad»… llevan el marbete bordado en el uniforme y la gorra, en la placa de identificación con su nombre...

Michael Jackson: Pues no lo sabía...

SB: El hecho es que pone «protección» y no «seguridad», es un poco como si con eso dijeran: «No estamos aquí para mantener el mundo exterior a distancia, sino simplemente para "proteger", para velar por quien se encuentre aquí de visita». Me parece que es menos intimidante, más humano.

Los niños tienen un sentido de la justicia muy desarrollado. La frase que más oigo en labios de mis hijos es «no es justo». Me acabas de contar lo de esa gente que causó problemas en uno de tus conciertos y nadie les dijo nada, su comportamiento no tuvo la menor consecuencia... Los niños tienen este sentido de la justicia muy exacerbado y luego, por otro lado, vemos que hay gente mezquina que se sale con la suya y nadie les para los pies nunca...

MJ: Es algo que está a la orden del día, pero yo creo que la justicia es importante porque hay muchas injusticias en el mundo y odio las injusticias. «Estoy cansado de las injusticias» es la primera frase de una de las canciones de mi último disco, *Scream*. Eso es lo primero que digo en toda la canción. Y luego hay otro momento en que Janet [Jackson] dice «¡Dios!, no puedo creer lo que he visto en la televisión esta noche; odio ver tanta injusticia», porque lo que yo quería era que la gente lo supiera, que supiesen que hay gente a la que nadie le para los pies, y yo no creo en el karma, eso me parece una chorrada porque hay mucha gente malvada y mezquina en el mundo a los que les va tan bien, que son los reyes del mundo... por mucho mal que hagan...

SB: Me encanta que hagas afirmaciones tan tajantes.

MJ: Bueno, lo siento, pero es que es una chorrada. La del karma es una teoría como cualquier otra, inventada por alguien.

SB: Bueno, lo de que «se recoge lo que se siembra» no está mal, porque no deja de ser una afirmación que encierra una gran verdad, pero el karma podría ser algo nocivo, de hecho, porque lo que sostiene esa teoría al final es que, por ejemplo, un niño con discapacidad hizo algo malo en otra vida.

MJ: Sé que la línea es muy fina y siento hablar con tanta crudeza, pero es que odio a cualquiera que diga una cosa así: ¿un niño hizo algo malo en una vida pasada y ahora Dios lo castiga con una discapacidad? Hubo un avión que volaba hacia Estados Unidos cargado de huérfanos que habían sido adoptados por familias de aquí y se estrelló. Todos los niños murieron. ¿Por qué? Si pudieras salvar a esos niños, si estuvieras en el cielo, dirías: «Este avión no se estrella, tal vez otro, pero éste no». Ésa sería mi reacción, lo sé.

SB: ¿Alguna vez te has topado con alguno de esos guías espirituales orientales que dicen cosas del tipo «Michael, los niños que fornicaron en una vida pasada mueren atropellados por camiones».

MJ: No, y si me encontrara con uno me enfurecería y le daría todas las razones por las que lo que dice es un montón de chorradas. Es todo una mierda como una casa. Es una teoría sobre el universo como cualquier otra creada por los hombres: hay gente que cree en el Big Bang —no es mi caso— y gente que se decanta por la creación, por la historia de Adán y Eva y que el universo no es producto de un accidente. Decir que el universo surgió como resultado de una gran explosión o de un accidente es como afirmar: «Bueno, a ver, busca un motor de coche que lo vamos a desmontar pieza a pieza y luego las vamos a meter todas en una bañera, y cuando las tengas todas dentro las revuelves». Puedes tirarte 100 años revolviendo en esa bañera y nunca vas a conseguir que las piezas se vayan ensamblando en la posición correcta como por arte de magia para formar un motor perfecto, que es poco más o menos lo que sostiene la teoría del Big Bang, que hubo una gran explosión y al final, como resultado de todo eso surgieron niños y árboles y plantas y el aire que respiramos y el oxígeno. Alguien tuvo que crear todo esto, tuvo que haber alguien que lo diseñara todo. Desde las pestañas hasta la boca, pasando por el aparato digestivo, alguien nos tuvo que hacer como somos, ¿no te parece?

SB: Ésa es la más importante de todas las creencias religiosas, que Dios es el origen de la vida.

MJ: Cuando iba de casa en casa [de misión con los testigos de Jehová] y la gente nos decía «somos ateos», yo me quedaba como «¿qué?, ¿entonces no creen en…?». Lo he oído muchas veces y uno de mis hermanos fue ateo durante un tiempo pese a haberse criado entre los testigos de Jehová. También me consta que lo mismo decían algunos de los directores de cine más famosos de todos los tiempos, gente que dirigió películas como *Cantando bajo la lluvia* y ganaron premios, gente como Stanley Donen…

SB: Entonces, ¿tú qué argumentos utilizabas cuando salías de misiones con los testigos y alguien te soltaba que era ateo?

MJ: Trataba de dirigir su atención hacia los milagros de la vida, los niños; intentaba mirarlo a los ojos y hacer que considerara el cuerpo humano y su increíble diseño… eso no puede ser algo que surja por sí solo, ¡imposible! No es que no tenga mis preguntas sobre por qué estamos aquí y por qué se permite que nos destruyamos los unos a los otros (porque somos la única especie que destruye a sus congéneres, todas las demás especies del planeta...). No entiendo cómo puede haber tanta injusticia, no entiendo por qué no se hizo nada en el cielo para detener el Holocausto ni otros grandes genocidios que han tenido lugar en el mundo, desde los linchamientos y la esclavitud hasta otros graves problemas como en los tiempos de Stalin... Odio decir esto sobre Napoleón, pero a él también lo incluyo: se le alaba mucho por todos los genocidios que causó [supongo que Michael está hablando de todas las guerras que inició] mientras que a Hitler se le considera el mismo demonio personificado, y con toda la razón, de eso no hay duda. Pero el caso es que los dos hicieron lo mismo, ¡y tanto uno como otro lo hacían por su país! Pero hubo mucha gente que perdió la vida por culpa de Napoleón y en cambio se le dedican estatuas.

SB: Bueno, nadie ha superado nunca las cotas de maldad alcanzadas por Hitler... Y Napoleón, por más que fuera un hombre que provocó muchas guerras, también fue un dictador benevolente y no se le puede comparar con Hitler. Eso sí, incluso hoy en día, tanto los ingleses como el resto de las naciones europeas todavía hablan de Napoleón como «la bestia»; lo consideran el anticristo.

MJ: Pero en cambio murió solo en una isla.

SB: ¿Te gusta leer libros de historia?

MJ: Sí, sí que me gusta leer sobre la historia, pero la verdad es que no sé qué creerme y qué no... Porque me consta que mucho de lo que se ha escrito es inexacto o está distorsionado... lo mismo me ocurre a mí...: mucho de lo que se ha escrito es una distorsión absoluta de la realidad... Y lo mismo pasa en este país, la forma en la que les arrebatamos la tierra a los indios, y la manera como se les arrebató la suya a los aborígenes australianos, y el apartheid y cómo murieron tantos negros durante aquella época...

SB: Pero ya sabes que la mayor parte de las muertes entre los indígenas de América, y entre los esclavos que trajeron de África, se debió a enfermedades y gérmenes. Casi el 90% de los indios americanos murió a causa de enfermedades europeas. ¿Sabes?, los europeos tenían tantas enfermedades en la sangre que se habían hecho inmunes, pero los nativos americanos no tenían esa inmunidad y los gérmenes europeos mataron al 87% de las poblaciones indígenas de América; y, en el caso de los aborígenes australianos, casi el 95% murió de enfermedades. Tanto unos como otros vivían en un ambiente mucho más sano antes de que llegaran los europeos con sus enfermedades.

MJ: Odio esas cosas. Lo siento mucho, pero es que no puedo soportarlo.

SB: Ya lo sé, ya. Cuando estuve en Australia hace poco había en el país un gran debate sobre si el gobierno debía pedir disculpas a los aborígenes.

MJ: Sí, estoy enterado. Se lo conté a Frank, ¿te acuerdas? [Frank Cascio estaba con nosotros durante esta conversación]. Dijeron que si se disculpaban tendrían que recompensarlos económicamente, igual que se está haciendo con los judíos víctimas del Holocausto, y que no querían pagarles, así que no les iban a pedir disculpas. Creo que han cometido un grave error, todo por el miedo a que los aborígenes fueran a poner la mano y exigir que les pagaran.

SB: ¿Crees que deberían indemnizarlos?

MJ: ¡Desde luego que sí!, y a los judíos les reconozco el mérito de asumir el pasado. Sí. Alemania ha pagado 47.000 millones de dólares procedentes de los impuestos para indemnizar a judíos víctimas del Holocausto.

SB: La verdad es que la cantidad es mucho menor, y a los judíos nunca se les pagó por el trabajo que realizaron como esclavos en los campos de concentración y desde luego no han aceptado dinero manchado de sangre por los seis millones que perecieron. Lo que se ha hecho ha sido compensarles por las decenas de miles de millones que valían las propiedades que confiscaron, robaron o destruyeron los nazis y sus colaboradores, e incluso así eso no es más que una mínima parte de lo que perdieron.

MJ: Pero también odio que la gente siga pensando, incluso hoy, que todos los alemanes son malas personas, porque no es cierto.

SB: En la Biblia, la rendición de cuentas se hace en horizontal, más que en vertical: así que si por ejemplo yo te viera golpear a Frank y no hiciera algo para detenerte, yo sería responsable porque estaba aquí y lo presencié pero elegí quedarme de brazos cruzados. Pero en cambio Prince no sería responsable por el mero hecho de ser tu hijo, nosotros no creemos que los hijos hereden los pecados de los padres; rendición de cuentas en horizontal y no en vertical. Un hijo no puede ser responsable de los actos de su padre y por tanto no hacemos responsables a los alemanes de lo que hicieron sus padres. Ahora bien, a la generación que cometió los crímenes y a los que no hicieron nada para impedirlos sí los consideramos responsables.

Racismo, religión y antisemitismo

Michael fue muy criticado por utilizar la palabra *kike* [término despectivo empleado para referirse a los judíos] en su canción *They Dont't Care About Us*, y ciertamente hubo muchos judíos que cuando se enteraron de que nos habíamos hecho amigos me escribieron para decirme que Michael era antisemita. No obstante, y por más que admita que Michael tenía muchos defectos, he decir que el antisemitismo no era uno de ellos. Más aún: en todo caso sentía una afinidad intuitiva hacia el pueblo judío, respetaba grandemente el hecho de que yo fuera rabino y aprendió mucho de los conocimientos que yo tengo como estudioso de los textos sagrados judíos. Y... sí, soy plenamente consciente de que en 2006 Michael dejó un mensaje en un contestador automático en el que menospreciaba a los judíos, pero, por más que no sea mi intención justificar una acción tan deplorable, hay que recordar también que por aquel entonces Michael solía estar narcotizado con los muchos fármacos que consumía, así que ¡quién sabe lo que motivó aquel arrebato! En mi presencia, Michael siempre mostró el máximo respeto hacia los judíos y el judaísmo.

> **Shmuley Boteach**: Entonces tú has sido la voz de muchos a quienes nadie prestaba atención... Pero, por ejemplo, con la canción *They Dont't Care About Us* [No les importamos], el principal mensaje era que a la gente no le importa ¿quién?: ¿los pobres?, ¿el Tercer Mundo?
>
> **Michael Jackson**: Bueno yo diría que no les importamos nosotros, los que recibimos un trato injusto, los envilecidos, aquéllos a los que llaman *nigger* [término despectivo empleado para referirse a los negros], como cuando me insultaron precisamente con la palabra que yo había usado en la canción, *kike*, sin entender que lo que estaba haciendo era hablar de los que llaman *kike* a otros. Cuando yo era pequeño, los judíos que conocía (teníamos un abogado judío y contables judíos que hasta dormían a mi lado, en la misma cama a veces) se llamaban los unos a los otros *kike*, y recuerdo que les pregunté «¿y eso qué es?» y que me contestaron «es el insulto que se usa para los judíos, igual que *nigger* para vosotros». Así que yo siempre supe que cuando a la gente se la llamaba *nigger* o *kike* se la estaba insultando, a eso me refiero en la canción... Pero se entendió todo al revés. Yo nunca... nunca... ¿me entiendes?
>
> SB: ¿Así que lo que tratabas de hacer era hablar en nombre de los que no tienen voz?
>
> MJ: Sí, en nombre de los que no tienen voz. Yo nunca enseñaría a odiar, nunca. Yo no soy así.

SB: ¿Te sientes orgulloso de ser estadounidense? Cuando hacías todos esos conciertos en el extranjero, ¿te sentías hasta cierto punto como un representante de Estados Unidos?

MJ: Confío en que esto —lo que estoy a punto de decir— no se malinterprete, pero siento que pertenezco al mundo y odio tener que tomar partido. Por más que sea estadounidense y haya nacido aquí y esté orgulloso de muchas cosas que tiene este país, también hay otras muchas de las que no me siento nada orgulloso, como por ejemplo el cuadro de [Norman] Rockwell donde se ve a la niñita tratando de llegar al colegio mientras le están tirando cosas...

El cuadro de Rockwell al que se refería es uno donde se ve a una estudiante del Sur profundo (donde se había eliminado la segregación recientemente) rodeada de agentes federales que la van escoltando camino del colegio para protegerla de posibles ataques, y Michael y yo habíamos ido juntos a verlo en una galería.

MJ: No entiendo el racismo. Mi madre (que es un ángel y una santa) estaba un día saliendo del aparcamiento del supermercado con el coche (a una manzana escasa de nuestra casa en Encino), total, que iba en su Mercedes... y tengo que insistir en que mi madre es una persona que quiere a todo el mundo... Y un hombre blanco va y le grita desde su coche: «Vete a África, puta negra». Me dolió tanto que le hubiera pasado algo así a mi madre... Esto fue no hace ni cinco años, y seguro que la razón es que aquel hombre le tenía envidia.

Y mis hermanos también pueden contar historias parecidas, como la vez que dejaron aparcado el Rolls-Royce y cuando volvieron se encontraron con que alguien se lo había rayado entero con una llave, y todo porque era un negro el que lo conducía. Ese tipo de cosas me saca de quicio porque el color de la piel de una persona no tiene nada que ver con su carácter.

Yo adoro a los niños judíos y a los alemanes y a los asiáticos y a los rusos. Todos somos iguales y tengo una hipótesis que lo prueba a la perfección: el hecho de que yo cante en todos esos países y todo el mundo llore en los mismos momentos de la actuación, y se rían de las mismas cosas, y se pongan como locos de la emoción en los mismos momentos, se desmayen llegados al mismo punto... Todo eso prueba que la hipótesis de que todos somos iguales es perfecta. Hay rasgos comunes que todos compartimos; por ejemplo, he oído decir que los rusos son altaneros y los alemanes fríos y poco emotivos, pero son tan apasionados en mis conciertos como el resto... incluso más. Algunos de mis mejores fans son rusos o alemanes y vienen a la puerta del hotel, o donde sea que esté yo, aguantando la lluvia y el frío, con la esperanza de conseguir verme fugazmente, y me gritan: «¡Queremos sanar el mundo, te queremos!». Y, ¿sabes?, es gente joven que no ha tenido nada que ver con la guerra y la influencia demencial que algo así ejerce sobre las personas; no: son diferentes, ¿sabes?, una generación nueva y diferente. Son maravillosos. Yo me siento ciudadano del mundo, no puedo tomar partido. Por eso no me gusta nada decir que soy estadounidense. Por ese motivo.

SB: ¿Crees que el hecho de que tú hayas sido uno de los primeros negros en convertirse en una personalidad de éxito ha afectado a tu carrera hasta cierto punto? Algunas de las injusticias que se han cometido, ¿te parece que en parte se deben al mismo tipo de racismo de que fue víctima tu madre?

MJ: Sí, porque antes de mí ya vinieron [Harry] Belafonte, Sammy [Davis Jr.] y Nat King Cole. Eran artistas y a la gente les encantaba su música, pero no los adulaban y la gente no lloraba al verlos, no les decían: «Estoy enamorada de ti, me quiero casar contigo». La gente no se rasgaba las ropas ni se ponía a chillar histérica... Ellos no actuaron en estadios. Yo fui el primero que rompió el molde, el primero a quien chicas blancas —escocesas, irlandesas— le gritaron cosas como: «Estoy enamorada de ti, quiero que...». Y a mucha prensa escrita por blancos eso no le gustó nada. Por eso me lo pusieron más difícil, porque fui un pionero y ésa es la razón por la que comenzaron todas las historias... «Es raro, es gay, duerme en una cámara hiperbárica, quiere comprarse los huesos del hombre elefante.» ¡Lo que fuera con tal de poner a la gente en mi contra! Hicieron todo lo que pudieron, y cualquier otro que hubiera pasado por lo mismo que yo se habría hecho yonqui y estaría muerto a estas alturas.

SB: ¿Qué fue lo que te dio fuerzas para perseverar?

MJ: Mi fe en los niños, mi fe en los jóvenes. Mi fe en que Dios me dio este don por un motivo, para ayudar a mis niños.

SB: Así que, a pesar de que los adultos te han tratado mal, aun así, siempre has creído que las generaciones jóvenes tenían un corazón bondadoso...

MJ: Desde luego que sí. Y hoy sigo intentando entenderlo. En lo más profundo de mi corazón tengo que luchar con el tema de los judíos, con eso estoy teniendo un gran problema...

SB: ¿Qué «tema de los judíos»?

MJ: Cuando me enteré de todos los niños —sin entrar en el número total de personas siquiera— que habían muerto durante el Holocausto, ¿qué clase de persona puede ser capaz de algo así? No lo entiendo. Da lo mismo de qué raza se trate... No puedo entenderlo en absoluto. De verdad que no. Qué tipo de condicionamientos... No entiendo ese tipo de cosas. ¿Se te puede condicionar para odiar de ese modo? ¿Es posible que le puedan hacer eso a tu corazón? Al mío no podrían. ¿Al tuyo sí? En ese caso, lo siento muchísimo.

SB: Sólo nos pueden hacer algo así si nosotros mismos nos exponemos a que nos lo hagan o si hemos cortado la comunicación con Dios, que nos exige rectitud en nuestro comportamiento.

MJ: Hitler era un orador genial, fue capaz de conseguir que la gente cambiara completamente y se llenara de odio. Tenía que ser un artista, un profesional del espectáculo, y en eso precisamente se convirtió: antes de empezar a hablar hacía una pausa, bebía un poco de agua, se aclaraba la garganta, miraba a su alrededor, exactamente igual que haría un artista que trata de calibrar el tipo de público que tiene delante y cómo llegarle. Y luego Hitler comenzaba con ese tono enfurecido de las primeras frases, y con eso propinaba un certero golpe de efecto... pero ¿de dónde había salido él? Sé que en el colegio le fue mal, que quería ser arquitecto. Sé que fracasó en muchas cosas, pero me parece que todo fue resultado de lo que le pasó en prisión, todo el tema ese de *Mi lucha*, ¿no? Eso es lo que yo creo.

El análisis que hacía Michael de Hitler como un profesional del espectáculo era genial; después de aquella conversación he visto numerosos discursos de Hitler y Michael no podía tener más razón: se levantaba para tomar la palabra, hacía una pausa y, cuando conseguía que la multitud vibrara presa de la anticipación y la impaciencia, sólo entonces comenzaba a hablar lentamente.

SB: ¿Te refieres a que allí empezó a escribir y formular sus ideas?

MJ: Sí, sí, se fue cargando de una ira virulenta mientras que con [Nelson] Mandela ocurrió exactamente lo contrario y la prisión lo transformó en un manso cordero, salió de allí sin amargura, e incluso hoy sigue diciendo, a pesar de tener más de ochenta años y haber perdido la juventud en prisión, donde se pasó tanto tiempo, aun así dice que no lamenta nada de lo que le ha ocurrido.

SB: ¿Pero de verdad crees que su juventud está perdida del todo?

MJ: No, cierto, es muy tierno, como un niño.

SB: ¿Le gusta reírse por todo como a los niños?

MJ: Le encantan los niños porque cuando lo fui a ver me acompañaron unos cuantos niños y la gente decía que yo sí pero que los niños no podían pasar y yo les contesté: «Seguro que al señor Mandela no le importa que vengan los niños. Yo no entro si no vienen ellos». Recuerdo que todos aquellos funcionarios me miraron con una cara como así [las facciones de Michael adoptan una expresión adusta y desconfiada], pero fueron a consultarlo y al rato volvieron diciendo «bueno, podéis pasar todos». Lo primero que hizo Mandela fue acercarse corriendo a los niños a alzarlos por los aires y abrazarlos. Yo sabía que era ese tipo de hombre y a ellos les encantó: estuvo hablando con los pequeños y después por fin me dio a mí la mano. Yo llevaba razón, sabía que pasaría algo así.

SB: ¿Tú eres el extremo opuesto a Hitler? Dios también te ha dado ese carisma increíble y, mientras que él [Hitler] lo utilizó para sacar a la superficie la bestia que llevan los hombres dentro, tú quieres hacer aflorar algo de la inocencia y la bondad que también son parte del ser humano. Bajo el liderazgo de Hitler se desataron en el pueblo alemán las fuerzas más oscuras y maléficas, pero a ti Dios te ha concedido ahora ese carisma extraordinario también. ¿Lo estás utilizando para que surjan la inocencia y la bondad en las personas?

MJ: Desde luego, sí, estoy convencido, y eso es lo que está pasando. ¡Me encantaría que hubieras visto algunas de las cosas que ocurren en los conciertos!, como cuando metemos un tanque inmenso en el escenario conducido por un soldado que se pone a apuntar a todo el mundo con una pistola y al final me apunta a mí y todo el público se pone a abuchearlo al unísono. Y es algo que ocurre en todos los países… Luego el soldado me da la pistola, yo la dejo en el suelo y todo el mundo se pone a chillar de la emoción. Y entonces una niñita —siempre participa en este número una niñita vestida de campesina— aparece con una flor en la mano y se la entrega al soldado, la sostiene en alto justo delante de la cara del soldado y él se derrumba, cae de rodillas al suelo y empieza a llorar. El público siempre se vuelve loco. Ahí es cuando yo empiezo a pronunciar un discurso, y sale un niñito que lo interpreta en lenguaje de signos: miras al público y ves que están todos llorando. Pasa exactamente igual en todos los países. Es parte de *Earth Song*. He ido por todo el mundo comunicando este mensaje como embajador de buena voluntad. Y luego hacemos *Heal the World* con niños de todas las naciones rodeando un inmenso globo terráqueo mientras como telón de fondo mostramos en una gran pantalla imágenes de los líderes mundiales y es increíble... Otros artistas cantan sobre sexo con letras como «I want to get in a hot tub with you baby and rub you all over» [cariño, me quiero meter contigo en una bañera de agua caliente y frotarte todo el cuerpo] y en cambio es conmigo con quien la prensa se ensaña tachándome de bicho raro. ¿Tú le encuentras el menor sentido?

SB: No, claro que no, llevas razón.

MJ: No está bien, ¿a que no?

SB: No, pero se está produciendo un cambio y lo estamos viendo con nuestros propios ojos...

Por aquel entonces, y gracias a nuestros esfuerzos por conseguir que Michael hablara en lugares como Oxford y se rodeara de respetables hombres de Estado y expertos en pedagogía, estaba empezando a atraer una publicidad muy positiva. Estaba recobrando el respeto perdido.

SB: ¿Y si no lo entendieran? ¿Y si fuesen como los nazis, simplemente gente malvada?

MJ: No consigo imaginarme que no logre llegar hasta su corazón de algún modo.

SB: ¿Crees que si hubieras podido hablar cara a cara con Hitler tú habrías logrado...?

MJ: ¡Pues claro que sí! ¡Claro que sí! Seguro que estaba rodeado de un montón de simples mandados que le decían a todo que sí porque le tenían miedo.

SB: ¿Y tú crees que si hubieras pasado una hora a solas con Hitler de algún modo habrías podido tocar alguna fibra sensible en su interior?

MJ: Claro que sí. Estoy convencido.

SB: ¿Con Hitler? ¡Venga ya, Michael! ¿Es que no crees que hay gente completamente malvada a la que es imposible llegar de ningún modo? ¿No crees que hay que castigar a los malvados porque...?

MJ: No, yo creo que hay que ayudarlos, hacer que sigan algún tipo de terapia. Hay que enseñarles que, en algún momento, de alguna forma, hubo un día en sus vidas en que las cosas se torcieron. No se dan cuenta de lo que hacen. Muchas veces no comprenden qué está mal.

SB: Pero, Michael, hay gente para la que se ve claramente que no hay redención posible; como Hitler. Era la personificación del mal, no había en él ni un ápice de humanidad a la que hubieras podido apelar, habrías estado dirigiendo tus palabras al vacío, derramándolas en una oscuridad como nunca has visto otra. ¿Qué me dices de

alguien que haya matado a mucha gente? ¿No crees que no hay terapia posible para alguien así? Son asesinos y tienen que enfrentarse
a un castigo extremo.

MJ: Todo eso hace que me sienta horriblemente mal, yo lo que desearía
es que alguien hubiera sido capaz de tocarles el corazón.

Sb: ¿Y qué pasa si ya han cometido los crímenes, qué pasa si ya han
matado a sus víctimas?

Esta conversación fue delirante: tenía delante a un hombre que creía
que en una hora habría podido cambiar a Hitler, alguien que de forma
sistemática gaseó y asesinó a seis millones de judíos, incluido un millón
de niños, y otros seis millones de civiles. Puede que a Michael haya que
disculparle su extrema inocencia, pero el hecho es que un hombre que
cree que puede transformar en luz la oscuridad y el mal en bien podría
acabar yendo un paso más allá y decidir que no tiene que someterse a
las reglas ordinarias sobre lo que está bien y lo que está mal. Y también
podría llegar a creer que tiene un poder muy especial de curación para
los niños que otros podrían ver con malos ojos desde fuera, pero que él
entiende que en realidad es muy reconfortante para los pequeños. A decir
verdad, debería haber rebatido con mucha más fuerza los comentarios
de Michael sobre Hitler, debería haberle dicho abiertamente: «No eres
el mesías, tú no podrías haber evitado la Segunda Guerra Mundial, así
que déjalo ya». Mi propia cobardía es la culpable de que no lo hiciera,
pero aun así lo que sí hice fue enfocar el tema con decisión, aunque con
extremado tacto.

SB: A ver, déjame que aclare una cosa. Lo interesante de cómo ves el
mundo tú es que lo haces a través de los ojos de un niño; pero la
otra cara de la moneda es que —al igual que les ocurre a los niños—
re cuesta asimilar que alguien pueda ser verdaderamente malvado
(que es la razón por la que los niños son tan confiados); tú tienes el
mismo problema. A ti te pasa que, incluso cuando tienes la maldad
justo delante, te empeñas en verle un lado bueno. Vamos, que no le
pediría a alguien como tú que diseñara un sistema penal de castigos
y sanciones, claramente para eso no has venido tú al mundo y, francamente, creo que se te daría fatal. El castigo surge cuando se tienen
comportamientos adultos que son crueles y por tanto hace falta cas-
tigarlos. En cambio en el mundo de los niños no existe realmente
algo así y en consecuencia el castigo es innecesario. Pero ¡venga ya,
Michael!, ¿de verdad crees que podrías haber llegado al corazón de
Hitler?

MJ: Ajá, sí.

SB: ¿Porque te las habrías ingeniado para encontrar la bondad en él de alguna manera?

MJ: Sí, creo que lo podría haber hecho. De verdad lo creo. En realidad nadie habló con él, a mí me parece —y odio tener que decirlo— que estaba rodeado de lameculos (eso es lo que eran). Claro, eso era lo que él quería y eso fue lo que tuvo.

SB: ¿Tienes la impresión de que nunca nadie le llevó la contraria?

MJ: Había alemanes que estaban en contra de Hitler, hasta intentaron asesinarlo, ¿te acuerdas?

SB: Sí, Claus von Stauffenberg. Pero él y sus cómplices sumaban un total de unos cuantos cientos, como mucho, en un población de muchos millones. En esta cuestión creo que nunca vamos a llegar a ponernos de acuerdo, Michael. Hitler era intrínsecamente malvado y nunca habrías conseguido convencerlo. Lo único que puede hacerse con personas así es librar al mundo de ellas.

Y volviendo al tema de antes, ¿entonces tú has perdonado a todo el mundo excepto a algunos periodistas que son pura y simplemente malvados y a la gente que hace daño a los niños?

MJ: Eso es.

La regla de oro

Shmuley Boteach: Volvamos al tema de la justicia. Después de ver tantas injusticias ante las que no se hace nada, de ver que se mata a gente y sus asesinatos no se castigan y quedan sin resolver, que se escriben cosas que no son más que basura sobre ti y tu familia y los culpables no reciben su merecido sino que igual hasta suben de categoría en el trabajo, ¿cómo puedes seguir creyendo en la justicia?

Michael Jackson: Yo no creo en la justicia. O sea, en la justicia sí creo pero no creo que...

SB: ¿No crees que la bondad se recompensa y la maldad se castiga, que la gente buena debería prosperar y la malvada zozobrar y perecer?

MJ: Todo eso son conceptos creados por el hombre. Yo creo que el mal está en el corazón de las personas, ahí es donde tú y yo no estamos de acuerdo. Yo no creo que exista el demonio ahí fuera, manipulando nuestros pensamientos. Así me lo enseñaron.

SB: El judaísmo no cree en el demonio, así que en eso nuestras opiniones no distan tanto como crees. En lo que no estamos de acuerdo es en la creencia de que la gente que comete acciones muy malvadas las acaba interiorizando hasta el punto de que se convierten en parte inseparable de su naturaleza. Puede que empiecen por *hacer* cosas malvadas, pero al final acaban *siendo* malvados. Un famoso filósofo judío llamado Maimónides dijo que «el hábito acaba por convertirse en una segunda naturaleza» y el hombre acaba fundiéndose con lo que hace formando un único todo y, por tanto, quien hace el mal acaba siendo malo. No hay esperanza para alguien como Hitler y nadie, ni siquiera tú, puede llegarle a ese tipo de persona que es malvada hasta lo más profundo de su ser.

MJ: Pues yo creía que el diablo es muy malvado, que está por todas partes, de hecho está por todas partes y terriblemente ocupado, por cierto. No tienes más que mirar a tu alrededor: ¡todo el mundo se está haciendo gay!, y mira lo que están haciendo las mujeres... Yo creo que el diablo es el hombre mismo.

Creo que, en este caso, Michael estaba parafraseando lo que suele decir la gente que le echa la culpa de todo al diablo y no estaba expresando su propia opinión, porque desde luego yo nunca le oí ningún comentario homófobo (algo que, por otro lado, habría sido incongruente con su carácter). En este sentido, él no juzgaba a nadie, aunque a veces jugaba a adivinar si algunos de los hombres que conocía eran o no gais basándose en la manera como le mostraban cariño.

SB: ¿Cómo conseguir que la gente siga creyendo en la justicia en un mundo tan cruel?

MJ: Siguiendo la regla de oro: sé bueno con el prójimo, ámalo tanto como te amas a ti mismo, haz a los demás lo que...

SB: ¿Cómo te sientes cuando ves que la crueldad no se castiga? ¿Te enfadas? ¿Te dices a ti mismo que la justicia no existe porque quienes actúan así son gente mala?

MJ: Me enfado, sí, pero sé que el mundo es así. Ése es precisamente el tema de mi gira mundial: sé bondadoso, sana al mundo. Salgamos de aquí transformados, amémonos. Es como ir a la iglesia, pero yo lo hago sin predicar, lo hago con la música y el baile. En cambio Marilyn Manson dice en sus actuaciones «mata a Dios... rompe la Biblia en mil pedazos...» ¡y la prensa no se mete con él! Y tiene pechos de mujer...

SB: Así que cuando ves a gente que es malvada y sin embargo prospera, ¿alguna vez miras a Dios y le dices «es que de verdad no lo entiendo»?

MJ: No, porque ya sé cómo me siento.

SB: ¿Entonces qué haces en casos así?

MJ: Creo que en el mundo hay gente buena y creo que Dios existe. No creo que Dios juzgue y no me lo imagino ahí arriba diciendo: «Tú no estás mal del todo pero aun así te voy a destrozar». Yo no haría algo así.

SB: En el judaísmo tampoco hay infierno; existe el castigo purificador, pero no el castigo como condena.

MJ: ¿En serio? Me parece precioso porque a todos nos enseñan a creer en el demonio y Lucifer y un cementerio eterno donde nunca llega el juicio ni la resurrección. Ahora mismo, mientras hablamos, se está tomando una decisión, Jesús está colocando a ciertas personas a la izquierda y a otras a la derecha, y cuando llegue el fin del mundo toda la gente que está a la izquierda será arrojada al abismo y seguirá muerta para siempre. No es justo, ¿verdad? Hay mucha gente buena y maravillosa en el mundo, sea cual sea su religión, independientemente de la raza. Si de verdad existiera algo como la verdadera justicia divina, no creo que Hitler se hubiese librado de pagar las consecuencias de lo que hizo. Pero también hay quien dice: «Ocurrió por un motivo, para enseñar al mundo lo que no debe volver a pasar nunca jamás». ¡Ni en broma! No hace falta que muera un millón de niños para enseñar nada al mundo. Yo no compro eso. Lo que consiguen así es hacer que Hitler quede impune.

SB: Un día, cuando acabe todo esto, le vamos a pedir a Elie Wiesel que te lleve a Auschwitz, donde murieron muchos de esos niños. Será una experiencia dolorosa, eso sí. Ya has leído su libro, *La noche*, que es una de las obras más importantes escritas en el siglo XX. Elie tenía dieciséis años cuando lo llevaron a Auschwitz y es el superviviente del Holocausto más famoso del mundo.

El profesor Elie Wiesel es algo así como un príncipe del pueblo judío, y uno de mis grandes héroes. Como ya he mencionado con anterioridad, yo le presenté al profesor Wiesel, galardonado con el premio Nobel, a Michael y se vieron varias veces. Wiesel fue mi invitado en dos ocasiones durante mis años de rabino en Oxford y nos hicimos buenos amigos, y yo tenía la ferviente esperanza de que pudiera cobijar a Michael bajo su ala; desde luego fue un gran honor para este último que uno de los personajes más destacados de nuestro tiempo creyera en él durante unos cuantos meses. Después, cuando arrestaron a Michael bajo la acusación de abuso de menores, llamé al profesor Wiesel y me disculpé por el crédito que le había concedido a Michael y a sus supuestas buenas intenciones con los niños.

En una ocasión el profesor Wiesel me dijo que podía ver piedad en los ojos de Michael, pero también me advirtió sobre los famosos en general; siempre me ha dado consejos muy sabios y continúo disfrutando de su bendita inspiración y guía.

MJ: Pero él no está lleno de amargura, en eso es como Mandela.

SB: ¿Entonces tú no crees en la justicia? ¿Has visto cómo se pervertía en demasiadas ocasiones para creer que existe?

MJ: Creo que debería haber justicia, pero no creo en el sistema de justicia, eso es más bien lo que debería decir. Tú ya has visto las cosas que pasan en el mundo y cómo los culpables permanecen impunes…

SB: ¿La mayoría de la gente buena que has conocido ha prosperado?

MJ: Sí, sin duda.

3. LA FAMA EN LA EDAD ADULTA

Ambición, éxito y honestidad

Shmuley Boteach: Entonces, ¿la ambición puede ser positiva siempre y cuando no adquiera formas despiadadas, siempre y cuando no conlleve celos y envidias?

Michael Jackson: Sí, siempre y cuando no hagas daño a nadie, la ambición es algo maravilloso, es extraordinario darse cuenta de cómo funciona la mente, del poder de los pensamientos y de cómo creamos nuestras propias circunstancias en la vida. Y además, el hecho es que tenemos que aprender todas esas cosas fascinantes sobre el cerebro porque nadie viene con manual de instrucciones, tienes que ir averiguando las verdades de la vida y, una vez descubres todas esas cosas, es increíble tomar conciencia de las propias posibilidades.

SB: Luego tú dirías que hay que potenciar la ambición de los niños en vez de reprimirla...

MJ: Ya la tienen, sólo hay que darles un empujoncito.

SB: Y... otra cosa más: hablemos de la honestidad. Una de las características más típicas de los niños es su brutal honestidad. Por otra parte, en ocasiones es doloroso decirles la verdad por más que ellos siempre digan las cosas como son, sobre todo cuando todavía son demasiado pequeños para haber aprendido a mentir. Si eres gordo, te dicen que eres gordo; si eres feo, también te lo sueltan sin más; si hueles mal, te lo dicen a la cara. ¿Eso es bueno siempre o habría que ser más diplomático?

MJ: Creo que debemos enseñarles a ser amables y que pueden hacer daño a otras personas con las palabras. Por ejemplo, Prince y yo fuimos al estudio de grabación ayer y uno de los músicos que trabaja conmigo es gordo —muy gordo— y Prince dijo «tiene una barriga que parece un globo», a lo que yo le respondí «es verdad, Prince, pero no digas nada delante de él porque podrías hacer que se le saltaran las lágrimas», y me contestó «vale, prometo que no diré nada». Así que se les puede enseñar a no hacer daño a los demás.

SB: Bueno, de acuerdo, pero ¿qué hay de alentar a los niños a decir la verdad? Porque tú no le estabas diciendo que mentía porque mentir no es una cosa propia de los niños, sólo le estabas diciendo que se guardara la verdad para sí mismo. No le corregiste: «No, Prince, de hecho está muy bien así, no está gordo».

MJ: No, claro.

SB: Es que la sinceridad es importante. Pongamos por ejemplo que tienes un músico que no da la talla y está dificultando la grabación del disco. ¿Qué haces?

MJ: Eso es exactamente lo que me acaba de pasar con los de cuerda; había una señora que estaba tocando completamente fuera de ritmo y le dije al coordinador «deja que siga hoy, pero mañana tenemos que poner a otra persona», simplemente no le pidieron que volviera al día siguiente, pero se hizo con discreción.

SB: Así que hay veces en que se te presentan situaciones difíciles como ésa y lo que haces para sobrellevarlas es ser honesto pero sin hacer daño a nadie.

MJ: Hay que encontrar la manera de no hacer daño.

SB: Luego hay una manera de ser honesto sin hacer daño…

MJ: Sí, desde luego que sí. Yo no asisto a las pruebas de selección para mis cortos [Michael siempre llamaba «cortos» a sus videoclips], sobre todo si son de niños, porque no quiero tener que decir «¡bueno, a ver qué sabes hacer!» y que hagan lo que puedan y luego no los llamemos, porque entonces luego comentarían por ahí: «Michael Jackson me ha rechazado». Así que graban a todo el mundo y luego yo veo las pruebas en casa y decido. Soy incapaz de infligirles el dolor de no resultar elegidos. Siempre lo hago de este modo.

A Michael se le escapaba que lo que estaba evitando en realidad era sólo el temible momento de la confrontación y que lo que hacía era dejarles a sus empleados el trabajo sucio. Esto contribuyó al sinnúmero de relaciones poco auténticas que tenía con mucha gente: atraía a los aduladores que le daban coba en vez de expresar su opinión —crítica si se daba el caso— porque se daban cuenta desde el principio de que la única forma en que Michael era capaz de lidiar con la confrontación era batiéndose en retirada para ir a esconderse tras una muralla de subalternos. Si lo criticabas, incluso como amigo, desaparecía y ya nunca más volvías a saber de él. Pero, claro, vivir rodeado de cobistas nunca ha contribuido a la salud y estabilidad mental de nadie…

SB: Entonces, la honestidad es muy importante si hablamos de cómo estás educando a Prince y Paris.

MJ [volviéndose hacia Prince]: Prince, eso es caca, está lleno de caca, no te la pongas en el pelo que es la pala de quitar la caca del perro. No te toques la cabeza con eso...

He incluido este fragmento precisamente por todas las mentiras que se han publicado sobre cómo Michael tenía fobia a los gérmenes y a sus hijos no los dejaba tocar ningún juguete que hubiera estado tirado en el suelo. En aquella ocasión, el hijo de Michael estaba jugando con una de las palitas con que quitaban la caca del perro y se limitó a decirle al niño, en mitad de nuestra conversación, que la dejara en su sitio porque estaba sucia. Y al niño no lo desinfectaron.

SB: Por cierto, ¿has oído eso que te he dicho antes de que por lo visto Paul McCartney tiene una de las colecciones de dibujos animados más grande del mundo? Como hablabas de grandes artistas que son como niños...

MJ: Sí, sí, le encantan las películas de dibujos animados y se toma muy en serio lo de coleccionarlas, pero ahora yo tengo más que él. Si vas a la videoteca verás que tenemos estanterías llenas porque me encantan. Para mí, el mundo de los dibujos animados es una vía de escape fantástica.

SB: Cuando te paras a pensar en el éxito que has cosechado, ¿te dices a ti mismo algo como: «He tenido suerte, es un don que me ha dado Dios, no soy yo sólo; es un don divino y no tengo el menor derecho a ser arrogante»?.

MJ: Sí... La gente siempre me pregunta qué hice para que no se me subiera a la cabeza. Mmm... porque es evidente que no soy yo, así que ¡cómo iba a osar tomármelo como si fuera cosa mía, como si el mérito fuese mío! No es como si fuera Miguel Ángel: él sí que tenía el don de la inspiración divina, lo suyo sí que era un don, un regalo más bien. Yo creo que se pueden cultivar los dones hasta cierto punto, pero la verdadera genialidad, eso es un regalo.

La respuesta de Michael me pareció humilde e inquietante al mismo tiempo: sí, creía que Dios le había concedido un don, su increíble talento, y que, dado que era algo que había recibido, debía evitar la arrogancia; pero, por otro lado, después se comparaba con Miguel Ángel. Tal vez Michael fuera un verdadero genio, pero sus delirios de grandeza, su necesidad de elevarse constantemente a la categoría de los genios del arte más grandes de todos lo tiempos, fue uno de los principales factores que contribuyeron a su acelerada caída. En pocas palabras: la humildad protege mientras que la arrogancia es corrosiva. Ahora bien, en aquel momento también se me pasó por la cabeza que igual estaba juzgándolo y no era quién, así que le dije:

SB: Los que juzgan a los demás son siempre estrechos de miras, gente que busca defectos a todo. ¿Cómo es que pasamos de ser grandes a ser pequeños, Michael? A medida que vamos cumpliendo años, nuestro cuerpo crece, pero a menudo nuestra mente parece ir encogiéndose. ¿No tienes la impresión de que los niños tienen el corazón más grande que los adultos? ¿Por qué crees que nos mengua el corazón?

¿Por qué no menguó el tuyo? Cuanto más famosa es la gente, menos amor alberga su corazón porque no piensa más que en sí misma. ¿Qué hace que la gente pase de la amplitud a la estrechez de miras, a buscarle tres pies al gato con todo? Que todo los intimide, que sientan que sus sueños no se han hecho realidad y se pongan a la defensiva, y el mecanismo de defensa resulte ser juzgar y menospreciar. ¿Qué es lo que provoca que todos mengüemos y por qué no te ha pasado a ti? ¿Por qué no te has vuelto cada vez más egocéntrico a medida que ha ido creciendo tu fama? ¿Por qué te sigue importando lo que le pase al resto del mundo? Alguien como tú, que tiene helicópteros y aviones privados, ¿por qué iba a preocuparse de repente de lo que les ocurre a los niños del planeta?

MJ: ¿Sabes una cosa, Shmuley? Si hubieras visto todo lo que yo he visto, si hubieras viajado por el mundo tanto como yo, no serías honesto ni contigo mismo ni con los demás si no te importara. Yo simplemente no podría concebir que no me afectaran las cosas que he visto en China, en África, en Rusia, en Alemania, en Israel...

Mi esposa Debbie y yo nos casamos en 1988 en Australia y en el viaje de vuelta a Estados Unidos hicimos una parada en Hong Kong porque yo tenía que dar allí una conferencia, así que aprovechamos para pasar un día en China. Un guía nos llevó a una choza de barro y cañas en una aldea diminuta y nos enseñó una foto de la propietaria de la choza posando con Michael Jackson: algo de lo más extraño porque... ¿qué hacía Michael Jackson en la choza de aquella mujer? Pues, por lo visto, unos cuantos años antes había hecho una visita privada a la región y vio por allí a la anciana propietaria de la choza, que además tenía un gato escuálido; Michael sacó un billete de 100 dólares y le dijo a la mujer que alimentara al gato, y ella había cumplido la promesa, pero cuando el gato estuvo bien cebado fue y se lo comió. Al cabo del tiempo, cuando conocí a Michael le conté la historia: recordaba perfectamente la aldea y se disgustó mucho al enterarse de que el gato había acabado convertido en la cena de su propietaria.

> MJ: Recuerdo a un recién nacido que luchaba por su vida, un bebé recién nacido, todo entubado en un hospital de Israel: ¿cómo no iba a llegarme al corazón algo así? Le dije a todo el mundo, a los niños también, «venid todos, tenéis que ver esto», porque creo que mi gente tiene esta sensibilidad y entiende lo importantes que son los niños, cómo ayudan a otros, cómo tienden la mano al mundo, a los desfavorecidos. En cambio ser un materialista que sólo piensa en sí mismo todo el tiempo… es un comportamiento que me parece deplorable.

> SB: ¿Por qué no se te ha subido el éxito a la cabeza? Te enorgulleces de no ser arrogante, ¿cómo lograste conservar esa sensibilidad? ¿Por qué no se te ha subido la fama a la cabeza? ¿Por qué vas a visitar orfanatos? ¿Cómo te las ingeniaste para seguir siendo grande y no juzgar a nadie cuando lo normal es que te hubieras hecho más egocéntrico? A todos los demás sí les ha pasado… Tú mismo has sido testigo de cómo les pasaba a amigos tuyos que han alcanzado el éxito, estoy seguro.

Me doy cuenta de que esta pregunta va en contra de lo que he dicho antes sobre cómo el egocentrismo de Michael, su conciencia de ser una superestrella, hacía que no soportara las críticas… Tanto lo uno como lo otro es cierto. Cuando realicé esta entrevista tenía un concepto muy elevado de Michael, me asombraba muchísimo lo humilde y accesible que era; y no estaba fingiendo. Todo tenía cara y cruz en su caso: el muchacho delicado de Gary, Indiana y la superestrella que creía que se merecía la adulación constante. A medida que fue pasando el tiempo vi menos de Michael y más de la superestrella.

> MJ: Es difícil contestar a eso… Supongo que soy más sensible al dolor y el amor de la gente que otros. Es algo que simplemente llevo dentro.

El dolor de actuar, la presión en la cumbre

Shmuley Boteach: ¿Siempre tienes la sensación de tener que probarte a ti mismo constantemente, de que estás teniendo que actuar todo el tiempo, de que no tienes nunca un respiro, de que jamás has tenido un momento en que no tuvieras que preocuparte de impresionar?

Michael Jackson: A mí me encanta el arte, me encanta. Mi madre lo sabe. Me encanta pintar y esculpir y todo eso. Siempre me ponían la nota más alta en las clases de arte y de lengua, eran las dos asignaturas en las que sacaba sobresaliente. La verdad es que sólo una parte muy pequeña de mi educación transcurrió en la escuela —luego tuve profesora particular—, pero, durante los años en que fui al colegio, los profesores siempre me ponían de ejemplo en clase de lengua, se me daba bien contar historias y todos teníamos que escribir relatos y a mí me solían pedir que leyera el mío delante de la clase —yo lo odiaba— y me aplaudían todos. Y no lo hacían porque yo fuera Michael Jackson, sino porque de verdad les gustaban las historias que yo escribía. Tenía una carpeta con todas esas cosas y con dibujos y pinturas que había hecho, porque me gusta el arte plástico también, pero me la robaron, y la verdad es que se me partió el corazón porque siempre había querido conservar todas esas cosas. Seguro que un día aparecerá en algún lugar. Lo mío es más el realismo que el arte abstracto. Hay artistas que me encantan, como Miguel Ángel. Y también me apasionan Charlie Chaplin y Walt Disney. Ésa es la gente que me vuelve loco, la gente con la que me identifico. Me encantan los grandes.

SB: ¡La presión es increíble! ¿Siempre tienes que ser Michael Jackson, el que vende cien millones de discos?

MJ: Y además están los periodistas, que siempre están esperando con los cuchillos afilados.

SB: ¿Por si cometes un error?

MJ: ¡Claro! Siempre están buscando la forma de destrozarme, así que todo lo que hago tiene que sorprender por completo, tiene que ser más que perfecto. Doy todo lo que tengo.

SB: Y claro, resulta agotador...

MJ: Sí, porque cuando eres un artista que bate récords históricos eso te pone en el punto de mira, están todos esperando a que pierdas el primer puesto.

SB: ¿Qué te da paz, qué te da fuerza? ¿Prince y Paris?

MJ: Prince y Paris y los niños de todo el mundo. No sólo Prince y Paris, todos los niños.

SB: Cuando sacas un disco nuevo, ¿sientes que si no es increíble dejarás de ser especial?

MJ: Para mí sería un golpe tremendo porque yo mismo me pongo bajo una presión que es muy real y exijo lo mejor de mí mismo.

De verdad. Quiero lo mejor del medio o el tipo de trabajo que esté realizando y me pongo bajo una presión tremenda. Así que, si eso ocurriera, si eso ocurriera, eso me destrozaría psicológicamente.

SB: Pero ¿sientes que la gente todavía te querría si no tuvieras éxito, aun así te sentirías querido? Por ejemplo, un niño tiene que sentirse querido para que en el colegio le vaya bien...

MJ: Sí, creo que sí me sentiría querido por el trabajo que he hecho en el pasado, pero me sentiría incómodo. Trato de no mirar al pasado.

SB: ¿Crees que el hecho de que el éxito se haya convertido en algo tan importante en tu vida se debe en parte a algunas de las situaciones que me has descrito, como por ejemplo una infancia difícil, sin cumpleaños ni Navidades?

MJ: Probablemente sí, creo que sí.

SB: ¿Crees que tal vez eres demasiado duro contigo mismo y que por eso sientes tanto dolor? ¿No crees que te castigas demasiado a ti mismo cuando las cosas no salen perfectas?

MJ: Sí, la verdad es que sí, lo sé. Me gusta ser quien tiene la responsabilidad final porque así soy yo el que tiene la última palabra y toma las decisiones finales en todo, y en el pasado los resultados han sido muy buenos. ¡Ay, Dios, pero si me pasara eso [tener menos éxito] no sé qué haría!

SB: Pero, Michael, ¿es que no te das cuenta de que precisamente eso es lo que tienes que superar?

MJ: Ya lo sé, ya lo sé, pero no puedo. Yo soy así. No estoy hecho para superarlo.

Maestro del misterio

Es innegable que Michael llegó a lo más alto a nivel mundial y uno de los ingredientes más importantes de la fórmula que lo mantuvo allí fue entender de manera intuitiva el poder del misterio, un tema del que quería hablar con él en profundidad.

Shmuley Boteach: Bueno, me gustaría que habláramos de algo que me parece un elemento fundamental del libro. Porque, con lo que te conozco, déjame que te diga que nunca me he encontrado con nadie que comprenda el poder que tiene el misterio tan bien como tú. En otras palabras, en la tradición del judaísmo el misterio es muy importante. Por ejemplo, el profeta Isaías cuenta que los ángeles, los serafines, tienen seis alas: ¿por qué seis? «Porque con dos cubrían sus rostros, con dos cubrían sus pies y con dos volaban» (Isaías 6, 20). ¿No es increíble? Los ángeles son tan recatados, tan misteriosos, que utilizan las alas para cubrirse.

Michael Jackson: Me parece precioso.

SB: He escrito mucho sobre este tema en mis libros, Michael. En mi opinión, el misterio es uno de los ingredientes fundamentales que debe estar presente en las relaciones. Lo sagrado siempre es misterioso, siempre se oculta, y los rollos de la Torá, los textos de la Biblia que leemos en la sinagoga, se guardan cubiertos bajo varias capas de tela, en el arca, tras cortinajes, velos y puertas. Te hace falta deshacerte de al menos tres capas para conseguir ver algo. Y, de manera similar, cuando Rebeca e Isaac se conocen, antes de casarse y enamorarse, la Biblia cuenta que lo primero que hace ella al encontrarse con Isaac es cubrirse el rostro. Y lo mismo ocurre con Moisés cuando ve la zarza en llamas, ¿qué es lo primero que hace? Se da la vuelta y esconde su rostro para que Dios no lo vea.

MJ: Me encantan todas esas historias.

SB: Así que, en la Biblia, el misterio es muy importante, y yo nunca he visto a nadie que entienda el poder del misterio como tú. Te voy a dar unos cuantos ejemplos y quiero que me los vayas comentando… Ejemplo número uno: mis hijos están dando un paseo por Neverland y hay caramelos por todas partes; a mis hijos les encanta porque nunca han visto nada igual, con máquinas para hacer palomitas y helados de grifo y, siempre y cuando sea *kosher*, se ponen las botas; en cambio a Prince y Paris, a pesar de que están rodeados a diario de todas esas cosas, tú les dices: «No, esto sólo lo puedes comer el día de tu cumpleaños». Grace me contó que no tienen permiso para ir a los columpios siempre que quieran para que no se aburran de todo al cabo de un tiempo. Y, siempre que vamos a FAO Schwartz, Prince puede comprarse juguetes, pero tiene que esperar para abrir los paquetes. Luego ya si hablamos de tu carrera en particular, has entendido el poder de ocultarte a la perfección. En cambio si pienso en los artistas de ahora, todos esos cantantes nuevos, incluso 'N Sync y hasta Britney Spears [a la que acabábamos de conocer en la habitación de hotel de Michael], cuando los veo por la tele en *Entertainment Tonight* y en entrevistas me digo: «¡Madre mía, qué poca vista tienen! Deberían hacer como Michael en vez de aparecer por todas partes». Pero no pueden porque están desesperados por ser el centro de atención, no son capaces de controlarse.

Esto es algo que he aprendido de Michael. En una ocasión estábamos en su habitación del hotel y vimos que en la tele estaban poniendo una entrevista a Britney Spears; al verla Michael comentó que últimamente estaba hasta en la sopa y eso iba a acabar perjudicando su carrera: «Yo nunca haría lo que está haciendo; dentro de unos años nadie va a querer saber nada de ella. No tiene ni idea de lo que es el misterio». Esto fue años antes de que la cantante empezara con sus extravagantes exhibiciones de entrepierna a los paparazzi.

> SB: Así que te quiero preguntar dos cosas, quisiera que me hablaras del misterio y lo que significa para ti y que me explicaras cómo adquiriste la disciplina de controlarte cuando sabes que todos los programas de televisión del país quieren tenerte de invitado. ¡Pero si ahora nos persiguen todos los programas de entrevistas de Estados Unidos insistiendo en tenerte en el plató! ¿Cómo lo haces, de dónde te viene esa disciplina? Y, Michael, es muy importante que comentemos esto porque la gente, tus detractores, te criticarán diciendo «Michael es como un niño, se comporta como un niño pequeño», cuando en realidad la única definición con la que todo el mundo está de acuerdo es que la madurez implica ser capaz de diferir la gratificación. Cuando otra gente se comporta de manera impetuosa y tú en cambio logras ser paciente y esperar a que las cosas vengan en el momento adecuado, estás dando muestras de lo que se considera la esencia del comportamiento maduro y el autocontrol.
>
> MJ: Gracias.
>
> SB: Y tu carrera se ha construido sobre esa base, no lo digo sólo para halagarte, es verdad, y me asombra muchísimo. Así que, háblame del misterio. ¿Cómo lo haces, de dónde te viene ese poder de lo que no se muestra?
>
> MJ: ¡Guau, eres muy observador! Me maravilla cómo te fijas en los detalles. Mmm… Lo estudié. Me encanta la psicología, me encanta la magia, me encanta… me encanta la verdadera belleza. Me apasiona el verdadero talento. Me vuelve loco lo que es verdaderamente milagroso, cuando algo es tan bello que prácticamente pasa desapercibido. Lo que me encanta del cometa Halley, por ejemplo —y esto siempre se lo digo a mi abogado—, es que no es más misterioso de lo que puedan serlo la Luna o el Sol, pero nosotros lo convertimos en todo un acontecimiento porque es algo que sólo se ve una vez en la vida y todo el mundo sale a verlo y te encuentras con astrónomos, fans, todo tipo de gente. Es un astro que gira alrededor del Sol pero que sólo se ve una vez en la vida. Si lo viéramos todas

las noches nadie le prestaría atención. Pero para mí la Luna es un milagro tan grande como el Halley. Siempre estoy hablando de ciervos y gatos y perros y mucha gente exclama entusiasmada cuando ve un ciervo «¡mira, un ciervo!» porque es un animal tímido que suele esconderse y por lo tanto es todo un acontecimiento ver uno... Bueno, pues eso yo lo capto, entiendo que la gente debería poder apreciar la verdadera habilidad y siempre digo que, por mucho que se sea la persona con más talento del mundo, si sales en televisión todos los días la gente acabará por regurgitarte. Tienes que aprender a dosificarte con el público, tienes que aprender eso porque es cierto, Shmuley, no es sólo un juego. Para mí es real, para mí no puede ser más real. En serio.

SB: ¿Y cómo lo sabes? Por ejemplo, a mí esto me lo tuvieron que enseñar. Yo hablo mucho sobre este tema en mis libros, pero comencé a desarrollar muchas de mis ideas al respecto a partir de observaciones de otros autores, pensadores, filósofos y demás.

MJ: Si mantienes un cierto nivel de misterio a la gente le resultarás más interesante, sí.

SB: Es como si una mujer se estuviera quitando la camiseta constantemente: acabaría por no interesarle a nadie ver sus pechos.

MJ: Exactamente.

SB: Pero si lo hace de vez en cuando, eso es lo que lo convierte en algo tan emocionante, eso es lo que le da erotismo.

MJ: Sí, así es.

SB: En cambio si es cosa de todos los días...

MJ: Exacto...

SB: Es como cuando visitas las tribus de África en las que todas las mujeres llevan los pechos al aire, resulta normal...

MJ: De lo más normal. La cuestión es dar espacio a la imaginación. Yo creo mucho en eso y toda la gente...

SB: ¿Te lo enseñó alguien?

MJ: No, ¡que va!, no, lo descubrí yo fijándome —en la naturaleza— y aprendí, pues... mirando y estudiando, tomándome en serio la tarea de observar. Y... ummm... el hecho es que le puedes decir a alguien: «Aquí tenemos seis puertas. Las puedes abrir todas menos la quinta, ésa no la abras. Pase lo que pase, la quinta no la abras». Por supuesto todo el mundo empieza a darle vueltas, «¿qué habrá detrás de la quinta puerta?», porque es un gran misterio y eso es lo que todo el mundo quiere, descubrir lo que hay tras la puerta número cinco, porque ya sabes... A mí eso me encanta y no me lo tomo como un juego, más bien quiero que la gente aprecie el talento y la habilidad. Sólo saco un disco cada cinco años mientras que otros artistas hacen uno todos los años, pero los míos en cambio tienen una vida mucho más larga y venden mucho más que los del resto, y la gente los está esperando. ¿Sabes?, es como si se generara toda una vibración, un clamor que va en aumento alrededor del nuevo disco [Michael estaba acabando *Invincible* por aquel entonces]. Casi se podría describir como una fiebre, la gente lo está esperando, esperando. Esperar es importante.

SB: ¿Qué tiene lo que está oculto para durar más que lo que está a la vista? ¿Por qué cuando te reservas algo eso inmediatamente hace que la gente lo quiera?

MJ: A mí simplemente es que me encanta, me encanta el poder del misterio, de verdad. Me parece tan irresistible...

SB: ¿Es algo espiritual? ¿Qué es?

MJ: Es espiritual, es... En realidad es la gente la que experimenta todas esas percepciones, es la gente misma la que crea el misterio. Es como Howard Hughes, que era el dueño del hotel pero que siempre se quedaba en el piso tal y nunca se le veía: se quedaba en la sombra, en un rincón, en la cama, enchufado permanentemente a un gota a gota y con el pelo así de largo... Pero el hecho es que la gente creó en su cabeza todas esas historias locas sobre él. Eso me encanta. Me encanta Howard Hughes porque llevó todo esto hasta el extremo. Yo lo considero uno de mis grandes maestros aunque... no sé... es la primera vez que digo algo así, Shmuley. Pero me encanta Howard, era un genio.

SB: ¿Pero por qué? ¿Por qué conocía el poder del misterio?

MJ: Sabía captar la atención de la gente, sí, mantener el interés del público. ¡Y a P. T. Barnum también se le daba bastante bien!

SB: ¿Es simplemente cuestión de saber retirarse? ¿Así de sencillo? Por ejemplo, hace un tiempo salió un libro que se titulaba *Cómo conseguir marido* y yo he participado en dos debates con las autoras. Según ellas, para lograr que un tipo se case con una mujer ésta debe hacerse la interesante: si él la llama, le dice «no sabes cuánto lo siento, me encantaría ir a cenar contigo, pero es que ya he hecho planes»; se supone que, si le deja mensajes en el contestador, lo que tiene que hacer la mujer es no devolverle nunca las llamadas... ¿Has oído hablar de este libro? Causó mucho revuelo... ¿Es así de sencillo?

La verdad es que yo soy bastante crítico con lo que dicen porque creo que la manipulación es la peor forma de enfocar una relación y que hay alternativas mucho mejores, como por ejemplo que las mujeres den rienda suelta a las cualidades místicas que poseen por naturaleza...

MJ: Yo no... Yo no estoy del todo de acuerdo. Depende de la persona.

SB: Pero en tu caso, cuando dices que al final es cuestión de saber cómo manejar al público, ¿se trata simplemente de retirarse para que pidan más y que te muestres de más formas?

MJ: Tiene que ver con el ritmo y los tiempos. Tienes que saber lo que estás haciendo. Por ejemplo, nunca me verás en una ceremonia de entrega de premios diciendo: «Y los nominados son...». Y me piden que presente todas las galas. Bueno, ahora ya ni se molestan en pedírmelo... No hago cosas como presentar ceremonias de entrega de premios, no me expongo a la típica situación de «y ahora con todos ustedes Michael Jackson, que presentará el premio al disco del año». Nunca me verás presentando a los nominados. No hago esas cosas. Ya lo saben y ni me lo piden. Es una cosa que yo no hago.

SB: O sea, que nunca harás nada que te coloque en la posición de ser el medio para llegar a otro fin: o eres tú el fin o ni apareces... si se trata de ti, bien, pero no te vas a prestar a ser el camino para llegar a otro.

MJ: Sí, y no es que esté tratando de decir que soy sagrado, ni que soy Dios ni nada por el estilo...

SB: Pero tampoco estás dispuesto a rebajarte.

MJ: No, no lo voy a hacer. Yo lo que quiero... ¿Sabes?, la gente te tiene que respetar, ¿no crees? La habilidad y el talento deben reconocerse. Y además es todo en beneficio de la bondad, porque yo lo hago todo con la bondad en mente.

SB: No puedo estar más de acuerdo.

MJ: De verdad, te lo prometo. Yo sólo trato de conservar, de preservar...

SB: Sobre este tema, por cierto, podría hacerse un libro entero por separado, sobre cómo has aprendido a reconocer el poder de lo que está oculto, de lo misterioso. Fíjate lo que está pasando ahora mismo en Nueva York: en este preciso momento, mientras tú y yo estamos aquí hablando, en esta cuidad hay cientos de miles de mujeres deseosas de casarse y los hombres en cambio no quieren comprometerse, ¿y sabes cuál es una de las principales causas de que eso sea así? Que saben que van a tener relaciones sexuales con ellas de todos modos.

Al cabo de unos años yo escribiría un libro titulado *The Kosher Sutra* que esbozaba a grandes rasgos cuáles eran los principios eróticos de la atracción y el misterio: lo prohibido y el pecado estaban a la cabeza. El libro fue un gran éxito de ventas.

MJ: ¡Ajá!.

SB: ¿Para qué casarte con ella si la puedes tener igual sin comprometerte? Si quisieras que te prestaran diez millones de dólares y el director del banco va y te dice «toma, Michael, ahí tienes los diez millones», ¿acaso le dirías «por cierto, se te ha olvidado pedirme un aval»? Evidentemente tú no sacarías el tema de motu proprio. ¿Me explico? Y con las mujeres pasa lo mismo… Los hombres no se casarán jamás, y luego ellas me vienen llorando o me escriben contándome lo solas que se sienten… No conocen el poder del misterio, se van a la cama con ellos en la primera cita, no saben frenarse, el hombre nunca se las tiene que ganar. Y, por cierto, eso es lo que le pasó a Madonna: se expuso demasiado. Sigue siendo una estrella, pero ya no es lo que era.

MJ: Sí, ya…

SB: Y en su caso yo diría que no es que se expusiera demasiado en el sentido de conceder demasiadas entrevistas y salir demasiado en la televisión o hacer demasiadas actuaciones, Michael; a ella lo que le pasó es que expuso demasiado su cuerpo. Era un símbolo sexual, la gente quería ver qué cuerpo tenía y entonces sacó ese libro tan tonto y tan subido de tono… ¡No tenías más que comprar el libro! El misterio había desaparecido para siempre.

MJ: Ya, ya lo sé. Tienes toda la razón.

SB: Hoy en día hay poca gente que comprenda el poder del misterio, pero tú sí lo entiendes porque hay en ti una espiritualidad innata que es un verdadero don, porque comprender el misterio, entender el poder que tiene manejar bien los tiempos, nos ayuda a comprender lo sagrado. Dios sólo se revela muy esporádicamente y en momentos muy puntuales. El misterio y los tiempos son una parte fundamental de la revelación.

MJ: Eso me encanta. Y también es uno de los temas en los que más me gusta pensar.

SB: En lo oculto que está Dios…

MJ: Sí, en lo oculto que está.

SB: Hay que buscarlo.

MJ: Ves todos los milagros que se producen a través de él, pero no su rostro, ¿sabes? Bueno, lo ves a través de los niños.

SB: Y eso hace que te interese todavía más…

MJ: Sí.

SB: ¿Quieres encontrarlo?

MJ: Eso hace que quiera buscarlo y encontrarlo, sí, sí. Me encanta. Hay personas que acaban por alzar los brazos al cielo muy desesperadas y exclaman: «¡¿Pero todo esto de qué va, el universo y todo lo demás?¡ Y Él, ¿dónde está? ¡Quiero hablar con Él y que me lo explique!». A mí en cambio me encanta. Dios es lo más. Dios es... Dios es lo máximo.

SB: Luego así es como se evita que la gente se aburra… Pero antes de pasar a hablar del aburrimiento, una última cosa: ¿tú entonces comprendiste el misterio desde un primer momento de manera instintiva, simplemente lo entendías?

MJ: Sí, de verdad, Shmuley.

SB: ¿No fue un mánager quien te llevó a una esquina para hablar cara a cara contigo y te dijo «Michael, puedes llegar a ser una gran estrella, así que no te pases»?

MJ: No, nada de eso.

SB: ¿Y tus hermanos en cambio no lo entendieron?

MJ: No, ellos no lo entendieron, ellos se lanzaban a decir sí a lo que fuera sin pensar. Si alguien les decía «quiero hacerte una entrevista mañana sobre la nueva forma de vestir de Michael», inmediatamente le decían que «ningún problema» porque lo que querían era salir en la televisión, que se les viera en la tele. Pero a mí me parece que la gente te aprecia mucho más cuando... cuando sabes dosificarte... simplemente frenar un poco... ¿sabes?

SB: ¿Contenerte?

MJ: Contenerte y construirte sobre una base sólida, tener un poco de clase y hacer que sean los demás los que te busquen... y simplemente... Me encantan las puertas, las puertas de una casa por ejemplo; y me encantan los pilares enormes y las verjas: no sabes lo que hay detrás, más allá del camino de entrada, sólo ves un poco, un atisbo de lo que puede haber... Y claro, te dices a ti mismo: «¡Madre mía!, ¿quién vivirá ahí dentro?». Eso me encanta, el hecho de que nunca ves a la gente que vive en ese lugar, pero ves las puertas… Me encanta.

SB: Pero en cambio las puertas y las verjas de Neverland son muy sencillas…

MJ: Sí, quería que fueran sencillas porque no quiero dar cierta impresión tampoco… Es todo cuestión de psicología. Yo quería que fueran un poco... tipo... ¿cuál sería la palabra?... Mmm… Ahora no me viene la palabra a la mente… Lo que quería era que la gente las pudiera abrir sin problema, que estuvieran un poco ajadas y desvencijadas para que, psicológicamente, se tenga la sensación de estar entrando en un rancho para que cuando la gente dobla el recodo del camino de repente sea todo como en technicolor, como en *El mago de Oz* cuando cambia de blanco y negro a color.

SB: Eso es exactamente lo que sentimos nosotros, lo primero que comentamos cuando llegamos a Neverland fue: «Éste no puede ser el rancho de Michael, con esas puertas tan simplonas». Y luego empiezas a avanzar por el camino y ves la señal, «bienvenidos a Neverland», y luego ¡pam!

MJ: Sí… ya…

SB: Fue una sorpresa tremenda.

MJ: ¿Ves?, eso, en el mundo del espectáculo, es muy importante entenderlo: si empiezas con demasiado fuego de artificio, ¿luego qué? Si el *crescendo* es demasiado grande y demasiado rápido te quedas sin opciones. No se puede hacer eso. Es la razón por la que siempre digo, en los parques de atracciones, que el que diseña las montañas rusas es un verdadero mago del espectáculo, porque primero te sube a lo más alto —y tu vas pensando por dentro «¡ay, Dios, ¿quién me habrá mandado subirme?»—, y luego te deja caer. El que diseña esas caídas es un profesional de los pies a la cabeza, ¡en serio!, porque te hace pasar por cimas y valles y luego te lanza a toda velocidad en línea recta, y después cabeza abajo… El diseñador de la montaña rusa es un verdadero profesional del espectáculo porque entiende el ritmo sincopado, y los tiempos y las estructuras y que todo eso es importante. Eso es lo verdaderamente importante para un artista, pero la mayoría de la gente que se dedica al espectáculo hoy no sabe nada de todo este asunto.

SB: Todos se exponen demasiado a la mirada del público.

MJ: Justo, justo.

SB: ¿Dirías que ésa es la mayor bendición que has recibido a nivel profesional, el hecho de que nacieras con ese particular sentido del ritmo, que tuvieras un talento natural para manejar los tiempo y los ritmos y los entendieras?

MJ: Sí, me parece que sí.

SB: ¿Forma eso parte de tu amor por Dios y el misterio que lo envuelve y todo eso, que sea uno y único? ¿Será que has percibido un atisbo del misterio de la divinidad y eso te ha hecho comprender el poder del misterio?

MJ: Pues, eso creo yo, sí. Es simplemente algo que… es como la forma que tienes tú de hablar. En tu caso, Shmuley, es ahí donde se manifiesta el poder de Dios en ti. ¿Sabes? Nunca he oído a nadie que hable como tú, es increíble, es como si Dios actuara a través de ti. Me refiero a que, cuando me subo a un escenario, para mí es algo así también: no pienso en qué voy a hacer, no sé lo que voy a hacer exactamente.

SB: Es como si entraras en el lugar correcto, como si fluyeras con el tiempo.

MJ: Sí, entras en situación, tío, sientes que eres uno, que te fundes con el don que Dios te ha dado. Es igual que hablar, es algo espiritual. Y también es un tema entre Dios y tú y el público que está allí contigo. ¿Cómo describirlo? Quiero decir… ¿Cómo diseccionarlo y analizarlo? La verdad es que no se puede. La gente te pregunta: «¿Cómo lo haces?». Y les contestas: «Bueno, pues ensayo y lo preparo muy bien». Pero en realidad no es eso.

Consejos sobre la fama

Shmuley Boteach: Por ejemplo, ayer, vinieron a verte los de 'N Sync, el cantante Justin Timberlake y el otro tipo, no recuerdo cómo se llama…

Michael me había invitado a la habitación de su hotel para que conociera a Britney Spears y Justin Timberlake, que había volado para verlo después de haber presentado juntos el día anterior los American Music Awards. A mí no me gustaba mucho Britney Spears en vista del mensaje eminentemente sexual que lanzaba a las adolescentes del país, pero me comporté y estuve hablando con ellos un rato sobre nuestros esfuerzos por conseguir que los padres den prioridad a los hijos en sus vidas. Ninguno de los dos pareció estar particularmente interesado en el tema y la verdad es que no congeniamos demasiado. Justin dijo que tenía que llamar a su mánager o a su agente… Se veía de lejos que habían venido a conocer a la superestrella y, sin ánimo de ofender a nadie, no me impresionaron lo más mínimo, sino que más bien me parecieron personajes poco interesantes. Con todos sus defectos, una cosa que hay que reconocerle a Michael es que tenía muchísima más clase, que sabía cómo tratar a la gente con todo respeto y hacer que se sintieran dignos e importantes, algo sobre lo que la nueva generación de estrellas podría aprender una lección o dos…

Michael Jackson: Wade es el coreógrafo de…

SB: ¡Ah!, ¿entonces no era de 'N Sync el tal Wade?

MJ: No, es el coreógrafo de Britney Spears y de 'N Sync también. ¿Sabes?, aprendió conmigo.

SB: ¿En serio?

MJ: Sí, yo le enseñé a Wade todas esas cosas que hacen Britney Spears y los de 'N Sync, ese estilo en realidad es mío porque Wade aprendió conmigo. Es australiano, yo me lo traje a Estados Unidos.

SB: ¿Y ahora es el coreógrafo de ellos?

MJ: Sí, y también hace música, tiene la misma discográfica que yo. Le hicimos un contrato con MJJ. Hace rap. ¡Hace de todo!

SB: ¡Y ahí estaba!, con Britney Spears, una de las estrellas más importantes del mundo en estos momentos y su novio, el cantante de 'N Sync. Si te sentaras un buen rato a hablar con ellos, ¿qué les dirías en relación con las ideas de las que queremos hablar en nuestro libro, las cualidades que caracterizan a los niños? ¿Les advertirías sobre algo que pudiera llegar a ocurrir en sus carreras? ¿Les dirías «¿sabéis?, cuando yo tenía vuestra edad pensaba esto, lo otro y lo de más allá y ahora he cambiado de opinión»? ¿Les darías algún consejo?

MJ: Simplemente que traten de ser como niños durante el mayor tiempo posible, que no tengan prisa por convertirse en adultos. Que no lo fuercen, que no aprieten demasiado... Que no traten de ser *cool* y... que se vayan a Disneylandia, que pasen tiempo con los amigos, que disfruten de la juventud porque tienen toda la vida por delante para ser mayores... Quiero decir que... Les diría que conserven la inocencia, que se lo pasen bien y sean ellos mismos de verdad.

Ese consejo me decepcionó mucho. En mi opinión, Britney Spears en particular es una mujer que necesita desesperadamente que la guíen y le den unos cuantos consejos... Michael tardó décadas en descarrilar y en cambio ella con veintitantos años ya lo ha hecho... Pero Michael parecía incapaz de aplicar las lecciones aprendidas a lo largo de su propia vida para tratar de impedir la caída de la joven.

SB: ¿Entonces qué les dirías a todos estos artistas de éxito que son más jóvenes que tú, gente del estilo de 'N Sync? ¿Simplemente les aconsejarías que sigan jugando y no se tomen las cosas demasiado en serio? ¿Les dirías algo más, que tampoco se tomen a sí mismos demasiado en serio o algo así?

MJ: No, les diría que traten de hacer las cosas cada vez mejor, de perfeccionarse siempre. Yo creo firmemente en que hay que trabajar mucho; pero disfrutándolo, ¿me explico? Les diría que mantengan una actitud candorosa, de juego, que se lo pasen bien, porque también hay que disfrutar...

SB: ¿Y qué hay de eso que siempre me dices de que estás muy orgulloso de que tus espectáculos sean una cosa familiar, de que a tus conciertos pueda ir toda la familia?

MJ: ¡Ah, sí...!

SB: A Britney Spears le han llovido las críticas a raíz de los últimos premios de la MTV porque le faltó poco para hacer un estriptis en el escenario...

MJ: Sí, sí... eso.

SB: Empezó a quitarse una cosa y otra y a lanzar la ropa a derecha e izquierda... ¿Crees que hace falta usar tanto la sexualidad para comunicar el mensaje o que, si de verdad tuviera talento, no le haría falta? ¿Le darías algún consejo en ese sentido o te parece que simplemente es parte de su espectáculo y que no tiene mayor importancia?

MJ: Mmm... No quiero criticarla por eso porque no deja de ser una actuación, pero sí debería darse cuenta de que hay niñas por todo el país que... ya sabes, que quieren ser como ella y que la van a imitar en todo. No sé... Hay artistas que no se dan cuenta del peligro que entraña lo que hacen. Por ejemplo, si a mí me hicieran una foto fumando, ¿cuántos niños empezarían a fumar el mismo día que la vean? ¿Sabes?, hay que pensar en todo eso. Ya sé que puede argumentarse que «es sólo un videoclip, un personaje que interpreto», pero el hecho es que para la gente eres un dios. Quiero decir que...

SB: ¿Siempre has sido consciente de esa responsabilidad?

MJ: Sí, sí.

SB: ¿Siempre has sabido que en el momento en que aparece una foto tuya haciendo lo que sea la gente va a intentar imitarte?

MJ: Sí, y entiendo por qué algunos artistas pueden resultar un tanto polémicos. Lo entiendo. ¿Sabes?, si la prensa empieza a hablar demasiado de ella como un personaje del Club de Mickey Mouse, y a presentarla como «Britney, la chica mona», entiendo que pueda pensar: «Quiero hacer algo que sea un poco más osado para librarme de esa imagen; yo tengo más fuerza, más garra, yo...». ¿Sabes a lo que me refiero? Y yo lo entiendo... Y además me parece que en el fondo es una chica muy dulce, ¿sabes?

SB: Así que ¿lo que le dirías es algo así como «no te quites la ropa, mantén el equilibrio porque hay muchas niñas que quieren ser como tú y tienes una responsabilidad hacia ellas»?

MJ: Sí, sí, aunque me gusta que las cosas tengan garra...

SB: ¿Tú tuviste muy clara esa responsabilidad y lo importante que era cuando te hiciste famoso? ¿Fuiste consciente de que tenías una inmensa responsabilidad por ser un icono y alguien que marca tendencias?

MJ: Sí, claro, y no creo… no creo que haya hecho nunca nada ofensivo encima de un escenario… jamás. Nada como lo de algunos de esos artistas de los que hablas, como por ejemplo Bobby Brown, que sacaba a una chica de entre el público y empezaba a restregarse contra ella allí mismo, delante de todo el mundo, y la policía lo ha arrestado por eso varias veces; o como gente que tiene relaciones sexuales en el escenario con todos esos niños entre el público… Mi espectáculo es completamente distinto.

En otra ocasión le pregunté a Michael por qué se agarraba la entrepierna durante las actuaciones y si no le parecía que eso iba en contra de lo que decía sobre comportarse de manera responsable en el escenario, y me dijo que era un movimiento inconsciente y que no pretendía darle ninguna connotación sexual.

Sexo y pudor

Shmuley Boteach: Michael, con la intención de preservar esas cualidades infantiles en tu vida siempre has evitado hablar abiertamente del sexo, como cuando Oprah te preguntó sobre tu vida sexual y tú le respondiste algo así como «yo soy un caballero y no hablo de esas cosas». ¿Crees que deberíamos ser más respetuosos con la vertiente sexual de nuestras vidas? ¿Tienes la sensación de que se tratan estos temas con una naturalidad excesiva? Me refiero a que tú eres de naturaleza tímida en lo que a eso se refiere…

Michael Jackson: Sí, yo por naturaleza soy… mmm… Es que me parece…

SB: ¿Un tema íntimo?

MJ: Sí, esa es mi opinión personal. Hay gente que es más exhibicionista, los naturistas por ejemplo, que no tienen problema en desnudarse y se lo toman de otra manera. Mmm… No sé, yo lo veo de otro modo.

SB: ¿Piensas que no hay que abusar del sexo para vender más entradas y más discos?

MJ: No, eso me parece una locura, como lo de los artistas que se ponen relleno en la entrepierna… ¡una locura! No me entra en la cabeza, me parece asqueroso que hagan cosas así. Me da vergüenza. Yo no quiero ni que me miren ahí abajo… no quiero ni pensar en que la atención se centra ahí... ¡Dios mío, me daría una vergüenza horrible!

SB: ¿Pero no crees que eso no es más que un síntoma de inseguridad? ¿No te parece que tal vez lo hacen porque no son suficientemente buenos bailarines, por ejemplo, y tienen que desviar la atención hacia otra cosa?

MJ: Sí...

SB: ¿El mensaje que tú le enviarías a alguien como Britney Spears sería algo como «oye, eres guapa y tienes talento, no necesitas ser tan lujuriosa. Tienes suficiente talento para que no te haga ninguna falta quitarte la ropa». Es como Madonna, a la que se ha criticado a menudo que saque tanto partido de la sexualidad masculina para conseguir que todos esos tipos anden detrás de ella como perritos falderos y con eso hacerse famosa.

MJ: Ya... cierto, sí.

Miedos

Shmuley Boteach: ¿Vives con miedos? Sabes que la gente contigo dispara a matar, en el sentido metafórico, ¿eso te da miedo?

Michael Jackson: Como artista, no. Soy como un león. Nada puede hacerme daño. Nadie puede herirme sin mi permiso. No dejaría que me afectara algo así, incluso a pesar de que me han hecho daño y he sentido el dolor en el pasado, por supuesto, y mucho de eso me ha salvado.

Semejante afirmación es claramente contradictoria con la extrema vulnerabilidad de que daba muestra Michael cuando me decía que todo lo que había hecho como artista no tenía otro objetivo que sentirse querido y ya he resaltado el contraste de ambos pasajes en el epígrafe del libro.

SB: O sea que no vives con miedo...

MJ: No.

SB: ¿Crees que los niños nos enseñan a no tener miedo? Porque por un lado tienen miedo de todo, de los perros, de la oscuridad y de tantas otras cosas, y luego por otro no les da miedo querer ni les da miedo necesitar.

MJ: Escuchamos, observamos, aprendemos. Abrimos nuestros corazones y nuestras mentes, nuestras almas. Sí, podemos aprender pero hace falta darse cuenta de que...

SB: Los adultos viven con más miedo que los niños.

MJ: Desde luego… Los ataques de nervios de los adultos… que además en gran medida crean sus propias circunstancias y se preocupan por algo hasta que les destroza la salud. En cambio los niños si hay algo que desean con todas sus fuerzas no paran de pedirlo hasta que lo consiguen; hasta que no cedes no paran, lo cual no deja de ser enternecedor, adorable. Yo siempre les digo: «Si eso es lo que más te importa en el mundo, entonces tienes mucha suerte; si eso es lo que más te preocupa, ¡menuda suerte tienes! Ya te darás cuenta con el tiempo…». Para ellos, es lo más importante y eso me parece muy conmovedor, y además puede ser la cosa más simple. ¡Es tan tierno!

SB: Sí, yo a lo que me refería era a que, por un lado, hay cosas que te dan miedo [Michael me había contado que le daban miedo los perros] y que son los típicos miedos infantiles; y, por otro lado, por cierto, diría que te gusta el miedo del modo como les gustaba a Adán y Eva: les encantaba el peligro, ¿sabes?; Dios les dijo «esta fruta está ahí, y es muy peligrosa», y ahí fue donde les entraron ganas de comerla. Pero en cambio te dan miedo los perros que tienen pinta de fieros…

MJ: Sí, no me gustan esas cosas, me asustan. Lo mismo diría de acorralar a un puma hembra que está con las crías… No sé si son cachorros o qué… Imagínate que la acorralas; es un animal muy territorial, mejor ni acercarse, es una línea que no hay que cruzar. No puedo entender que la gente saque un arma y le dispare a la madre… Y luego están las crías de elefante que si matan a la madre hacen siempre el mismo baile, sueltan esos bramidos característicos tan estridentes y giran en círculos alrededor de la madre muerta, dan vueltas y más vueltas como si se hubieran vuelto locos. No entiendo cómo la gente puede hacer cosas así. Me duelen mucho ese tipo de cosas. Es terrible.

SB: ¿Alguna vez has ido de safari durante uno de tus viajes a África?

MJ: Sí, sí.

SB: ¿Y te acercaste a algún animal peligroso?

MJ: Sí.

SB: ¿Y no tuviste miedo?

MJ: No, me encantan los safaris, es que me encantan.

SB: Ves la contradicción de estos miedos, ¿no? Te dan miedo bichos como las arañas, cosas de las que se asustan los niños, y en cambio no te asusta un león.

MJ: No, en absoluto, más bien al revés: me fascina.

SB: En Neverland te vi acercarte a medio metro de una cobra, ¿te acuerdas?

MJ: Sí, si, me acuerdo. Y a las serpientes de cascabel también. Vamos, que las estuvimos acariciando y eso que son muy, muy muy... Bueno, que te podrían matar.

SB: ¿Y esas cosas no te dan miedo?

MJ: Me fascinan las cosas peligrosas para el hombre. Por ejemplo, cuando contemplas un tiburón... ¿Por qué nos atraen tanto los tiburones? Porque podrían matarnos. Si gritas «¡tiburón!» en una playa todo el mundo se pone histérico: «¿qué?, ¿dónde?, ¿cómo?». En cambio si chillas «¡sardina!» o «¡gamba!» nadie se inmuta. Es el peligro y la leyenda, el folclore que nos rodea. Y a mí eso me encanta... Creo que le veo lo mismo que le veía P. T. Barnum, ¿sabes?, las cosas que encandilan a la gente, me encanta ese tipo de... eso es lo que me gusta también de la magia, y de Howard Hughes. Me encanta.

SB: ¿Pero cuál es tu mayor miedo? Sé que te da miedo la gente malvada, que no te gusta.

MJ: No me gustan los tipos grandes y malencarados que son como... agresivos. Y eso es lo que no me gustó de ya sabes quién, me dolió lo que me preguntó, no me gustó nada: ¿qué puede tener dentro un ser humano para ser tan cruel? Si así era como se sentía, se debería haber callado y no decirlo.

SB: No te gustan los hombres altos y fuertes, furiosos, agresivos... ¿no?

MJ: No. En esta vida he conocido a gente verdaderamente mala, aunque también me he topado con más de un «gigante amable». Pero por lo general no me llevo con los tipos grandes.

SB: En cambio tus guardaespaldas son enormes...

MJ: Sí, son altísimos...

SB: Pero son muy amables...

MJ: Ya me aseguro yo de que lo sean. Tienen que ser unos auténticos caballeros y todos saben que si se me acerca un niño no deben cerrarle el paso. Si un niño viene y me pide un autógrafo, se saca la alfombra roja en su honor. Todos lo saben. Es muy importante. Fíjate, Brando solamente firma autógrafos a los niños, si no es un niño pequeño el que se lo pide no lo firma. Y a mí eso me parece conmovedor, ¿sabes?

SB: ¿Qué otros miedos tienes?

MJ: ¿Qué otros miedos? Hummm...

SB: Los perros. La verdad es que no acabo de entender algunos de los miedos típicos de los niños; por ejemplo, la otra noche les pusimos a los niños una película en la que salía un monstruo, y Baba se puso a chillar y a llorar como una loca, hasta salió de la habitación corriendo... y por lo general siempre se hace la remolona cuando llega la hora de irse a la cama, pero el otro día dijo: «Quiero irme a la cama». La espantó el monstruo aquel...

MJ: ¿Qué película era?

SB: Me parece que *Hombres de negro* o algo así.

MJ: ¡Aaaa! ¿En DVD? ¿Pero a que a los demás les gustó? Porque sabían que era una película, que no era real.

SB: Sí. La verdad es que normalmente no les dejo ver ese tipo de cosas, pero como la trajeron y la estaba viendo yo con ellos... Pero Baba, fue ver al primer tipo y...

MJ: Sí, no es una película para Baba, no, para ella no. A Prince y Paris les encanta *Parque jurásico*, incluso si hay violencia y salen armas. Y yo quiero que las películas que vean sean las buenas, no muchas pero sí las que son buenas de verdad, las que son obras de arte.

Vivir en una pecera

Shmuley Boteach: ¿Y qué me dices de la fama, de las cosas negativas asociadas con ella? ¿Cuál crees que es el lado negativo de ser mundialmente conocido? ¿Qué es lo que no te gusta de ser tan famoso como lo eres tú?

Michael Jackson: No me gusta cuando te conviertes en un icono; una cosa es ser famoso y otra ser un icono, un fenómeno mundial, que es lo que me ha pasado a mí —y no me da vergüenza decirlo—, y los celos que te ganas con eso. He visto casos muy serios de celos...

SB: ¿Lo sientes cuando estás con otros famosos? ¿Es palpable o más bien algo que percibes de lejos?

MJ: Lo he visto, pero cuando me tienen delante la cosa cambia porque se dan cuenta de que no soy más que un tipo normal. Hasta me ha pasado que la gente se pone a llorar delante de mí cuando me conoce... Y es que hay dos tipos de fans: están los que dicen «¡Dios, Dios, Dios, qué ilusión!» y se desmayan y tienes que sujetarlos; y luego hay otro tipo de fan que te suelta un «hola» con expresión huraña, y yo les contesto «hola, encantado de conocerte, ¿cómo te llamas?»; te dicen el nombre, pero tienen una especie de problema de actitud. Yo aun así soy tan normal y tan agradable con ellos como con el resto y entonces de repente se echan a llorar. Entonces les pregunto:

—¿Pero qué te pasa?

—Que no creía que fueras a ser amable —te responden, y cuando se marchan son otras personas.

—¿Pues cómo te esperabas que fuera? —les respondo yo.

—Me había imaginado que serías arrogante y estirado.

—Por favor, no juzgues a la gente sin conocerla, ya ves que yo no soy así…

Les impresiona tanto… Estoy seguro de que cuando se marchan me quieren diez veces más que antes, mil veces más. No hay nada que pueda con la amabilidad y el amor —eso me parece a mí—, no hay nada que pueda con la sencillez pura y dura.

SB: ¿Siempre has conseguido fundir un corazón de hielo a base de amabilidad y amor?

MJ: Sí.

SB: ¿Y que hay de los celos de otras estrellas? ¿Hay muchos celos en tu profesión?

MJ: ¡Desde luego! La razón por la que te admiran y saben que eres maravilloso y estupendo es que sienten celos porque desearían estar en tu lugar. Y «M» es así. Madonna es una de ésas. Está celosa. Es chica, es una mujer, y creo que eso le molesta: las mujeres no se ponen histéricas por otras mujeres, en mis conciertos sí se desmayan y en los de ella no...

SB: ¿Los celos sirven para algo? ¿Nunca te ha pasado a lo largo de tu carrera que hayas sentido celos de alguien y precisamente eso te haya hecho trabajar más?

MJ: Nunca he estado celoso de nadie, no. Lo que sí he sentido es admiración, una admiración total y absoluta.

SB: Y la admiración puede impulsarte hacia objetivos mucho más elevados que los celos porque es un sentimiento positivo, no negativo. Por ejemplo, tú mirabas a Fred Astaire y te decías: «Quiero ser capaz de hacer lo mismo que hace él».

MJ: Sí, claro. La inspiración total y absoluta, no los celos, es lo que debe movernos. No está bien sentir celos, pero la gente es así, ¿no?, ¿no te parece? ¿No suele pasar que cuando la gente ve a alguien genial siente unos celos terribles?

SB: Sí, suele pasar, pero en cambio tú nunca has sentido celos.

MJ: Ni siquiera entiendo a la gente que reacciona así.

Una vez más, con esos comentarios Michael daba muestras de lo poco que se conocía en realidad, porque había muchísima gente que lo eclipsaba y de quienes sentía celos, igual que nos podría pasar a cualquiera. Elvis era alguien a quien sin lugar a dudas admiraba, pero también mantenía una especie de competición con él. Ahora bien, es comprensible que no estuviera celoso de alguien como Fred Astaire porque nunca compitieron en realidad.

Sin duda el judaísmo establece que los celos pueden ser positivos, tal y como he explicado en mis libros y más en particular en *Kosher Adultery: Seduce and Sin with Your Spouse* [Adulterio *kosher*: seduce y peca con tu pareja] Los celos no son sino el deseo legítimo de salvaguardar lo que te pertenece por derecho propio. Lo destructivo es la envidia. No se trata sólo de un juego de palabras porque la envida en cambio es un deseo ilegítimo dirigido hacia aquello que pertenece por derecho a otro. ¡Dios ayude a maridos y esposas que no sean posesivos hasta cierto punto! He conocido muchos matrimonios así y al final suelen acabar dando muestras de una falta de deseo.

SB: ¿Lo que te ha impulsado ha sido siempre la inspiración, la admiración y fascinación que despertaba en ti el gran talento?

MJ: ¿Es posible que una persona sienta celos de Dios?

SB: Sí, seguro que sí. Mira a Stalin y a Hitler. Los dos trataron de imitar a Dios, querían tener poder sobre la vida y la muerte.

MJ: ¡Guau!

SB: Y fue porque perdieron la capacidad de sentir admiración y fascinación. Dios no los impresionaba, sino que lo percibían más bien como una amenaza porque querían ser todopoderosos, así que no podían someterse a la autoridad de Dios y se convirtieron en sus enemigos. Aparte de los celos, ¿qué otras cosas no te gustan de la fama?

MJ: Que todo el mundo te conozca.

SB: ¿Te disgusta no poder caminar tranquilamente por la calle?

MJ: No, disfruto cuando la gente me reconoce y me dice cosas amables y me saluda, incluso cuando se forma un corrillo o cosas así.

SB: Michael, el otro día, cuando salimos del hotel en la furgoneta, vimos dos veces a un chico negro que iba en bici y nos estuvo siguiendo durante al menos 6 kilómetros por estas calles de tráfico imposible que tiene Nueva York, todo para conseguir tu autógrafo; y al final tú le dijiste al conductor que parara y le firmaste un autógrafo. Y también vimos a dos o tres chicos a la salida de la cena con el presidente Clinton que nos estuvieron siguiendo a pie durante más de un kilómetro y medio y una vez más le dijiste al conductor que parara el coche y les firmaste un autógrafo a cada uno. ¿La gente hace estas cosas a menudo?

MJ: ¡Ay, Dios mío, Shmuley, a veces aparecen a cientos! Es mil millones de veces peor de lo que tú has visto, en ocasiones hasta rompen cosas y se acaba montando un lío...

Estaba con Michael cuando salimos del Carnegie Hall después de la presentación que ofrecimos el día de san Valentín de 2001 y puedo dar fe de que casi le arrancan brazos y piernas.

SB: O sea, que te gusta que te reconozcan siempre y cuando la gente sea amable.

MJ: Creo que, como famosos que somos, en el caso de cualquiera que haya recibido un don, un talento especial de Dios —ya seas escultor, escritor, pintor, cantante o bailarín—, nuestro trabajo es ofrecer a las masas un cierto grado de escapismo y diversión. Ése es nuestro trabajo, hacer que la gente disfrute.

SB: ¿Algo más que odies de la fama? Evidentemente odias a la prensa amarilla y las historias que cuentan...

MJ: Sí, lo odio. Odio a los majaderos que hacen ese tipo de cosas. Estoy convencido de que el racismo, los celos y pura y simplemente el odio son parte de todo eso: dan rienda suelta a su frustración arremetiendo contra gente que sólo está tratando de hacer algo bueno, y eso es, sencillamente, muy triste. Desearía que hubiese un modo de acabar con ese tipo de cosas por completo.

Ambición y paciencia, envidia y perdón, la prensa

Shmuley Boteach: Me doy cuenta de que la gente haría cualquier cosa para obtener algo de ti, que te seguirían a todas partes con tal de poder aprovechar el impulso de la estela que dejas a tu paso. Quieren que se te vea con ellos, que les hagan fotos en tu compañía... Pero también hay gente que se ha acercado a ti y te ha hecho daño, que luego te ha demandado. ¿Ha ocurrido alguna vez que al cabo del tiempo vengan y te digan «siento mucho la forma en que te utilicé, de verdad que lo siento mucho»? ¿Tienes alguna historia sobre el perdón?

Michael Jackson: Ojalá. Desearía que la gente fuera así de buena y admitiera sus errores.

Aquí Michael estaba interpretando su papel favorito, el de víctima. Claro que yo fui lo suficientemente necio para creer que, en términos generales, efectivamente era una víctima. No me di cuenta de que había incumplido muchos contratos, decepcionado a mucha de la gente con la que había trabajado, abandonado a muchas personas que se habían dedicado a él en cuerpo y alma y, en definitiva, de que se había ganado una merecida reputación de no ser una persona con una ética demasiado sólida en cuestiones profesionales.

SB: Ni una sola persona, ¿nunca? ¿Nadie ha venido a verte jamás para decirte «lo siento mucho, Michael, pero en esa fiesta del otro día dije que te conocía mucho mejor de lo que en realidad te conozco y usé tu nombre para abrirme puertas»? ¿Te ha pasado alguna historia de ese estilo en la que alguien comenta algo como «¿pues estuve hablando con este tío que dice que te conoce muy bien, que es tu mejor amigo, y tú ahora me dices que nunca has oído hablar de él?».

MJ: A mí eso me pasa constantemente. Y a veces, para no decepcionarlos, hago como que sé de quién me están hablando, porque además no quiero avergonzar a la persona que me lo está contando.

SB: Vamos, que respondes «sí, sí, ya sé de quien me hablas»?

MJ: Cuando lo que estoy pensando en realidad es «no tengo la menor idea de quién es ése».

SB: ¿Nadie que te haya hecho daño ha vuelto después para pedirte perdón? ¿Nunca ha habido ningún periodista que te haya dicho «siento mucho haber escrito todas aquellas cosas»? Por ejemplo, yo al periodista aquel le dije «¿cómo puedes escribir que el presidente Clinton se está distanciando públicamente de Michael [en el Angel Ball] cuando en realidad lo mencionó tres veces en su discurso?», y le cité las tres menciones que había hecho de ti y al final el periodista se disculpó diciendo: «Lo siento mucho, la información que me dieron no era correcta». ¿Y tú, Michael, has tenido que perdonar alguna vez a alguien en toda tu vida? ¿Alguna vez has perdonado a alguien que ni siquiera te lo había pedido? ¿Has perdonado a gente que te ha hecho daño?

MJ: ¿A la cara?

SB: No, en tu corazón.

MJ: Claro que sí.

SB: Has visto que alguien se portaba mal contigo y aun así se lo has perdonado.

MJ: Sí, porque a mí me enseñaron el principio bíblico de «perdónalos porque no saben lo que hacen», y simplemente lo haces.

SB: ¿Y crees que eso te hace mejor persona?

MJ: Sí.

SB: Entonces, hoy por hoy, no sientes ira hacia nadie.

MJ: Hacia la prensa sí, en lo que a la prensa se refiere siento una gran amargura, y además estoy muy enfadado —furioso—, como lo estoy con los que hacen daño a los niños deliberadamente. Todas esas historias sobre lo que sufren los niños en las guerras, lo que les hacen... Siempre intento tratar de comprenderlo y encontrar una manera de hacer algo al respecto.

SB: ¿Y qué me dices del perdón? Hay gente que te ha hecho daño. En el caso de los niños por ejemplo, se pelean pero no se guardan rencor. ¿Tú eres capaz de perdonar con todo tu corazón a gente que te ha causado dolor?

MJ: Sí.

SB: En su momento no me di cuenta, pero hubo una ocasión en que, después de haberte mencionado a Roseanne Barr (porque suelo participar en su programa de televisión como invitado), caí en que en una ocasión había hecho un comentario negativo sobre ti sin motivo aparente.

MJ: Conmigo no se ha portado bien. Por eso no supe muy bien qué decir cuando la mencionaste.

Roseanne es amiga mía y de hecho hasta hice de casamentero para una de sus hijas durante el programa de entrevistas que tiene la madre en televisión. Roseanne, que es judía, quería que sus hijas se casaran con judíos y, además, dado que es una madre que se entrega en cuerpo y alma, me pareció buena idea incluirla en nuestra iniciativa para priorizar más a los niños en la vida de los padres. Ahora bien, cuando compartí la idea con Michael él se quedó callado. Como era todo un caballero no dijo nada malo de mi amiga, pero después me enteraría por otro lado de cuál era la razón por la que Michael no había sabido muy bien qué decirme: por lo visto Roseanne había hecho un comentario negativo sobre él en una ocasión. Aun así, yo conozco a Roseaane y sospecho que podría haber sido en broma.

SB: Me lo podías haber dicho cuando te hablé de ella la primera vez.

MJ: Pero no la critiqué ni dije nada malo de ella.

SB: No, ya lo sé... Entonces, volviendo al tema: ¿puedes perdonar a esa gente de la que hablábamos? No lo hacen con malicia...

MJ: ¿Sabes? «No saben lo que hacen», palabras de Jesús. A mí, ni siquiera me conocen. Lo que hacen no tiene la menor base, ¿cómo pueden decir... lo que dicen sin conocerme? En cambio tú, que sí me conoces, ¿te crees algo de lo que has leído?

SB: Entonces estamos hablando de un perdón total y absoluto.

MJ: Sí, porque Roseanne luego vino a verme cuando acabó el programa, suave como una malva, alabándome y sintiéndose mal por lo que había dicho.

SB: ¿Tienes más ejemplos como ése?

MJ: Madonna nunca se ha disculpado. Me tiene envidia.

SB: ¿Porque quiere ser la estrella más importante del mundo?

MJ: Sí, por eso está celosa.

SB: Y tú eso no lo entiendes, tú le dirías: «¿De qué tienes tantos celos? Tú dedícate a lo tuyo y yo a lo mío…».

MJ: Pero, por otro lado, viene a mis conciertos y llora; viene a verme actuar y le corren las lágrimas por las mejillas cuando escucha las canciones y las presentaciones de las canciones. También tiene grandes cualidades.

SB: También tiene grandes cualidades pero —si entiendo bien lo que estás diciendo— en ocasiones quedan ocultas tras la envidia y, si alguien hace eso, ni siquiera te tienen que pedir perdón porque los perdonarás en cualquier caso.

MJ: Sí.

SB: Por lo visto con Jay Leno sí que diste tú el primer paso, una vez que fuiste a una cena benéfica con Elizabeth Taylor y llevabas un traje rojo.

MJ: Marrón, era marrón…

SB: Lo cierto es que viste a Jay Leno y...

MJ: Estábamos sentado en la misma mesa con el presidente Ford, Sylvester Stallone, Elizabeth Taylor, Sydney Poitier... Cuando lo vi llegar y dirigirse a nuestra mesa me levanté, fui hasta él y empecé a fingir que lo estrangulaba [porque siempre hace sus típicos cometarios graciosos sobre Michael y siempre son muy negativos]. Total, que él siguió la broma y empezó a hacer ruidos como si se estuviera ahogando:

—Aaj... aaj…

Y entonces Elizabeth le dijo:

—¿No habrás estado criticando a Michael?

—¿Eh? —respondió él.

Luego nos dimos la mano, y la expresión de sus ojos era cálida. ¡Bueno!, el hecho es que al día siguiente llegó una carta de su oficina según la cual «Michael había dicho que iría al programa, ¿cuándo podía ir?». Yo nunca dije tal cosa, así que no sabía muy bien cómo reaccionar... Pero el hecho es que, con él, en vez de llevármelo a un lado y decirle yo también cosas desagradables, opté por la tontería de fingir estrangularlo. Francamente no pude resistirme [risas].

SB: Es un gesto simpático. ¿Y lo vio todo el mundo?

MJ: Sí, sí, todo el mundo. ¡Y además no veas qué cuello más ancho tiene, no me daban las manos para abarcarlo!

SB: ¿Qué es lo que tanto te gusta de Elizabeth Taylor? Ha sido tu mejor amiga durante años, ¿verdad? En este contexto de las cualidades típicas de los niños en el que estamos, ¿qué es lo que tiene?

MJ: Los dos venimos del mismo sitio…

SB: Es muy leal, ¿no?

MJ: Sí, es una fiel amiga. Y los dos hemos salido del mismo sitio, así que Elizabeth entiende el mundo de donde vengo. Además tiene una gran curiosidad: no tienes más que mirarla a los ojos y se ve claramente. Con ella es como si hablara telepáticamente; nos comunicamos sin decir una sola palabra, de verdad que es así, y me di cuenta desde el momento en que la conocí. También me pasa con Shirley Temple. Venimos del mismo mundo.

El cariño de los fans: una calle de doble sentido

Shmuley Boteach: Hay una cosa que te quiero preguntar, si no te importa: en vista de que hasta cierto punto fuiste un niño desfavorecido, de que no recibiste todo el amor que necesitabas, ¿cómo superaste esa carencia?, ¿cómo aprendiste a suplir la falta de esas herramientas básicas de las que te privaron?

Michael Jackson: Creo que la música y el baile me han ayudado mucho, han sido como una terapia. Poder expresar mis sentimientos a través de las canciones y dar rienda suelta a mis emociones en el escenario y recibir todo ese cariño de miles de fans en respuesta.

SB: ¿Eso ha compensado lo que nunca te dieron?

MJ: Sí, porque cuando los fans se te acercan, cuando alguien viene a hablarte con el corazón en la mano y te dice «me encantas» te sientes muy bien. Nunca me canso de eso.

SB: ¿De verdad? ¿No tienes la impresión a veces de que un fan un poco psicótico o un acosador lo lleva todo demasiado lejos?

MJ: No, no, nada de eso. Me encanta. Adoro a los fans. Los quiero con locura y me alegran el corazón cuando veo que apoyan mis creencias sobre la familia y los niños, como cuando vienen con pancartas inmensas con imágenes de niños y bebés; siento que están conmigo, que me entienden, ¿sabes? Siento que comprenden lo que digo.

SB: Entonces, lo que no te dieron tus padres te lo dan los fans. Eso sí, hay una gran diferencia: se supone que los padres te ofrecen amor incondicional, incluso si no te lo mereces. Por ejemplo, a la madre de Bill Clinton, Virginia Kelly, le preguntaron en una ocasión a qué hijo quería más, si a Bill que era un motivo tan grande de orgullo por haberse convertido en presidente de Estados Unidos, o a Roger, que tuvo problemas con las drogas y de quien se decía que era un padre nefasto.

MJ: ¿Otro hijo?

SB: Sí, Roger, el hermano de Bill Clinton.

MJ: ¿Y tiene problemas de drogas?

SB: ¡Pues sí! De hecho, estoy casi seguro de que está en prisión por tráfico.

MJ: ¿En serio?

SB: Y como padre ha sido un desastre: no pagaba la pensión de los hijos y cosas así... Pues a la madre le preguntaron a qué hijo quería más y contestó: «¿Cómo? ¿Se ha vuelto loco? ¿Qué clase de pregunta es esa? Los quiero a los dos y los quiero igual». Así que tiene que haber una diferencia entre el cariño de los fans y el de la familia, Michael. Los padres aman de forma incondicional, pero en cambio los fans lo hacen porque bailas y cantas, ¿o a ti te parece que tus fans te quieren incondicionalmente?

MJ: Es difícil contestar a eso porque yo no soy ellos... Mmm... Creo que cuando descubren quién soy y cómo los veo y cómo los hago felices, me quieren de forma incondicional. Sé que es así... Lo noto, lo veo. Un día tienes que venir conmigo, nos vamos a ir por ahí y vas a ver cuando nos topemos con los fans incondicionales, ¡vas a ver! Es increíble, casi como una experiencia religiosa: duermen en la calle, hacen vigilias con velas encendidas —familias enteras—, es tan bonito verlo... Me encanta ver a los niños que vienen, me alegra el corazón de un modo que no te puedes ni imaginar.

SB: Entonces, en un primer momento te quieren por la música y el baile, pero luego se convierte en algo más que eso.

MJ: Sí, porque descubren quién soy, el mensaje de mi música, lo que estoy tratando de decir... Hay un mensaje en lo que hago que es algo más que un buen ritmo y canciones con gancho, hay verdadera profundidad en mi trabajo.

SB: ¿Por qué son tan fanáticos tus seguidores? ¿Te das cuenta de lo fanáticos que son? No te he enseñado ninguno, pero has de saber que a raíz del artículo aquel que publiqué después de la visita a Neverland cuando celebramos tu cumpleaños hemos recibido miles de correos electrónicos.

¡Tendrías que verlos! Y la mitad de esa gente tiene una página web dedicada a Michael Jackson. Hay cientos de páginas de Michael Jackson.

MJ: Sí, sí, ya.

SB: ¿Y eso cómo se explica? A ver… todos los famosos tienen fans. Es como cuando hablamos de las Spice Girls el otro día: claro que tuvieron fans, ¿pero dónde están esos fans ahora? En cambio los tuyos, ¿por qué son los tuyos tan incondicionales?

MJ: Creo que porque ellos… He recibido ese don de Dios, no soy un artista que se pueda calificar de flor de un día, y eso permite a la gente, al público, ir creciendo conmigo. Y, al ir creciendo conmigo, el vínculo que se establece es mucho más emocional, se sienten unidos a mí como si fuera su hermano. Hay gente que viene y me saluda, «¡ey, Michael!», y empiezan a hablarme y a tocarme como si fuéramos hermanos. Yo les sigo la corriente, ¿sabes? El hecho es que están convencidos de que les pertenezco en cierto sentido.

SB: ¿Son gente a la que has ido viendo a lo largo de toda tu vida?

MJ: Sí, algunos sí, y yo les sigo el juego porque me tienen en un cartel en la pared, me escuchan todas las mañanas, tienen mi foto por todas partes. Hay quien hasta monta una especie de altar, lo que algunas religiones considerarían idolatría, pero yo no creo que lo sea.

SB: ¿Y por qué no crees que sea idolatría?

MJ: Yo jamás he escrito ni dicho que sea Dios y tampoco se lo he oído decir a ningún fan. Igual en el pasado sí se ha visto alguna banderola que decía «eres Dios», tenemos imágenes en las que se ven, pero nunca hemos mostrado esas imágenes en televisión. Y además no creo que sea malo porque, al final, yo lo que estoy haciendo es hablar de amor, de restaurar la familia…

Estos comentarios son sorprendentes viniendo de Michael y desde luego captan a la perfección la esencia de cómo su vida estaba empezando a descarrilar. La arrogancia está en la raíz de toda corrupción humana y la verdad es que no se puede ser más arrogante… Ahí estaba: un hombre que en otro tiempo fue un devoto miembro de los testigos de Jehová —que precisamente ponen el énfasis en eliminar hasta el menor resquicio de idolatría de la conducta humana— diciendo que no era tan grave que sus fans fueran por ahí con banderolas diciendo que es Dios. Ya sé que no era en sentido literal, pero Michael debería haber reaccionado desde un principio contestndo: «Todo lo que tengo, todo el talento que poseo, viene de Dios y, por tanto, suya es la gloria».

En vez de eso, lo que acabamos presenciando fue el triste espectáculo de un hombre que se dejó adorar por un puñado de almas perdidas que acampaban frente a su hotel, desesperadas por conseguir que el objeto de su veneración llenara el vacío que sentían en su interior. Michael debería haber sido el primero en decirles que se fueran a casa y buscaran algo que verdaderamente merezca la pena venerar, que dejaran de obsesionarse con una estrella del rock y cultivaran sus propias vidas y las relaciones reales. Pero, como tantos hombres y mujeres que se han acabado enamorando de su propia imagen pública, Michael se había hecho adicto a la adulación hasta tal punto que necesitaba interpretar aquel papel y empezó a actuar como si de verdad fuera Dios.

Tanto Michael como yo tenemos en común ser estudiosos de la Biblia hebrea (lo que los cristianos llaman Antiguo Testamento) y le dije muchas veces que todo el contenido de la misma podía destilarse en una frase sencilla: sólo hay un Dios y no eres tú, así que hazle sitio en tu vida al verdadero Creador. En incontables ocasiones le aconsejé: «Michael, la vida nos pone a todos en nuestro sitio, todos acabamos aprendiendo a ser humildes, queramos o no. De un modo u otro, nuestra arrogancia siempre termina pinchada como un globo y, en todo caso, lo que sí podemos elegir es cómo ocurrirá. Tenemos la posibilidad de aprender a ser humildes nosotros mismos, o si no nos lo acaba enseñando Dios». ¡Qué triste resulta que Michael no fuera capaz de aprender humildad antes de que las circunstancias lo hicieran por él.

> SB: ¿Así que no es idolatría porque tú mismo te colocas al servicio de ese objetivo superior diciendo «esto es lo que represento»?
> MJ: Yo represento a un ser superior. No estoy diciendo que sea Dios, pero sí digo: salvad el planeta, sanad el mundo, salvad a los niños, salvad los bosques. Y eso no tiene nada de malo, ¿no te parece?
> SB: La idolatría se produce cuando el centro de atención es la persona.

Sí, ya lo sé: podría haber sido mucho más contundente en mis comentarios y decirle a Michael que lo que decía era abominable, pero pensé que era mejor morderme la lengua porque me pareció que, antes de hablarle con dureza, primero teníamos que llegar a tener una relación de verdadera confianza, que fue lo que fuimos construyendo. Lamento mi cobardía y mi temor a perder una relación personal con la superestrella. Ahora bien, sí que corregí este error al cabo de unos meses, cuando empecé a darle cada vez más lecciones sobre cómo esa necesidad de que lo adoraran estaba arruinando su vida y distanciándolo de Dios. Y, tal como yo había previsto, al final eso fue lo que llevó a nuestra ruptura: los simples mortales no osan criticar a los dioses. Por lo menos no me quemaron en la hoguera…

SHMULEY BOTEACH

MJ: Sí, pero no es mi caso.

SB: Lo contrario sería «tal vez sea un héroe, pero soy el héroe que lucha por una causa superior».

MJ: Si vieras uno de mis espectáculos entenderías que no se trata de mí en absoluto: hay unas pantallas gigantes que muestran cómo talan los árboles en la selva, y a niños que se mueren de hambre. Es muy bonito ver cómo la gente se emociona y empieza a llorar. Es maravilloso.

4. CHARLA CON KATHERINE JACKSON

Michael fue quien me sugirió que entrevistara a su madre para este libro. A mí me interesaba muchísimo conocer las opiniones de ésta sobre su hijo, qué lo hacía único y cuál era la fuente de su dolor, pero, más que ninguna otra cosa, y sabiendo que era una una mujer profundamente religiosa, quería saber su opinión sobre el hecho de que Michael hubiera abandonado la Iglesia de los Testigos de Jehová. Siempre tuve la impresión de que formar parte de esa congregación había ejercido una notable influencia sobre él, que lo había mantenido humilde y con los pies en la tierra incluso después de que se convirtiera en la mayor estrella del mundo: tener a Dios presente como parte integral de su vida había recordado a Michael que él no era ningún dios, sino un hombre normal, con sus defectos y sus imperfecciones. Después de abandonar a los testigos, en cambio, Michael empezó a dar muestras preocupantes de un complejo mesiánico; se veía como el redentor de los niños, cuando en realidad los que tienen que redimir a los niños son los padres. El problema de que alguien se vea como un superhombre es que considera que está por encima de las censuras, y negarse a que nadie le diera consejo o le hiciera comentarios críticos fue precisamente lo que acabó siendo fatal para Michael.

Katherine Jackson estaba de visita en Nueva York y me reuní con ella en una habitación del Four Seasons. Cuando entré, estaba leyendo la Biblia —de hecho, en las dos ocasiones en que la he visto estaba leyendo la Biblia—: una mujer piadosa que desprendía gracia y nobleza de espíritu de un modo tangible.

Sobre la fama y el talento de sus hijos

Shmuley Boteach: Me gustaría que esto fuera más bien una conversación, y, antes que nada, quiero decirle que tenía muchas ganas de conocerla y que es un verdadero placer. Tengo buena relación con Michael y siempre está hablando de usted; de hecho, es uno de los personajes centrales del libro que estamos preparando.

Katherine Jackson: ¿De verdad?

SB: ¡La adora! Cuando lo visitamos en Neverland vimos el tren Katherine y el monte Katherine, y cuando habla de usted cierra los ojos y es casi como si entrara en una especie de trance.

KJ [risas]: ¡Es tan buen hijo! Verdaderamente es un buen hijo.

SB: En serio, ¡la adora! Y, bueno, es usted una de las grandes matronas de Estados Unidos, vamos, ¿qué madre puede decir que su familia ha conseguido lo que ha logrado la suya? Debe de estar muy orgullosa de sus hijos.

KJ: Lo estoy, lo estoy. Pero ¿sabe?, también hay que pagar un precio.

SB: Por cierto, si en algún momento quiere apagar la grabadora, no hay problema.

KJ: ¿En cualquier momento?

SB: Si usted quiere que lo haga, no tiene más que decírmelo y la apago inmediatamente.

KJ: No hace falta, pregúnteme lo que quiera.

SB: Hablaba usted de pagar un precio, ¿se refiere al precio de la fama?

KJ: Sí. Por la fama hay que pagar un precio, ¿sabe? Tiene cosas buenas y cosas malas: a la gente le gusta oír cosas malas de los famosos, la gente inventa cosas sobre ti y eso duele porque te encuentras con mucha gente que… mucha gente que va a la televisión y dice un montón de cosas sobre ti sin siquiera conocerte, y que son mentira… Eso pasa. Así que hay que ser fuerte para aguantarlo.

SB: ¿De dónde cree que le viene a su familia ese extraordinario talento musical?

KJ: Bueno, a mí siempre me ha encantado la música y a mi marido también. Mi hermana y yo, cuando éramos jóvenes, cantábamos todo el tiempo y, lo que es todavía más curioso, mi padre, que era de Indiana… de East Chicago —donde yo me crié—, mi padre solía tener puesta la radio —no teníamos televisión— en una emisora que se llamaba Super Time Frolic. La ponía todas las noches y era todo música *country*.

Le regaló [el padre de Katherine] una guitarra a mi hijo Tito. Cuando me casé y nos mudamos a Gary, un día mi padre le trajo la guitarra a Tito de regalo y los chicos, cuando compramos una tele, veían a los Temptations siempre que salían, eso era en los sesenta. Aunque creo que el verdadero origen es que yo solía cantar con ellos.

SB: Eso no lo había leído, ¿cantaba usted con ellos?

KJ: ¿No lo ha leído? ¡Pues sí! Claro que no en plan profesional…

SB: No, ya entiendo, en casa…

KJ: Cuando eran pequeños, cuando eran muy pequeños. Creo que igual Michael ni había nacido todavía y siempre que… Pagábamos para

ver la tele, por meses, ya sabe, eso que se va pagando cada mes...
Y me acuerdo de que se rompió la tele y hacía frío, estaba nevando
y no teníamos... los niños no tenían con qué entretenerse, así que
cantábamos canciones, cosas como «Old Cotton Field Back Home».
No sé si le sonarán esas canciones, son más bien folk. Incluso antes,
de recién casados, mi marido y yo solíamos cantar juntos por la casa,
nos entreteníamos así, haciendo armonías; siempre nos encantó la
música y a mi marido se le daba muy bien: toca la armónica —o la tocaba— y la guitarra, y su hermano tocaba el saxofón, y otro hermano
el trombón, y mi padre tocaba la guitarra. Así que somos una familia
muy aficionada a la música, supongo que ahí empezó todo.

SB: ¿Entonces no cree usted que sea algo genético?

KJ: Bueno podría ser, porque mi...

SB: Porque no hay ninguna otra familia que tenga semejante historial
de...

KJ: Mi abuelo —o mi bisabuelo, pero creo que era mi abuelo—, según
me contaba mi madre, abría las viejas ventanas de madera y cantaba. Se oía su voz por los campos de toda la zona. Claro, no había
nada más que hacer, ése era el entretenimiento más barato, porque
las familias negras no tenían mucho dinero por aquel entonces que
digamos, así que se entretenían con la música, con guitarras y ar-
mónicas.

SB: ¿Y cree que esas familias eran más felices que las de hoy, que tienen
mucho más dinero?

KJ: ¡Uy sí, claro! Estoy segura. Porque incluso yo, creo que en cierto
sentido fui mucho más feliz en Gary. Soy feliz ahora pero... las
familias están más unidas —creo que cualquier familia estaría de
acuerdo en esto— cuando son pobres... están más unidos.

SB: Tengo unas cuantas preguntas que me gustaría hacerle... Empece-
mos por Michael: quería que la conociera, siempre me está diciendo
que seguramente usted se acordará de historias que él ha olvidado.
Por ejemplo, ¿cómo se convirtió su hijo en quien es hoy? Y no estoy hablando en términos musicales; la mayoría de las estrellas de
Hollywood que han hecho mucho dinero y alcanzado la fama a nivel
mundial son personas arrogantes y egocéntricas, no les interesan los
niños, eso es lo último que les interesa; sólo piensan en sí mismas.
Michael en cambio, vivió en casa hasta que tenía unos veintisiete
años, eso lo primero, algo que ya de por sí es asombroso... Quiero
decir que, ¿quién ha oído algo parecido de ningún otro? Macaulay
Culkin se marchó de casa cuando tenía... ¿qué?, ¿once años? (estoy
exagerando). ¿A qué cree que se debe esa docilidad, esa suavidad, ese

amor por los animales, por los niños, esa sensibilidad por la vida que lo caracteriza? Es como un niño, las cosas lo sorprenden y desconciertan como a un niño. ¿Cómo se explica todo eso?

KJ: Todas esas preguntas que me hace, la verdad es que en cierto sentido no son nada fáciles de contestar… En cuanto a los animales, tenía cada uno un gato, aunque recuerdo que les dije «cada uno puede tener su gato, pero no lo puede meter en casa», y muchas cosas así. Todo eso antes de que fuéramos a California.

SB: Y por aquel entonces ya se intuían en él todas esas cosas…

KJ: Desde luego lo del amor a los animales sí que le viene de cuando era pequeño. A Janet también le encantaban, incluso de muy pequeña. Eso sí, la regla no escrita era que los animales no entraban en casa, pero teníamos animales correteando por todas partes.

Luego, cuando nos mudamos a California, ya compró él animales, así que tenían serpientes, ovejas… En Encino teníamos un pequeño zoo donde había hasta una jirafa.

A Michael le encantaban esas cosas. ¿Sabe?, creo que es porque… Le voy a decir lo que creo: me parece que es porque cuando vivíamos en Indiana, la verdad es que era un sitio terrible. Gary, Indiana, no era nada bonito y mi marido no dejaba a los niños salir… a jugar con los niños de los vecinos.

SB: ¿Y por qué no se le subió el éxito a la cabeza a Michael? ¿Por qué se quedó en casa? A mí lo que me respondió cuando se lo pregunté fue: «Estoy chapado a la antigua: uno vive con la familia hasta el día en que se casa». ¿Le enseñó usted unos valores? ¿Lo educó en una fe religiosa? Michael es una persona eminentemente blanda, sensible. ¿De dónde le viene eso?

KJ: La verdad es que me da pena…

SB: ¿Son todos sus hijos así?

KJ: La mayoría sí. Yo diría que la mayoría… y, como le decía, me da pena: por ejemplo, a él siempre le he dicho que se parece demasiado a mí y que no quería que fuera así.

SB: Eso es exactamente lo que dice él también.

KJ [risas]: Siempre le he dicho: «No quiero que seas así. Eres un hombre, tienes que ser fuerte, ya lo sabes». Pero él es suave y delicado, es una persona muy suave.

SB: Entonces lo que está diciendo es que la suavidad la ha heredado de usted, ¿no? Además estaba mucho más unido a usted que a su padre…

KJ: ¡Sí, sí, ya lo creo!

SB: Así que siguió su ejemplo.

KJ: Sí, sí.

SB: Y verdaderamente Michael cree que hay que ser así de suave, preferiría mil veces que le hagan daño antes que herir a nadie.

KJ: No es capaz de hacer nada malo.

La religión en la vida de Katherine y sus hijos

Shmuley Boteach: ¿Y a usted la suavidad le viene de sus creencias religiosas? Michael habla mucho de las creencias religiosas de usted.

Katherine Jackson: No, siempre he sido así, pero no siempre he sido miembro de los testigos de Jehová.

SB: ¿No pertenece usted a los testigos desde joven?

KJ: No, yo iba a una iglesia baptista y mi madre me llevaba todas las semanas a la escuela dominical, y también canté en el coro de la iglesia

SB: Así que se crió en una iglesia baptista.

KJ: Sí.

SB: ¿Iba a la iglesia con regularidad? ¿Era una baptista practicante?

KJ: Sí, sí que iba a la iglesia; pero no me gustó lo que vi en la iglesia baptista así que, después de juzgar la religión en base a como se comportan los que la practican y ver cómo se comportaban allí, lo dejé.

SB: ¿Y dónde fue?

KJ: En East Chicago, Indiana.

SB: Vio usted cosas que no le gustaron y decidió buscar una religión mejor... Y eso fue a la edad de... ¿doce?, ¿trece años?

KJ: Sí, debía de tener doce o trece. Mi hermana y yo nos pusimos a estudiar para convertirnos en testigos. Simplemente estudiábamos con los vecinos que eran testigos de Jehová, porque ya sabe que los testigos visitan las casas y le enseñan la Biblia a la gente... Pero mi madre se enteró y se enfadó mucho con nosotras, nos obligó a dejarlo. Luego crecí, me casé y me marché a vivir a otro sitio, y recuerdo que fue entonces cuando volví a estudiar.

SB: ¿Ya casada?

KJ: Sí, ya me había casado.

SB: Pero su primer contacto con los testigos de Jehová lo tuve en la adolescencia.

KJ: Sí.

SB: Aunque a sus padres no les gustaba la idea.

KJ: Eso es.

SB: Así que le quitaron la idea de la cabeza pero algo quedó guardado en su interior, y luego, cuando tenía más libertad, más independencia… ¿Se casó joven verdad?

KJ: A los diecinueve.

SB: ¿A los diecinueve? Mi mujer también se casó con diecinueve, y mi madre, casi se puede decir que es la edad típica de casarse en la familia…

KJ: Mmm…

SB: ¿Así que se casa usted con diecinueve años y se muda con su marido a Indiana inmediatamente?

KJ: ¿A Gary? No, al principio nos quedamos y luego al cabo de un par de meses nos mudamos a Gary.

SB: ¿Y fue por aquel tiempo cuado volvieron a interesarle los testigos de Jehová?

KJ: Sí, pero para entonces ya debían de haber pasado sus buenos diez o doce años…

SB: ¿Y qué fue lo que la atrajo de ellos? Sé algo de esa religión, lo que he leído, pero no demasiado. ¿Fue porque le parecieron más sinceros?

KJ: Bueno, la cuestión con los testigos de Jehová es que es una religión que se guía estrictamente por la Biblia y creen en hacer las cosas bien: si cometes adulterio o algo así, te expulsan; si estás casado y cometes adulterio, que es algo que está mal, te expulsan. Hay muchas cosas por las que creo en esta religión, la primera porque creo que es la religión verdadera. De verdad lo creo. Hay un Creador al que le importamos, y nosotros por nuestra parte debemos estudiar las escrituras a diario.

SB: ¿Las lee todos los días?

KJ: Sí.

SB: ¿El Antiguo y el Nuevo Testamento?

KJ: Sí, sí.

SB: ¿Y va con la Biblia a todas partes?

KJ: Sí, con ése en cambio no [señala un libro], es un libro de testimonios de personas que cuentan experiencias difíciles por las que han pasado.

SB: O sea, que a usted le parece que por estar basada en la Biblia es una religión muy auténtica, es decir, que es una religión cierta que verdaderamente le llegó al corazón, así que decidió convertirse.

KJ: No, decidí estudiar. Hay que estudiar la Biblia.

SB: ¿Y su marido la acompañó en esto?

KJ: Él también estudió, pero nunca llegó a hacerse testigo de Jehová, le pareció que para él era todo demasiado estricto. Mi hija mayor se bautizó, y Michael también.

SB: ¿Y los demás no?

KJ: No, los demás no.

SB: ¿Por qué? ¿Por qué unos sí y otros no?

KJ: Supongo que porque yo nunca los obligué a hacer nada, eran libres de decidir si querían o no querían bautizarse.

SB: Entonces, cuando Michael tuvo cierta edad le habló de religión y él sí sintió que tenía fe…

KJ: No, pero supongo que él se dio cuenta de que creía y empezó a venir conmigo al salón del reino.

SB: ¿Se sentía orgullosa usted de que se hubiera convertido?

KJ: Estaba muy orgullosa de que se hubiera hecho testigo de Jehová.

SB: ¿Y por aquel entonces ya era famoso o todavía no?

KJ: Ya era famoso hasta cierto punto. Sí, los Jackson 5 tuvieron mucha fama al principio.

SB: Entonces fue a una edad en la que ya existían los Jackson 5…

KJ: Sí, sí, eso es.

SB: Pero él fue el único de los Jackson 5 que se bautizó.

KJ: Fue el único.

SB: E iba con usted a la iglesia los domingos.

KJ: ¡Ya lo creo, sí! Y también iba por su cuenta.

SB: Le pedí a Frank que le enseñara a usted un artículo precioso que hemos escrito Michael y yo en el que él habla sobre las misiones y el sabbat. Un artículo muy bonito. [Se publicó en la conocida página web de temática espiritual Beliefnet.com.]

KJ: ¿En serio?

SB: Sí, sí, y han hablado del artículo en todas partes…

KJ: ¿En serio?

SB: Ha tenido una repercusión enorme, es una pena que él no le haya enseñado estas cosas. Es un artículo precioso.

KJ: ¿Y por qué no me lo ha enseñado?

SB: Es un artículo muy bonito sobre lo mucho que le gustaba el sabbat.

KJ: Mmm.

SB: Así que iba con usted. Michael me contó que lo que más le gustaba de los testigos de Jehová era que nunca le daban a nadie un trato especial, era el hermano Jackson como todo el mundo, con toda naturalidad, pese a que para entonces fuera una estrella.

KJ: Ajá…

SB: Por lo visto se esforzaban por no tratarlo con ninguna deferencia, sin menospreciarlo, pero tampoco adulándolo, igual que a todo el mundo.

KJ: Sí.

SB: ¿Usted también se dio cuenta?

KJ: Sí, sí. Así es como piensan: hay muchos artistas que son testigos de Jehová; ahora no me viene el nombre del grupo… Pero, bueno, ya sabe… Benson, Ronnie Loss… y podría seguir, hay muchos artistas que son testigos de Jehová y los tratan igual que a todo el mundo; no les dan un trato diferente en absoluto, los consideran exactamente iguales que el resto.

SB: ¿A Michael eso le gustaba, el hecho de poder ser por fin él mismo?

KJ: Yo creo que sí.

SB: También me contó que eran muy pacientes, que si los periodistas lo seguían hasta la iglesia tampoco se inmutaban [risas]. En el artículo, de hecho, decimos en broma que «hasta los periodistas son hijos de Dios».

KJ [riéndose]: Eso es verdad.

SB: Bueno, entonces, de todos sus hijos, sólo algunos mostraron interés en la religión y Michael fue uno de ellos, a pesar de ser ya una gran estrella. Siempre me ha dado la impresión, por las conversaciones que he tenido con él, de que posee una espiritualidad innata, una cercanía natural a Dios.

KJ: Sí, eso es.

SB: ¿Podría decirme algo más sobre eso? ¿Ya se veía desde que era niño?

KJ: Sí.

SB: ¿Rezaba todas las noches antes de irse a dormir?

KJ: Sí, creo que sí. Mientras que otros de mis hijos… no sé si… la verdad es que no lo sé porque…

SB: ¿Está cómoda hablando de este tema?

KJ: Sí, sí, no hay problema. Siempre he sabido que Michael era espiritual. Siempre fue un niño callado y cariñoso, y le encantaba la gente, le encantaban los niños. Y tanto a él como a mí se nos saltaban las lágrimas cuando veíamos… Porque se ven cosas muy tristes, ¿sabe?… y él me decía: «Sé que no puedo ayudar al mundo entero, madre, pero… por lo menos puedo empezar por algún sitio».

SB: Justo hablaba de esto con Michael ayer. Y… por cierto, los testigos de Jehová no celebran los cumpleaños.

KJ: No.

SB: ¿Por algún motivo en concreto?

KJ: Sí… El aniversario de la muerte de Cristo es… la única fecha que…

SB: Bueno, entonces la Semana Santa sí que la celebran. ¿La llaman Semana Santa o la llaman de otra manera?

KJ: Eeeeh… no la llamamos de ningún modo, no celebramos la Semana Santa.

SB: Porque lo que se conmemora en Semana Santa es la resurrección y ustedes celebran la fecha de la muerte...

KJ: Sí.

SB: Ya, bueno, o sea, el Viernes Santo.

KJ: El único día que nos encomendó que conmemoráramos. No dijo nada de la resurrección.

SB: ¿Lee usted la Biblia todos los días?

KJ: Ajá.

SB: Así que todo esto es... es su vida, su religión es su vida, ocupa una lugar fundamental y define en gran medida quién es usted.

KJ: Bueno, sí, todas las reuniones en los salones del reino a los que voy (asisto a cinco reuniones a la semana).

SB: ¿Cinco reuniones a la semana?

KJ: No son obligatorias... Eso sí, los domingos por la tarde nos reunimos y ahí es donde se enseña, y aprendemos. Es lo que tiene la Biblia, que nunca dejas de aprender.

SB: Desde luego.

KJ: ¿Los judíos también la leen a diario?

SB: Sí, claro. Desde luego que sí, la leemos...

KJ: Si se lee la Biblia día y noche, se acaba aprendiendo mucho.

SB: Nosotros la leemos todos los días.

KJ: Ajá.

SB: Quiero decir que, a mi edad —tengo treinta y cuatro años—, ya llevo toda la vida estudiándola. Y... no quiero alardear de nada, pero, por el mero hecho de leerla, sé que hay partes que hasta me las sé de memoria.

KJ: Ya.

SB: Por lo menos los cinco libros de Moisés.

KJ: Ya.

SB: Son los libros en los que nos centramos más, más que en los Salmos y los Profetas.

KJ: Ummm, entiendo.

Cuando Michael abandonó los testigos de Jehová

Shmuley Boteach: ¿Qué sintió usted cuando Michael empezó a distanciarse de los testigos de Jehová?

Katherine Jackson: Me sentí muy mal, la verdad, me disgusté mucho, lloré mucho y recé mucho. La verdad es que para mí fue un golpe tremendo que abandonara los testigos de Jehová. No lo expulsaron, fue él quien se marchó. Pensó que era lo mejor porque creyó que haría cosas que...

SB: ¿Pero cuáles eran las objeciones de los testigos exactamente, que era una estrella y ya no encajaba?

KJ: No, no encajaba, pero supongo que en realidad no sé exactamente por qué decidió abandonar la comunidad.

SB: Él la abandonó.

KJ: Eso es.

SB: Hasta ese momento seguía yendo a la iglesia todos los domingos, ¿no?

KJ: Sí.

SB: Así que lo dejó... pero antes lo habló con usted.

KJ: No, yo me enteré después, eso fue lo que más me dolió, no que fuera... yo simplemente no quería que se apartara.

SB: Pero seguramente él pensó que si lo hacía tendría más libertad artística.

KJ: Seguramente.

SB: Por ejemplo, aquella historia con *Thriller*... como tuvo que incluir aquel aviso al principio...

KJ: Ajá.

Tal y como ya he mencionado antes, al principio del videoclip de *Thriller* hay un aviso para indicar que nada de lo que aparece en el vídeo se muestra con la intención de abogar en favor del ocultismo. Tal y como Michael me explicó, esa advertencia se añadió a instancias de los ancianos de su iglesia.

SB: ¿Lo llamó usted y le dijo «¿sabes?, yo creo que te lo tienes que pensar...»?

KJ: No, no. No lo hice porque cuando me enteré de que se había apartado de la iglesia ya era demasiado tarde.

SB: Pero no tiene la sensación de que él... A mí me parece que todavía tiene un fondo muy espiritual, quiero decir que conmigo habla de Dios todo el tiempo...

KJ: Sí, sí, es verdad que es muy espiritual, y me encantaría que volviera.

SB: ¿Habla usted con él de si va a educar a Prince y Paris en alguna tradición religiosa?

KJ: Bueno, yo le llevo cosas para leer a Grace [la niñera].

SB: Ah, ya veo.

KJ: Y también les llevo un librito... Los testigos tenemos un libro de historias de la Biblia para niños y una vez les llevé uno a cada uno y

Grace los tiene y se los lee. Además, no creo que Michael tenga nada en contra de que les enseñe o les lea esas historias.

SB: Ya. A medida que Michael se fue haciendo más famoso, ¿vio usted cambios, aparte de haber dejado...?

KJ: ¿La religión?

SB: Sí.

KJ: No, no vi nada que fuera en contra... No, la verdad es que no. Lo único era la forma de bailar, cuando hizo *Billy Jean*. Siempre le hablaban [los ancianos de la iglesia] de la forma que tenía de... agarrarse la entrepierna y esas cosas.

SB: Sí, ya, la verdad es que él siempre bromea con eso, le parece gracioso.

KJ: Sí, ya lo sé [risas].

En las ocasiones en que le había preguntado a Michael por qué se agarraba la entrepierna durante las actuaciones, él siempre se había reído y me había dicho que no era intencionado. No lo hacía para escandalizar, era un gesto impulsivo, una licencia artística más intuitiva que otra cosa, y no lo hacía conscientemente, por esos las risas.

Una sensación de seguridad

Shmuley Boteach: Bueno, ¿diría que lo protegía demasiado porque tenía un carácter tan suave? ¿Sentía la necesidad de cuidarlo más que a los otros?

Katherine Jackson: Sí. Era bastante fuerte en el sentido de que se podía cuidar solo en muchos sentidos, pero supongo que sí, esa suavidad fue la que hizo que me sintiera tan unida a él, notar esa suavidad. Como, por ejemplo, cuando estuvo en boca de todos durante la historia aquella del juicio por las acusaciones de abuso de menores y todo el mundo me decía «no hables que va a ser peor», y la oficina de Michael decía lo mismo, «no digas nada que sólo va a servir para empeorar las cosas», y al final yo me harté: «No se pueden poner las cosas peor de lo que están, no me importa lo que digáis, yo voy a ir a la televisión». Y lo hice porque Michael necesitaba que alguien lo ayudara, que alguien lo protegiera de todo aquello. Es evidente que yo no lo podía proteger, pero por lo menos podía intentar dejar las cosas claras. No me creyeron, pero dije lo que quería decir. Iban todos a por el dinero, estaban mintiendo y lo sabían, así que fui a la televisión otra vez y dije: «Esta gente trabaja para mí y no para Michael». La gente intenta sacar dinero de donde sea.

SB: Y cuando era más joven, ¿también sentía usted la necesidad de protegerlo? ¿Enseguida se dio cuenta de que, entre sus nueve hijos, era el más sensible, el que tenía un espíritu más delicado que los demás, por así decirlo, el que era más blando que los otros?

KJ: ¿Sabe?, lo veo más sensible que el resto pero… creo que en el fondo es fuerte cuando tiene que serlo. ¿No se ha dado cuenta?

SB: Sí, sí, desde luego, ayer mismo tuve ocasión de comprobarlo: ya se lo he comentado antes, que Michael y Frank tuvieron un encontronazo sobre qué debía hacerse mañana en el Carnegie Hall. Desde luego que cuando hace falta puede ser muy fuerte…

KJ: Ajá, a eso me refiero; así es él.

SB: O sea que usted también veía eso, se daba cuenta de que había en él una suavidad especial pero también un fondo muy fuerte.

KJ: Sí, suavidad y fortaleza al mismo tiempo. Se le puede hacer daño con mucha facilidad, ¿sabe?, basta con que la gente crea o diga ciertas cosas de él. Pero por otro lado pienso que ahora está mucho más curtido porque han pasado tantas cosas y se ha dicho tanto…

SB: Sin duda.

KJ: Tiene un buen caparazón.

SB: Ha pasado por mucho, sin duda… Michael decidió quedarse en casa… y ya había llegado a la cima, era después de *Thriller* y ya se había convertido en una de las estrellas más importantes del mundo.

KJ: Ajá.

SB: ¿Me puede hablar de eso, de todo ese tema? Usted… Es que… me parece muy tierno —y más en estos tiempos en que la gente se marcha a la universidad a los diecisiete y ya casi no tienen contacto con sus padres—, pues me parece muy tierno un caso como el suyo: un tipo hecho y derecho y, obviamente, con dinero más que de sobra para vivir por su cuenta, pero que elige quedarse en casa. En cambio sus otros hijos —los chicos mayores me refiero— se casaron jóvenes…

KJ: Sí, efectivamente.

SB: Pero Michael no.

KJ: No.

SB: ¿Y usted estaba contenta de tenerlo en casa?

KJ: Sí, de hecho yo no quería que se marchara de casa ninguno, pero eso es típico de las madres, supongo.

SB: Ya, me imagino que sí.

KJ: Pero, ya se sabe, hay que hacerse a la idea y dejar que los hijos vuelen solos.

SB: ¿Pero se lo dijo a Michael, le dijo algo como «me encanta que te hayas quedado en casa, has hecho bien, quédate aquí hasta que te cases»?

KJ: No.

SB: ¿O le dijo algo como «eres una superestrella, la verdad es que deberías…»?

KJ: No, no, no le dije nada. Nunca me ha parecido bien empujar a los hijos para que abandonen el nido enseguida… ya sabe, darles un empujoncito desde el borde mientras les dices «y ahora vuela». Pero por otro lado siempre pensé que eran fuertes y que eran capaces de arreglárselas solos, pero cuando se sintieran preparados… a los veinticuatro… los veinticinco…

SB: ¿Y él siempre la ha protegido mucho a usted?

KJ: Bueno, me dijo: «Te voy a comprar una casa».

Ser la madre de Michael

Shmuley Boteach: Michael me cuenta un montón de historias de cuando era niño, sobre usted, como por ejemplo que él siempre estaba bailando…

Katherine Jackson: Ajá…

SB: Y dejaba marcas en el suelo…

KJ: Sí…[risas].

SB: Y que todo el mundo le decía «Michael, para de bailar» o «estás haciendo demasiado ruido», pero que usted siempre decía «no, ¡que baile!».

KJ: Sí.

SB: Él hasta cierto punto le atribuye a usted el mérito de haber sido quien despertó su talento musical más que ninguna otra persona porque…

KJ: ¿En serio?

SB: Sí, siempre me lo dice. Una de las historias que hemos incluido en el libro es precisamente ésa, que estaba siempre bailando y que dejaba marcas en el suelo y hacía ruido pero que usted siempre decía: «No, ¡dejad que baile!, ¡que baile siempre que quiera!».

KJ: Sí.

SB: ¿Se acordaba de eso?

KJ: Sí, sí. Yo creo que es algo que tenía de nacimiento porque, incluso siendo bien pequeño, con tres añitos o así, todos cantaban y él era… ahí fue cuando me di cuenta de que iba para cantante: estaban todos cantando y él se quedaba en una esquina, y todos cantaban y él salía con una armonía perfecta, y yo pensaba: «¡Dios mío!, ¿de dónde ha sacado eso?». Y luego cuando ya tenía cinco años, igual estaban todos pensando «¡a ver qué paso metemos aquí!», pensando en la coreografía, y era él quien la sacaba al final; les decía: «No, no, mejor hacemos esto y luego lo otro».

SB: O sea, que es como si fuera una cosa innata en él…

KJ: Sí, lo llevaba dentro, así es. No sé de dónde le viene, la verdad es que al principio me sorprendió mucho, igual que algunas cosas que ahora veo en Prince, que son increíbles. Con él fue igual.

SB: La semana pasada sin ir más lejos se publicó que Michael se había hecho un implante de barbilla, hasta ese punto pueden llegar a ser ridículas las cosas que se dicen. ¿Cómo se siente, siendo su madre, ante ese tipo de historias?

KJ: ¿Qué la gente diga cosas de él?

SB: Cuando lee ese tipo de cosas… lo que sea…

KJ: Pues me disgusto mucho, me pongo furiosa.

SB: ¿Pero al mismo tiempo también se dice «creo en Dios y creo que todo pasa por una razón»? ¿Su fe, su espiritualidad, le dan fuerza para asumir que, al final, nada de eso importa demasiado, que se hará la voluntad de Dios?

KJ: Sí, así es como me siento. Si no fuera por mis creencias, mi espíritu y mi fe en Dios, no creo que hubiera aguantado todo lo que le ha pasado a mi familia y todo lo que se ha dicho de Michael. Es muy doloroso. Pero no queda más remedio que orar, es la única manera de…

SB: ¿Así que eso es lo que le ha permitido aguantar?

KJ: Sí.

SB: ¿Y qué le dijo a Michael en 1993 o en cualquier otra ocasión difícil, algo así como «tienes que mantenerte cerca de Dios, necesitas tener esa fe, eso es lo que te dará fuerzas para sobrellevarlo»? ¿Le dijo que no iba a ser ni el dinero ni el éxito ni los fans, sino una relación sólida con Dios?

KJ: Exacto, exacto, eso es. Y lo siento así, yo lo siento así. ¡Aaah! [lanza un suspiro], bueno, no puedo decirlo…

SB: En la mayoría de los casos, a medida que el éxito de la gente crece va disminuyendo su compromiso con la religión. Es una tendencia típica. En cambio, en su caso, cuanto más éxito ha tenido su familia, más religiosa se ha vuelto usted, con más fuerza se ha aferrado a Dios.

KJ: ¡Justo, sí! Para mí no hay nada más. Estoy orgullosa de mis hijos, me siento orgullosa de lo que están haciendo y de que tengan el talento para poder hacerlo; pero, en cuanto al resto de las cosas que hay ahí fuera, en el mundo, para mí no hay nada más. Porque Satán es… igual no me cree pero…

SB: Por favor, por favor, diga lo que quiera con toda tranquilidad En mi religión también hay cosas con las que usted no estaría de acuerdo [nos reímos los dos]. Pero los dos somos personas con fe.

KJ: Bueno, yo creo que Satán es el dios del sistema que tenemos, lo digo porque… todas las noticias que oímos son malas… todo el mundo parece haberse vuelto loco y estar haciendo barbaridades. Y la Biblia habla de los niños, de los últimos días en que vivimos, de que los niños serán irrespetuosos, de la avaricia, del amor al dinero en vez de a Dios, de que los niños les faltarán el respeto a sus padres y los padres les faltarán al respeto a sus hijos. Y eso es precisamente lo que está pasando. ¿No le parece?

SB: Desde luego. En fin, ésa es la razón por la que debería usted asistir a la conferencia conjunta que vamos a dar mañana Michael y yo en el Carnegie Hall. Creo que va a ser un duro golpe para las filas de Satán. De verdad que debería usted venir. No puedo estar más de acuerdo con lo que está diciendo. ¿Sabe?, lo que me atrajo de Michael desde el principio —y debería oír el discurso que va a pronunciar mañana— fue la forma tan conmovedora que tiene de hablar sobre cómo nadie cena ya con sus hijos ni les lee historias a la hora de irse a la cama. Cada vez que ha habido un tiroteo horrible en un colegio me ha llamado inmediatamente a casa si él estaba en California y yo en Nueva Jersey y me ha dicho «¿te has enterado? Le han pegado un tiro a otro chico», destrozado, mientras que en este país ya nos hemos acostumbrado y la gente se limita a pensar: «¡Vaya, le han pegado un tiro a otro chico!». Michael en cambio llora.

KJ: Así es Michael.

SB: El día de mi cumpleaños invitamos a la fiesta a la niña que sale en el cartel de la campaña nacional contra la leucemia, y Michael se sentó a su lado, al lado de esa niñita de siete años, y cuando la madre le contó la historia, Michael lloró igual que un niño chico. Fue increíble. ¿A usted también le pasa?

KJ: Sí, a mí también.

SB: Así que a quien más se parece es a usted. Me refiero a que, si quiero entenderlo a él, tengo que entenderla a usted.

KJ: Ajá… Y no me gusta nada esa característica mía, y Janet es igual [risas].

SB: Michael me dijo que usted es incapaz de negarle nada a nadie, que la gente le pide cosas y no puede negarse [risas].

KJ: Ajá… Me cuesta mucho, sí, y él es igual y ya le he dicho que tiene que aprender a decir no.

SB: ¿Eso de dónde les viene, de sus padres? ¿Eran sus padres gente muy bondadosa?

KJ: Mmm… Sobre todo mi madre, y mi padre también.

SB: Y usted les transmitió a sus hijos esa bondad de familia, por así decirlo. La bondad era lo más importante.

KJ: Eso me parece a mí. A veces, cuando eres pobre y no tienes nada que dar, lo que ofreces es tu amor, te entregas tú mismo y lo que tengas; mucha gente pobre es así. Recuerdo que, de niña, en mi casa siempre había gente invitada a comer, y eso que no teníamos gran cosas que ofrecer, ¿sabe?

SB: ¿En la iglesia la tratan de manera diferente por ser la madre de los Jackson?

KJ: ¡No, no, no, no, no, no!

SB: ¿Y le gusta el hecho de que allí puede ser usted misma?

KJ: Sí, eso me gusta. Puedo mostrarme tal como soy. Y en mi congregación también hay una chica que siempre se sienta con mi amiga y conmigo y que estuvo de gira con Diana Ross. Se llama… aaah… [pausa momentánea en la cinta]. Se llama Linda Lawrence y… ya sabe que tuvieron que suspender la gira un tiempo, pero ella hizo la gira con Diana, ocupando el puesto de Mary. ¡Vamos que ha estado de gira como una Supreme! Pero, por mucho que admire todo el mundo a Diana, a esta chica todos la tratan como si nada, y lo mismo pasa con mi hija, que también está en la congregación.

SB: ¿Cuál? ¿Rebbie?

KJ: Rebbie, sí.

SB: Que también vive… vive cerca de usted.

KJ: Antes vivía cerca, pero ahora se ha mudado a Las Vegas.

SB: Quería hacerle otra pregunta… Y si quiere paramos la grabación, lo que usted quiera. Michael ha tenido una relación muy tortuosa, pero que muy tortuosa, con su padre. No digo nada que no sea sobradamente conocido… Me refiero a que todo esto se ha publicado, ya sabe, en entrevistas y cosas así.

KJ: Ajá.

SB: Seguramente uste sabe que hay…. Eee… No sé cuánto ha hablado Michael de su padre en público, pero una de las declaraciones públicas más famosas que hizo en su día fue cuando dijo que una vez le habían entrado ganas de vomitar al ver entrar a su padre en la habitación, por el miedo que le daba. ¿Se acuerda de eso?

KJ: ¡Ya, ya sé de qué me habla! Y, sí, me acuerdo de que dijo eso. A mí también me lo contó, y cuando yo lo acompañaba de gira me decía:
    —No traigas a Joseph.

—¿Pero por qué? —le respondía yo.

—Es que de verdad que me pongo literalmente…

SB: Si quiere paro la grabadora.

KJ: Sí, ¿le importaría, pararla, por favor?

SB: Por supuesto, ahora mismo.

Estuvimos hablando media hora más y luego se marchó. Yo volvería a ver a la madre de Michael en otra ocasión, en su casa de Encino, cuando me invitó para que conociera a su marido Joe y estuvimos los tres hablando de la posibilidad de que yo recuperara el contacto con Michael unos meses después de que mi relación con él terminase.

5. ¿EXISTE LA MUJER IDEAL?

Relaciones sentimentales y posibles novias

La gente parece obsesionada con el tema de Michael y las mujeres: ¿era heterosexual?, ¿sus matrimonios fueron reales?, ¿se consumaron? Yo nunca habría osado hacerle ninguna de esas preguntas, del mismo modo que no se las haría a ninguna otra persona: todo el mundo tiene derecho a un mínimo de privacidad. Ciertamente, durante toda nuestra relación mis preguntas se limitaron a temas en los que creía que podía ayudarlo. Michael y yo hablamos largo y tendido de su matrimonio con Debbie Rowe porque me parecía horrible —por no decir insostenible— que ésta no pudiera ver a sus hijos Prince y Paris. Ese fue un permanente punto de fricción entre Michael y yo. Fundamentalmente rebatía mis opiniones diciendo que yo no entendía la naturaleza de su relación con Debbie y que para Prince y Paris era mejor no tener relación con una madre a la que nunca habían conocido. (En cuanto a ellos, cuando se les preguntaba al respecto, Prince y Paris se limitaban a responder que no tenían madre.) Yo le contestaba que la relación con la propia madre no es una especie de lujo del que puedes privarte, que es una necesidad absoluta.

También le dije a Michael que se le estaba acabando el tiempo porque, una vez se hicieran mayores, los niños los juzgarían muy duramente tanto a Debbie como a él por no haber podido contar con la presencia de su madre en su vida, sobre todo teniendo en cuenta que vivía a tan sólo unas pocas horas de viaje por carretera. A los niños no les iba a costar mucho llegar a la conclusión de que no los había traído la cigüeña y preguntarían por su madre. Por supuesto yo nunca escribiría nada de todo esto si Debbie Rowe misma no hubiera aparecido ya en la televisión, en ese extraño vídeo que publicó Michael Jackson en respuesta al documental de Martin Bashir, en el que básicamente decía que tuvo los niños por Michael y que la decisión que había tomado de desaparecer de la vida de éstos no era asunto de nadie. Se podría argumentar que el bienestar de los niños es asunto de todo el mundo y que se la debería alentar con toda la energía posible a formar parte de la vida de sus maravillosos hijos, fuera cual fuese el acuerdo al que había llegado con Michael.

En cuanto al tema de las relaciones amorosas y las citas románticas, yo siempre animé a Michael a salir con chicas explicándole lo esencial que era tener una mujer en su vida. Le dije que una buena mujer lo ayudaría a tener los pies en la tierra, que le daría estabilidad y le serviría de ancla. Y, curiosamente, nunca cambió de tema, sino que más bien siempre me respondía que tendría que ser la mujer adecuada de verdad. Ya he contado anteriormente que cuando le presenté a Katie Couric, a quien yo conocía a raíz de las apariciones que había hecho en el programa *Today Show* para hablar de mis libros, a él le impresionó tanto que de hecho me dijo: «Siempre me estás dando la lata con el tema de las citas, bueno, pues ese es el tipo de mujer a la que me gustaría invitar a salir». Vamos, que había lanzado el guante.

Ya he mencionado antes en mis libros que el mayor acto de generosidad hacia otra persona es acabar con su soledad (hasta Dios hizo de casamentero con Adán y Eva...). Así que, aun siendo consciente de que podía sonar ridículo, llamé a Katie:

—Katie, sé que te va a parecer una locura —le dije—, pero una vez me dijiste que te habías quedado viuda, cosa que siento muchísimo, pero ¿sabes qué?, a Michael le gustaría saber si querrías quedar con el a tomar un café.

—Ay, Shmuley, se ve que no lees muchas revistas del corazón... Estoy saliendo con un hombre maravilloso.

—Pues... no, la verdad —reconocí con tono avergonzado— y mientras saco la pata de donde la acabo de meter a toda velocidad, déjame que te diga que me alegro mucho por ti de que hayas encontrado a un hombre. Ahora que lo pienso, ¿por qué no lo convertimos en una reunión a cinco bandas y quedamos tú y tu novio, mi esposa Debbie y yo, y Michael y nos vamos a tomar un café todos juntos?

Me respondió que le parecía una idea fantástica y ahí quedó la cosa.

Ahora bien, a quienes se estén preguntando si Michael tenía verdadero interés por las mujeres lo único que puedo decirles es que siempre que hablamos de que le hacía falta casarse nunca me respondió: «¡Deja de decir tonterías!». En todo caso, siempre me decía que lo que le preocupaba era que las mujeres no pensaran más que en su dinero y que, además, las que conocía —salvo excepciones— no eran precisamente unas damas. Más aún, cuando Michael habló en el Carnegie Hall con motivo del evento que organizamos para pedir que los padres pasaran tiempo con sus hijos, incluso comentó como parte de su discurso: «Shmuley lleva una temporada intentando encontrarme esposa». Si bien la mayor parte de las conversaciones que tuve con Michael sobre temas románticos fueron extraoficiales, hubo una noche en que sí respondió a mis preguntas sobre el tema para que las incluyéramos en este libro:

Shmuley Boteach: Ya sabes que los niños siempre están jugando a las bodas, siempre te cuentan quién les gusta de su clase y todo eso... Tengo la impresión de que los niños son románticos por naturaleza. ¿Tú siempre has sido romántico?

Michael Jackson: No a propósito, pero tampoco se puede decir que no lo sea, no lo creo. Me limito a ser yo mismo.

SB: Los niños son muy enamoradizos, tienen flechazos entre ellos, siempre se están pasando notas en clase y muriéndose por los huesos de alguien.

MJ: Me parece muy tierno y muy dulce.

SB: ¿Te gusta generar situaciones románticas? ¿Te gusta hacer de casamentero?

MJ: No, no, eso no lo hago. Soy demasiado tímido. Me parezco mucho a mi madre. Recuerdo que le solíamos preguntar:

    —Mamá, ¿tú le das besos a Joseph?

    —¡No me hagáis esas preguntas! —decía ella.

    —¡Venga ya mamá!, ¿le das besos sí o no? —insistíamos nosotros.

    —No quiero hablar de eso.

    —Bueno, pues entonces cuéntanos cómo os conocisteis... ¿Quién le pidió matrimonio a quién?

    —No quiero hablar de eso —decía ella.

SB: Entonces te criaron para ser recatado y tímido en lo que a temas amorosos se refiere...

MJ: Sí, de eso no se hablaba.

SB: Has estado casado dos veces, Michael. ¿Todavía crees en el romanticismo o las experiencias negativas hacen que te cueste mantener ese romanticismo?

MJ: No, sigo creyendo que el romanticismo existe, pero para esos temas soy muy cohibido, eso es todo. Ni yo ni mis esposas invitamos a nuestros padres a la boda en ninguno de los dos casos, no creíamos en esas cosas, éramos demasiado tímidos. A mí no se me pasaría por la cabeza ni en un millón de años invitar a mi madre a mi boda, no puedo ni imaginarme a mí mismo avanzando por el pasillo hacia el altar con mi madre sentada allí delante. Por eso hice escapadas para casarme en secreto y mi madre se enteró cuando lo leyó en el periódico, y a ella no le importa porque somos iguales, ella habría hecho lo mismo.

SB: ¿El amor tiene que ser algo secreto y escondido?

MJ: Es algo muy íntimo, algo sentimental.

SB: ¿Y las cosas sentimentales tienen que permanecer en la intimidad?

MJ: Sí.

SB: Bueno, yo también creo que el amor prospera con el misterio y un cierto grado de ocultación, pero tampoco hay que exagerar: sin lugar a dudas, los padres deben asistir a las bodas de sus hijos... ¿Entonces para ti el romanticismo es algo en lo que crees, pero te han enseñado a ser tímido en lo que a ese tema respecta?

MJ: Yo soy tímido, así que, como soy tímido, no sé qué tal se me daría el romanticismo. He oído a otros tipos decir cosas verdaderamente poéticas a las chicas —«cariño esto y cariño lo otro»— pero yo no soy así. Yo voy directo al grano y hablo con sencillez.

SB: ¿Entonces qué haces en los videoclips, por ejemplo, cuando se supone que tienes que interpretar una escena romántica y esas cosas?

MJ: Por eso me encargo yo personalmente de elegir a la chica, porque luego me va a tocar creerme que es atractiva y sólo puedo hacerlo si de verdad me lo parece. A algunas de las chicas que salen en mis vídeos las elegí porque me gustaban y luego eso fue un problema cuando después empecé a gustarles yo a ellas, y yo no quería tener una relación y al final a veces había problemas.

SB: Seguramente eso te pasa constantemente porque no sólo eres famoso, sino que además eres justo el tipo de hombre con quien les gusta estar a las mujeres: suave, cariñoso, sin miedo a expresar tus emociones. [Obviamente esto lo dije antes del arresto de Michael y el torrente de alegaciones que surgieron posteriormente.] A las mujeres les vuelven locas los hombres que no temen mostrarse vulnerables y sensibles, mientras que en Hollywood muchos tipos son egocéntricos hasta el estereotipo, están obsesionados consigo mismos y son incapaces de comprometerse. Así que, ¿te pasa a menudo que las mujeres se te peguen como lapas?

MJ: ¿A qué te refieres exactamente?

SB: A si, como decías hace un momento, todo comienza como una mera relación estrictamente profesional, pero luego ellas empiezan a dar señales de querer más.

MJ: Sí, sí que me pasa.

SB: ¿Y cómo les dices que tú no sientes lo mismo?

MJ: Se dan cuenta cuando me ven echar a correr en la dirección contraria. Sí... Pero algunas empiezan a seguirme por todas partes y al final todo se complica muchísimo.

SB: Seguramente el hecho de que no muestres el menor interés hace que te persigan con más ahínco si cabe, lo más probable es que esa timidez tuya tan típicamente adolescente las atraiga. Está claro que a las mujeres les gustan los chicos «malos», pero, por las mismas razones, también les gustan mucho los tipos tímidos: creen que pueden redimir al chico malo y tallarlo igual que un diamante en bruto, pero también están convencidas de que el mismo principio es aplicable al chico tímido… y piensan: «Sólo yo soy capaz de conseguir que salga del caparazón». Aunque, claro, me imagino que después de un tiempo de verte darles esquinazo una y otra vez por medio mundo captan el mensaje… ¿Nunca se lo dices abiertamente?

MJ: No, porque eso les haría demasiado daño.

Amoríos juveniles

Al día siguiente del baile de gala que organiza la compositora Denise Rich, el Angel Ball (un acto benéfico para recaudar fondos destinados a la lucha contra el cáncer durante el que todas las miradas estuvieron puestas en Michael), proseguimos la conversación en la suite del hotel.

Shmuley Boteach: ¿Qué quería Cindy Crawford ayer por la noche en el baile?

Michael Jackson: A Cindy ya la había visto en unas cuantas ocasiones y siempre estaba con algún acompañante; nos habíamos visto en eventos, pero de lejos, y creo que le pareció que era su oportunidad de conocerme en persona. Seguramente me admira, no es raro que la gente se acerque a saludarme. Lo que viste no es nada.

SB: ¿Entonces no es la primera vez que ves a famosos comportándose así, como una jauría corriendo en pos de alguien más famoso que ellos? Me pareció de lo más degradante…

MJ: Sí, suele pasar… Y peor…

SB: ¿De qué te estuvo hablando?

MJ [imitando a Cindy Crawford]:

—¿Qué tal estás?

—Pues… bien —le contesto.

—¡Ah!, ¿seguro que estás bien? Oye, que sepas que me encanta tu trabajo y me encanta todo lo que haces. ¿Cuánto tiempo vas a estar en la ciudad?

—Estoy aquí por trabajo, para grabar —le respondo.

SB: ¿Crees que tenía algún tipo de interés sentimental?

MJ: Pueees, igual un poco…

SB: ¿Te invitó a quedar con ella?

MJ: Esas chicas coquetean… siempre coquetean. Y es muy guapa.

SB: A mí me parecía que se veía a la legua. En nuestra mesa había un banquero que me comentó: «Cindy Crawford, de cerca, no tiene nada de especial». Yo le respondí: «¿Qué está haciendo aquí, por cierto?».

MJ: ¿Viste que Donald Trump también vino a saludarme?

SB: Él, en cambio, sí me parece una persona interesante.

MJ: Una mujer que me gustaba mucho y por la que sentía un gran respeto era la princesa Diana.

SB: ¿Por qué?

MJ: Porque tenía clase y se preocupaba de verdad por la gente, los niños y los problemas del mundo. No lo hacía para que se la viera y punto. Y me gustaba cómo hacía que sus hijos esperaran su turno como todos los demás para subirse a una atracción y cosas así...

Yo había leído lo mismo en alguna parte: que la princesa Diana hacía que sus hijos guardaran cola como todo el mundo en Disneyworld. Lo cual no deja de ser sorprendente... A mí me espanta hacer cola en Disneyworld y, si pudiera, desde luego que aprovecharía la oportunidad de saltármela, seguramente lo haría, así que me parece un testimonio muy revelador de su carácter y de su deseo sincero de educar a sus hijos en la humildad, no en la arrogancia y la presunción.

SB: ¿Entonces, puede afirmarse que sentías por ella una ligera y sutil atracción o simplemente querías decir que te parecía una mujer especial?

MJ: Me parecía muy especial.

SB: ¿Era femenina?

MJ: Muy femenina y con mucha clase. Sin lugar a dudas era mi tipo, y a mí la mayoría no me gusta, hay pocas que me gusten, que den el perfil. Y es que el perfil que me haría feliz es uno muy especial, y ella desde luego lo daba. Sin lugar a dudas.

SB: ¿Porque le gustaban los niños?

MJ: Cuesta mucho encontrar a alguien que sea una especie de doble de uno mismo, que sea un alma gemela. Y luego la gente siempre dice que los extremos se atraen y creo que eso también es cierto, pero yo quiero alguien que se parezca mucho a mí, que tengan los mismos intereses y que quiera ayudar, ir a hospitales conmigo, que se interese por Gavin [que luego acusaría a Michael de abusos sexuales]. Por eso se nos veía a Lisa Marie y a mí juntos en ese tipo de cosas, porque ella también se interesaba por todo eso.

SB: ¿Alguna vez pensaste en pedirle una cita a la princesa Diana?

MJ: ¡Claro!

SB: ¿Y por qué no te atreviste?

MJ: Yo no le he pedido una cita a una chica en mi vida. Me lo tienen que pedir ellas.

SB: ¿En serio?

MJ: Yo soy incapaz de pedirle una cita a una chica.

SB: ¿Y si te lo hubiera pedido ella?

MJ: Pues le habría dicho que sí sin pensármelo dos veces. Brooke Shields, por ejemplo, fue la que me llamó para salir cuando nos conocimos. Brooke Shields me gustaba de verdad. Me encantaba.

SB: ¿Le gustan los niños?

MJ: Sí. Mi primera novia fue Tatum O'Neal, que había ganado un oscar por *Luna de papel...* Yo tenía dieciséis y ella trece. ¡No veas lo inocente que era yo por aquel entonces! Ella quería hacerlo, pero a mí ni se me pasaba por la cabeza porque ser testigo de Jehová implica toda una serie de valores, así que le dije: «¿Estás loca?». Uno de esos valores era portarte lo mejor posible con todo el mundo. Cuando Tatum y yo íbamos de la mano era mágico, mejor que cualquier otra cosa en este mundo, mejor que besarnos, mejor que todo. Recuerdo que un día fuimos a un club su padre, Ryan O'Neal, ella y yo: estábamos viendo tocar a un grupo y ella me tomó la mano por debajo de la mesa. Yo me estaba derritiendo, para mí fue mágico, como si de repente todo fueran fuegos artificiales; no necesitaba más. En cambio hoy eso no es nada para los jóvenes. Tatum creció demasiado deprisa, no le interesaba la inocencia y en cambio a mí me encantaba.

En cambio Brooke Shields es uno de los grandes amores de mi vida. Salimos mucho juntos y, antes de conocerla, yo era admirador suyo y tenía su foto por todas partes, en las paredes, en el espejo... Había ido a la ceremonia de entrega de los oscars con Diana Ross y ella se acercó y me dijo:

—¡Hola, soy Brooke Shields! ¿Vas a ir a la fiesta después?

—Sí —le respondí derritiéndome por dentro.

Yo debía de tener veintitrés años... eran los tiempos de *Off the Wall*, y recuerdo que pensé: «¿Sabrá que tengo la habitación empapelada con fotos suyas?». Total, que fuimos a la fiesta y me preguntó:

—¿Quieres bailar conmigo?

Y salimos a la pista de baile, y nos dimos los teléfonos y recuerdo que me pasé toda la noche despierto, bailando por la habitación, incapaz de irme a la cama de pura felicidad. Tenía clase. Hubo una ocasión en que ella hizo un acercamiento muy íntimo y a mí me entró pánico. Debería haber sido más valiente.

En cuanto a Lisa..., seguimos siendo amigos, pero ahora mismo anda de acá para allá todo el tiempo, y acaba de cambiar de número de teléfono y todavía no tengo el nuevo.

SB: ¿Eres capaz de reconocer la inocencia cuando la ves?

MJ: ¡Inmediatamente! Aunque con las mujeres me cuesta más porque son muy delicadas por lo general… Pero con los hombres casi siempre me doy cuenta porque son más abiertos, un poco como cachorros, mientras que las chicas se parecen más a los gatos. Ya sabes… cuando te vas de vacaciones y vuelves a casa, si tienes un perro pequeño sale inmediatamente a recibirte con grandes saltos y volatines; el gato en cambio parece estar diciéndote: «¡Eh, no te lo creas, que no me haces ninguna falta! Ven aquí y tómame en brazos». Tienen esa actitud, son capaces de pasar de largo aunque haga meses que no te ven. Las mujeres son muy inteligentes. Walt Disney siempre decía que son más inteligentes que los hombres y contrataba a muchísimas mujeres.

Sobre la mujer ideal

Shmuley Boteach: En cuanto al principio de no dejarse ver en exceso, ¿aconsejarías a las mujeres que hicieran lo mismo con respecto a las relaciones? ¿Les dirías a las parejas que hoy se aburren enseguida el uno del otro «el 50% de los matrimonios acaba en divorcio y gran parte de la culpa la tiene que maridos y mujeres se cansan los unos de los otros, se cansan y se aburren»? ¿Te parece que si hubiera más misterio, si aprendieran a frenarse y dejar cosas por descubrir, habría más aventura y emoción en las relaciones?

Michael Jackson: Sí, sí, creo que retirarse es bueno. Ya sabes lo que dicen, que la ausencia aviva el amor. No puedo estar más de acuerdo. Retirarse es muy importante. No comprendo cómo las personas pueden pasarse todo el día juntas y estar bien, me parece de lo más tierno, muy bonito…

SB: ¿Has conocido a matrimonios así?

MJ: He visto parejas así, sí, y no sé cómo lo hacen porque deben de tener que ser tan creativos…

SB: Entonces las mujeres con las que tú has salido, las que han tenido la inteligencia de no lanzarse en tus brazos, las que más interesantes te resultaban, ¿eran las que no estaban siempre disponibles y por tanto tenías que perseguirlas un poco?

MJ: Las que tenían clase y eran discretas y no pensaban sólo en el sexo y toda esa locura porque eso no es lo mío.

SB: ¿Ésas son las que más te interesan?

MJ: Ajá. No entiendo muchas cosas que ocurren en las relaciones y no creo que llegue a entenderlas nunca: creo que eso es lo que ha ido mal en mis relaciones, porque no comprendo cómo la gente hace ciertas cosas.

SB: ¿Te refieres a portarse mal con la pareja?

MJ: Sí portarse mal o ser vulgares con su cuerpo. No lo entiendo y eso ha perjudicado mis relaciones.

SB: ¿Entonces para ti el amor es algo muy puro?

MJ: Muy puro. Hay cosas que me escandalizan…

SB: ¿Qué era lo que tenía Diana, lo que tiene ese tipo de mujer?, ¿era la dignidad, esa cierta inocencia? ¿Ves esas cualidades, esa especie de porte regio, en otra gente a menudo?

MJ: No, no se ve muy a menudo, y a mí eso es lo que me encanta. Creo que Diana se preocupaba de verdad por los sentimientos de la gente y que realmente trató de hacer del mundo un lugar mejor. Estoy convencido de que se preocupaba por la gente con todo su corazón, se veía en algunas fotos en las que acariciaba las caras de esos bebés, en la forma en que se los sentaba en el regazo y los abrazaba. No era fingido, se veía que no lo era. A la reina la ves salir con esos guantes a saludar a cierta distancia, ves lo que hay en el corazón. Lo ves. Al final se demuestra con hechos qué es lo que te interesa verdaderamente, y entras en esas chozas y vas a esos barrios y te sientas con la gente y duermes con ellos. Eso es interesarte de verdad. Eso es lo que yo hago. ¿Te acuerdas de que me contaste que habías visto una foto mía en China, con aquella anciana que vivía en una choza? Eso es lo que hago yo: veo de verdad a la gente, me acerco lo suficiente como para poder tocar a la gente.

Michael me estaba leyendo el pensamiento porque a mí también me conmueven las imágenes de la princesa Diana con esos niños enfermos en brazos.

SB: Cuándo vas a una reunión, ¿te das cuenta enseguida de quiénes son los empresarios sin escrúpulos —el beneficio lo es todo, ¡aunque haya que manipular y mentir, lo que sea!— y los que tienen un corazón más puro, más inocente, y son éstos precisamente con los que quieres hacer negocios? ¿Lo notas desde el principio? ¿O más bien ves a la gente con los ojos de un niño y por tanto todo te parece bondad, todo el mundo te parece bueno, motivo por el que a veces acabas asociándote con gente que no es precisamente la más recomendable?

MJ: Sí, eso es verdad también. Funciona en los dos sentidos, pero por lo general se puede detectar, se siente. Hay un hombre en Los Ángeles que trabaja en una tienda que vende vinilos, debe de tener cincuenta y tantos años, pero, por dentro, es un crío de once. Siempre me lo quedo mirando, y él me mira a mí y es como si tuviéramos telepatía. Habla como un niño, mueve los ojos como un niño. Y siempre me digo: «¡Fascinante!» Me encantaría conocerlo más y descubrir qué es lo que tiene exactamente porque... ¡es que es increíble! Y yo lo siento, y lo siento inmediatamente en los niños, claro. A los niños se lo noto inmediatamente y ellos también lo perciben si lo tienes.

SB: Casi es un alivio, ¿no?, ¿un poco como decir «alguien que me comprende»?

MJ: Sí. Se les iluminan los ojos cuando te ven llegar y quieren jugar, y lo notan.

SB: Michael, ¿alguna vez has conocido a una mujer así, que sienta las mismas cosas, una mujer a quien le guste jugar al escondite y las peleas de agua?

MJ: Todavía no. Las que he conocido que son así tienen celos de los niños. Todas sin excepción. Les entran celos hasta de sus propios hijos y empiezan a competir con ellos... Y no hay cosa que más pueda llegar a molestarme.

SB: Hipotéticamente, si fueras Adán en el Jardín del Edén y te encontraras a una Eva que tuviera las características que has descrito, ¿sería tu mujer ideal?

MJ: Desde luego. Pero no la he encontrado. Creo que a los hombres se les da mejor eso de hacer el tonto y jugar, incluso si son mucho mayores y ya tienen treinta y tantos años. En cambio lo típico es que las mujeres vengan y te digan: «¿Se puede saber qué estás haciendo? ¡No hagas eso! ¿Pero te has vuelto loco o qué?». Y el hombre le contesta: «¿Qué pasa? ¡Si sólo nos estamos divirtiendo un rato!».

SB: A las mujeres les parece inmaduro que un hombre se comporte así, ¿no?

MJ: Sí, pero también hay que reconocer que a lo largo de la historia ha habido pocas mujeres que sean asesinas en serie...

SB: Ya, pero no juegan igual que los hombres.

MJ: Ya, ya lo sé.

SB: Incluso cuando son pequeñas juegan con muñecas y casan a Barbie con Ken... Vamos que, en esencia, si los niños están jugando a las guerras de escupitajos, las niñas les dicen «¡para ya!»; hasta de pequeñas quieren ser mayores. Es como si ese tipo de tonterías que hacen los chicos fuera contra ellas como sexo. ¿Alguna vez te has topado con alguna mujer a la que le guste gastar bromas como a ti? ¿Has encontrado en alguna parte a una mujer que coleccione cómics?

MJ: Es muy raro. Si encontrara una me volvería loco por ella, sobre todo si además tuviera esas cualidades y fuera bella por dentro. Iría directo a por ella. Yo creo que también es por esto por lo que los hombres pasan más tiempo juntos sin hacer nada en particular, porque se dedican a todas esas cosas...

SB: Pensando ahora en las madres y los padres... a las madres se les da muy bien hacer los deberes con los hijos, los cuidan y alimentan; pero para jugar a lo bruto hace falta el padre, son los padres los que se tiran por el suelo y se manchan los pantalones de tierra jugando a las peleas, los que hacen castillos de arena... ¿No te parece interesante? Yo diría que hasta cierto punto eso genera un desequilibrio. En cambio, en el colegio, son las niñas las que se ríen de ellos porque son unos inmaduros: «¡Mira a los chicos qué tonterías hacen!». Igual hay que enseñarles a las mujeres a jugar más, tanto como los hombres.

MJ: ¿No crees que son así por naturaleza? ¿No te parece que es un tema biológico, de fábrica por así decirlo, que simplemente las mujeres son otra especie como si dijéramos?

SB: No cabe duda de que son diferentes, pero la pregunta es: ¿por qué no quieren jugar?, y además lo gracioso es que cuando juegan es precisamente cuando coquetean. Dicho de otro modo: si las persigues por la habitación y hay un cierto interés sentimental, entonces sí que entran en el juego y corren de acá para allá entre risas, pero no las ves hacerlo entre ellas: dos niñas no se ponen a jugar al escondite ni a las peleas, pero en cambio sí que están dispuestas a hacerlo con un chico que les gusta. Por ejemplo, muchas de tus fans —a las que les gustas— sí que harían cosas así, sólo por hacerte feliz, pero no sabrías si lo hacen porque de verdad lo disfrutan. Se diría que las mujeres sólo juegan cuando hay idilio por medio. Y luego además hay hombres a los que acaba por no gustarles porque las mujeres los provocan, se ríen y, de repente, obtienen con sus juegos ese control sobre ellos... Yo no debo de conocer ni a cuatro o cinco mujeres que se ajusten a ese ideal, que tengan mucho éxito en lo que hacen, pero al mismo tiempo hayan conservado esas cualidades infantiles y, de momento, sólo se nos ha ocurrido un nombre... Pero en cambio Bill Clinton, por ejemplo, ¿no te parece un hombre al que le encanta jugar? Va a McDonald's a menudo, sale a correr y...

MJ: Va en bici por la Casa Blanca, ¿lo has visto? Iba en bici por la Casa Blanca para ir de una reunión a otra... era una foto fantástica, salía en *Vanity Fair*. ¿Te imaginas a Hillary haciendo algo así? No, no, ni en un millón de años, pero sí hay algunas niñas que juegan como los chicos.

SB: Ya, cuando son niñas, pero cuando crecen, ¿siguen jugando como antes?

MJ: ¿Crees que sienten que pueden ser verdaderamente ellas mismas, y con toda dignidad?

SB: Yo diría que lo que les interesa a las mujeres más que nada en esta vida es enamorarse. No aspiran a seguir jugando igual que los hombres sino a enamorarse y, cuando se enamoran, entonces es cuando dan rienda suelta a ese lado despreocupado de su personalidad que sólo piensa en jugar.

MJ: Pues yo necesito jugar.

SB: ¿La manera como te relacionas con los fans y las fans es diferente?

MJ: A veces sí, pero últimamente he empezado a notar que es cierto que los hombres están cambiando, he visto ese cambio a lo largo de mi carrera: ahora los tipos se ponen a chillar igual en muchos países, ya no les da vergüenza hacerlo, se te acercan temblando de pies a cabeza y te sueltan «¡me encantas!»; ahora hay tipos que nos siguen a todas partes.

SB: Pero las verdaderas fanáticas son las mujeres...

MJ: Sí, ellas son las más leales; han sido muy leales. Son las activistas, las que se pelearían con quien hiciera falta por mí.

Figuras maternales

Shmuley Boteach: ¿Te resulta más fácil relacionarte con figuras maternales como Elizabeth Taylor o tu propia madre —que siempre te dicen que eres maravilloso— o tu hermana Janet? ¿Encuentras que las mujeres tienen más cualidades infantiles en el sentido de ser más sensibles, menos competitivas, con menos maldad? Claro que también has conocido algunas mujeres que eran malas y tenían el típico comportamiento masculino agresivo, como Madonna. Tú mismo me contaste que podía llegar a ser un verdadero mal bicho. ¿Así que crees que esa característica suya es típica de las mujeres también o te inclinas a pensar que ese rasgo de su personalidad es realmente masculino? ¿Te resulta más fácil entablar relaciones cercanas con las mujeres?

Michael Jackson: En cierto sentido, sí, en cierto sentido. Depende de la edad. He conocido a mujeres que están muy amargadas y son malas pero que luego se convierten en unas verdaderas damas. Acaban encontrándose a sí mismas y se convierten en buena gente. Lo he visto con las ex mujeres de mis hermanos, que eran horribles —una auténtica pesadilla— cuando eran jóvenes, pero que, con el tiempo, a medida que han ido cumpliendo años, se han vuelto bondadosas. ¡Y mira que eran horribles... pero horribles! Y luego, con los años, han encontrado el equilibrio, eso es lo que me gusta de ellas, cuando se vuelven buenas de verdad.

SB: Pero, a nivel intuitivo, ¿te parece que es más fácil tratar con las mujeres, que son menos duras que los hombres? Me refiero a que yo, personalmente, encuentro que las mujeres tienen un instinto para cuidar, son más refinadas, más nobles de espíritu por naturaleza.

MJ: Estoy siendo lo más honesto que puedo contigo.

SB: Pero es que muchos de tus mejores amigos resultan ser mujeres...

MJ: Las mujeres son más amables que los hombres, sí, eso es verdad.

SB: ¿Crees que un niño artista, un varón, podría llegar a ser tan mono como lo era Shirley Temple?

MJ: Sí, los hay, pero no es lo mismo... Shirley Temple tenía algo que encandilaba y te hacía sonreír.

SB: ¿Proteges más a Paris por ser niña?

MJ: Paris se las arregla sola mucho mejor a veces. Prince no, cuando se pasan con él no sabe defenderse, mientras que ella no lo permite, ella les planta cara, es dura de pelar, mucho. En serio, tío, en cambio Prince deja que la gente se aproveche de él y no dice nada.

SB: Él es más como su padre, como tú.

MJ: Sí, yo también era así. Mi madre siempre me decía: «No permitas que la gente te haga daño, te pareces demasiado a mí —de hecho lloraba—. No quiero que te parezcas tanto a mí, a mí me duele todo mucho». Porque la gente se aprovecha.

SB: Pero tú nunca te curtiste, se diría que prefieres que se aprovechen de ti antes que aprovecharte tú porque cuando la gente se aprovecha de uno eso duele, pero no tanto como ser una persona malvada o agresiva. La maldad es una forma de corrupción interior y no te permite ser feliz. No hace falta más que ver a la gente malvada, que nunca está contenta, siempre está con mala cara y lo que pretende es que los demás sean igual de infelices.

MJ: Sí. Yo prefiero sufrir, y no creas que me gusta reconocerlo, porque he sufrido mucho, ¡Dios, vaya si he sufrido!, pero lo prefiero.

SB: Tú has visto la cara desagradable de la gente.

MJ: He visto lo peor de la gente… la pesadilla de lo que puede llegar a ser el ser humano, el alma humana. Nunca hubiera siquiera imaginado que la gente normal y corriente podría ser capaz de comportarse de ese modo.

Sin ser en absoluto consciente de sus propias vilezas, Michael, por desgracia, no tenía nada que envidiar a esa gente cuando se ponía a ello, como por ejemplo la ocasión en que salió a dar vueltas por ahí en un autobús de dos pisos especialmente alquilado para la ocasión y con una pancarta donde se leía que su hasta entonces amigo Tommy Mottola, el director de Sony Music, era el demonio. Desdichadamente, Michael estaba completamente ciego con relación a sus propios defectos.

SB: Pero los niños nunca te han hecho nada así, Michael, nunca has visto el lado oscuro de los niños, ¿verdad? A no ser que los hayan influido sus padres…

MJ: O salvo que tengas un puñado de chicos metiéndose los unos con los otros, tratando de impresionarse los unos a los otros con la infancia tan problemática que han tenido y lo duros que son. Si yo criara a algunos de esos chicos que han hecho cosas terribles, estoy seguro de que serían completamente distintos, que ni se les pasaría por la cabeza hacer esas cosas. Claro que si yo hubiera nacido en Jamaica tendría otro acento, y si hubiera nacido inglés ni se me ocurriría… el entorno evidentemente tiene mucho que ver; la genética desempeña un papel fundamental, claro; pero también es importante enseñar a los niños y abrazarlos y darles cariño y mirarlos a los ojos y decirles: «Te quiero, te necesito, estás aquí porque te quiero y te he traído esto porque te quiero». A Prince y a Paris siempre les digo:

—¿Sabes por qué te he comprado esto?

—Porque me quieres —me dicen ellos, que ya saben la respuesta.

—Sí, por eso te lo he comprado.

Necesitan que se lo digas, necesitan saberlo. Yo desearía que me lo hubieran dicho más a menudo. Mi madre es genial, es una santa, es una verdadera santa.

6. IDILIOS Y HERIDAS SENTIMENTALES

Mujeres y confianza: Lisa Marie Presley y las esposas de sus hermanos

Shmuley Boteach: ¿Qué opinas de los hombres que no son fieles a sus mujeres?

Michael Jackson: No me parece bien, pero lo entiendo. Ya sé que es una respuesta un poco rara...

SB: Tú estás rodeado de mujeres que se enamoran de ti porque eres una superestrella y por eso no juzgas a los hombres que son infieles, ¿porque a veces lo atribuyes al hecho de que las mujeres se echan en sus brazos?

MJ: No los juzgo porque las mujeres pueden hacer cosas que verdaderamente vuelven a los hombres muy infelices, yo lo he visto con mis hermanos, los he visto llorar, con los ojos arrasados de lágrimas, sentados en el césped arrancando briznas de hierba bajo sus pies presas de la frustración, todo por culpa de sus mujeres.

SB: ¿Crees que las mujeres de algunos de tus hermanos estaban más interesadas en su éxito que en ellos como personas?

MJ: Desde luego, claro. Iban por el dinero, por eso me prometí a mí mismo que nunca me casaría. Yo fui el que más aguantó, viví en casa hasta los veintisiete o veintiocho...

SB: Así que parte de lo que te atrajo de Lisa Marie fue que ella tenía su propio dinero y ya era famosa, con lo que no tenías que preocuparte de que se acercara a ti por las razones equivocadas...

MJ: Exactamente. Y cuando nos divorciamos no me pidió ni un centavo. No quería nada. Ella ya gana un millón de dólares al año sólo con la venta de suvenires de Elvis y todo eso, y además tiene sus propios negocios. No anda pensando en qué puede llevarse entre las uñas, ¿sabes?

Michael siempre habló con mucho afecto y respecto de Lisa Marie Presley, a excepción de cuando me contó que había intentado convencerlo de que se metiera en la cienciología y lo presionó demasiado, hasta el punto de que tuvo que decirle a las claras que no tenía el menor interés. A Michael la cienciología no le inspiraba mucha simpatía y siempre sacaba a relucir las prácticas de los cienciólogos que, hasta donde él había visto, le parecían carentes de la suficiente espiritualidad o contenido.

SB: Parece como si prácticamente no hubiera más que una mujer en todo el mundo con la que te pudieras casar porque, incluso si eran ricas, las mujeres también podían andar detrás de tu fama. Necesitabas alguien que tuviera tanto el dinero como la fama, vamos que no te quedaba más remedio que acabar con una que se apellidara Presley, McCartney o algo parecido…

MJ: Ya, ya lo sé. Lisa era genial, una persona muy dulce. Lo que pasa es que a mí es difícil atarme en corto, no soy capaz de quedarme en un sitio durante mucho tiempo seguido, así que no estoy seguro de estar hecho para el matrimonio con todas las consecuencias, todo el tiempo.

SB: ¿Querías ser un padre para sus hijos?

MJ: Sí.

SB: ¿Sigues en contacto con los niños?

MJ: Sí, con los niños y con ella.

SB: Pero el matrimonio te restringe demasiado…

MJ: Sí, no sé si tengo la suficiente disciplina, soy demasiado inquieto. Mi vida es ir de acá para allá y a las mujeres eso no les gusta, quieren que te establezcas en un sitio todo el tiempo, pero yo necesito moverme, hasta he llegado a irme a un hotel en la misma ciudad donde tengo casa sólo para sentir que me he ido a alguna parte, por más que tenga casa allí. Supongo que es porque siempre me he movido constantemente, siempre en movimiento…

A la entrada de la casa de Michael en Neverland había unas maletas inmensas que estaban allí siempre, preparadas. De la misma manera que otros compran las cosas siempre por pares —una pieza para tener en la casa donde viven normalmente y otra para la de los fines de semana—, la versión de Michael era que las cosas que no usaba todo el tiempo iban a la maleta y allí se quedaban. Me explicó que viajaba tanto que no le encontraba el menor sentido a andar haciendo y deshaciendo maletas constantemente: lo que llevaba en las maletas nunca salía de éstas.

SB: Tú ya estás acostumbrado, es tu estilo de vida.

MJ: Me encanta estar en movimiento, es que me encanta.

SB: Lo que me impresiona es que siempre llevas a tus hijos contigo, con lo que, aunque estás constantemente de acá para allá, es como si te llevaras la casa a cuestas. A Prince y Paris no los desestabiliza porque tú, que eres su fuente de seguridad, estás siempre con ellos. ¿Pero qué me dices de las familias que no disponen de recursos suficientes para hacer eso, como es el caso de la mayoría? No tienen dinero para andar tomando aviones con sus hijos para recorrer el mundo de punta a punta. A los hombres de negocios no les queda más remedio que viajar, y van en clase turista y solos —que es para lo que da el dinero—, no pueden llevarse a sus hijos con ellos... ¿Crees que no deberían viajar?

MJ: Yo lo siento por los niños, lo siento por los hijos de esos hombres de negocios. Siempre les pregunto a los pilotos y las azafatas cómo lo hacen. La conclusión a la que he llegado es que los niños sufren, sin lugar a dudas: los niños sufren.

SB: O sea que tú no te dedicarías a esto si Prince y Paris sufrieran como resultado. Lo haces porque tienes los recursos suficientes para llevártelos contigo.

MJ: Eso es, no podría hacerles tanto daño.

SB: ¿Te gustaría encontrarles una figura del estilo de Rose Fine, que desempeñara el papel de madre hasta cierto punto?

De Rose Fine ya habíamos hablado en conversaciones anteriores, era la institutriz de Michael y sus hermanos cuando eran niños y una especie de madre suplente para todos ellos.

MJ: Eso estaría muy bien, sería maravilloso. Si la persona fuera completamente sincera, como lo era la señora Fine, alguien que los instruyera, les leyera historias y les enseñara valores, que no hay diferencia entre las personas, que todos somos iguales. Recuerdo que la señora Fine me acariciaba y me sobeteaba la cara y yo no entendía muy bien por qué, y que solía decirme que mis manos eran muy bonitas y yo le preguntaba: «¿Por qué lo dices? ¿No tiene todo el mundo las manos iguales?». En cambio ahora me doy cuenta de por qué hacía las cosas que hacía porque yo se las hago a mis hijos, ahora soy yo el que les acaricia y les sobetea las caras... ¡es que son tan monos! Jamás entendí por qué me lo hacía, pero luego creces y te das cuenta de que es un gesto cariñoso, una manera de decir «te quiero».

La verdad es que la madre putativa de Prince y Paris era la niñera Grace, una mujer dedicada en cuerpo y alma a los niños, pero que también había visto mundo, muy inteligente y muy comprometida con los niños de Ruanda.

Relaciones fallidas con famosas: Madonna, etc.

También hablé con Michael de su amistad con otros famosos, de por qué conectaba mejor con ellos que con las personas comunes y corrientes:

Michael Jackson: Bueno, tampoco es eso, la verdad es que en Hollywood no tengo amigos a excepción de unos cuantos.

Shmuley Boteach: ¿Y por qué no? ¿Por qué no pasas más tiempo con otras estrellas?

MJ: Porque no me parecen gente de verdad. Les encanta estar a la luz de los focos y no tenemos nada en común; ellos lo que quieren es irse por ahí de marcha a los clubes y luego acabar en algún sitio bebiendo y fumando marihuana y toda una serie de locuras que a mí no me interesan. No tenemos nada en común. ¿Te acuerdas de lo que te conté, de cómo Madonna había establecido sus condiciones de antemano?:

—Me niego a ir a Disneylandia, ni hablar—me dijo.

—¿Quién ha dicho nada de ir a Disneylandia? —le contesté.

—Vamos a ir a cenar a un restaurante y luego a un club de estriptis.

—Yo a un club de estriptis no voy —me negué, ¡era un espectáculo de travestis!.

Luego ella acabaría diciendo cosas muy desagradables sobre mí a la prensa y yo respondí declarando que es una bruja, ¡después de lo bien que me había portado con ella! También te he contado que un día estábamos comiendo juntos y se nos acercó un niño:

—¡Ay, qué ilusión, Michael Jackson y Madonna, juntos! ¿Me podéis firmar un autógrafo?

—Lárgate de aquí, déjanos en paz —respondió ella.

—Ni se te ocurra volver a hablarle a ningún niño así en mi presencia nunca más —protesté.

—¡Por Dios, cierra el pico!

—¡No, ciérralo tú!

Así andábamos todo el día. También fuimos juntos a la ceremonia de la Academia una vez pero no es una persona amable, hay que reconocerlo, no es una persona en absoluto agradable.

SB: ¿La gente de tu entorno sentía que era importante que se os viera juntos?

MJ: Ellos no sabían nada, era una cosa entre ella y yo.

SB: Así que lo intentaste pero no funcionó.

MJ: Sí, lo intenté, como intento siempre todo en esta vida.

SB: Básicamente te diste cuenta de que tus valores no coincidían con los de la mayoría de la gente de Hollywood.

MJ: No, para nada. Hacen un montón de locuras que a mí no me van y, en los tiempos en que estaba con Madonna, a ella le había dado por esos libros —tenía una estantería entera— de mujeres encadenadas a paredes y esas historias… Solía decir que le encantaban los libros de azotes en el culo. Pero… ¿yo para qué quiero ver eso?

SB: Sospecho que tiene mucho que ver con la imagen. Creo que leí en algún sitio que había dicho que prefería leer un buen libro al sexo. Pero por otro lado, las cosas vulgares que hace son parte de esa imagen escandalosa que intenta cultivar.

MJ: Pues está mintiendo [sobre lo de leer un buen libro]. Aunque no me quiero meter a juzgarla, igual ha cambiado o dice que ha cambiado.

SB: ¿Por qué crees que dice cosas tan desagradables?

Parece que Madonna ha cambiado: se ha convertido en una devota de la cábala y ha introducido muchos elementos del judaísmo en su vida, ha adoptado un nombre judío y se ha desprendido de su imagen provocativa y lasciva. Además, también parece ser una madre muy entregada y cariñosa.

MJ: Me parece que le gusta escandalizar y sabe cómo tocar las teclas adecuadas para conseguirlo. Creo que su amor por mí era sincero, pero yo no estaba enamorado de ella. Eso sí, hacía muchas locuras, así fue la cosa: yo sabía que no teníamos nada en común. Claro que también estoy prácticamente seguro de que tener un hijo te cambia, por fuerza. No sé cuánto habrá cambiado pero seguro que es mejor persona que antes.

SB: Ahora tiene dos hijos.

MJ: Sí, ya lo sé. Pero, dime, ¿qué te parecería si te llamara por teléfono para contarte que tiene los dedos entre las piernas? A mí me lo hacía y yo le contestaba «¡ay, Madonna, por Dios!», y ella me salía con «cuando colguemos quiero que te toques pensando en mí». Ése es el tipo de cosas que te suelta todo el tiempo, de verdad. Y luego la siguiente vez que la ves te dice: «Éste es el dedo que usé anoche». Era salvaje, estaba completamente fuera de control.

SB: En cambio a ti te educaron en la creencia de que todo lo que tenga que ver con el amor debe ir unido a un cierto pudor... Los valores que te inculcaron a ti son muy parecidos a los del judaísmo. Esas cosas que decía Madonna sólo escandalizan al principio, pero enseguida se convierten en rutina y acaban por aburrir, por eso tiene que andar siempre buscando con qué escandalizar, para mantener la atención y el interés. Cuando se enseñan los pechos a la menor oportunidad llega un momento en que la gente deja de mirar. ¿Te parece vulgar?

MJ: ¿Lo que hace? Claro, por supuesto. No me resulta sexy en absoluto. Creo que se es sexy desde el corazón, por la forma en que se comporta uno.

SB: ¿Por esa razón piensas que las mujeres recatadas son más atracti-
vas?

MJ: Sí. No me gustan las mujeres que andan siempre diciendo: «Me
tengo que hacer las uñas, tengo que ir a que me hagan la pedicura,
y la manicura». Odio todo eso. Me encanta que las chicas sean un
poco más masculinas, que se peleen y se suban a los árboles... Eso
me encanta. Para mí es mucho más sexy, aunque me gusta la gente
que tiene clase. La clase lo es todo.

SB: Si una mujer va por ahí con un escote hasta la cintura...

MJ: A Frank le encanta.

Michael hizo un gesto hacia Frank Cascio, que estaba sentado con nosotros, y todos nos reímos.

SB: Un hombre podría querer llevarse a la cama a una mujer así, pero
eso no significa que quiera enamorarse de ella.

MJ: Por supuesto que la miras. Pero a mí lo que me enamora es la inocencia, siempre se lo estoy diciendo a Frank.

SB: ¿Has conocido a muchas mujeres que tengan esa inocencia o, a
grandes rasgos, dirías que lo que esta generación promueve es que la
mujer no sea inocente, que no se las alienta a preservar su inocencia?

MJ: A mí me encantaría que la conservaran.

SB: Los famosos suelen ser el blanco de gente que se quiere casar con ellos
por las razones equivocadas, por su fortuna y su nombre, pero ¿no crees
que se nota cuando alguien te quiere por los motivos equivocados?

MJ: No, no lo sabes.

SB: Los rabinos de la antigüedad decían que las palabras que brotan del
corazón llegan al corazón, que la sinceridad no puede fingirse. ¿Tú
te das cuenta cuando alguien finge y cuando no?

MJ: No es tan fácil porque ahora las mujeres son muy buenas actrices
y cuando digo buenas, va en serio, pero que muy buenas. ¡Te en-
gatusan de una forma! Fíjate en la Biblia también: hay historias de
mujeres que han llevado a la perdición a los hombres más poderosos
ofreciéndoles lo que tienen entre las piernas; Sansón por ejemplo,
nadie podía cortarle el pelo hasta que llegó Dalila y se lo llevó a la
cama.

SB: Monica Lewinsky y Clinton... Pero en lo que la gente no parece
reparar es en que ella fue a por él, lo cual no es excusa para Clinton,
claro, pero ella también tiene su parte de culpa.

MJ: ¿No te lo dije el otro día? Una mujer ha conseguido hacer un
daño tremendo al presidente. ¿Hasta dónde puede llegar una mu-

jer que se proponga hacer daño al presidente? ¡Mira lo que ha provocado! Por eso no me gusta Barbara Walters, porque fue la instigadora de gran parte de lo que ha pasado, fue la que lo llevó todo a la televisión con aquella entrevista. Quería venir hoy pero cancelé la cita.

La opinión que le merecían a Michael las mujeres venía determinada por sus experiencias infantiles, que no eran en absoluto apropiadas para un niño. Creo que esa imagen tan negativa de las mujeres nunca abandonó a Michael y que tal vez eso explique por qué hubo tan pocas amigas en el círculo de sus más allegados. Michael veía a las mujeres como maliciosas, siempre dispuestas a alimentar las envidias entre los hombres como había visto hacer a sus cuñadas con los Jackson 5. En la mente de Michael, las mujeres podían llegar a resultar lascivas, muy materialistas y más interesadas en su dinero que en él mismo. Evidentemente, esta opinión misógina —de la que en realidad él no tenía la culpa— es altamente ofensiva, pero también muy reveladora, pues deja bien claro el tipo de persona y, más concretamente, de mujer que Michael había atraído en el pasado y cómo esas experiencias lo habían marcado.

Pero había algo más. Tal y como ya he dicho antes, sin duda puede que exista una conexión entre las escenas abiertamente sexuales que Michael presenció siendo un niño pequeño e impresionable y sus posteriores intereses sexuales, que muchos tachan de adolescentes. Podría ser que, a una edad en la que todavía era muy vulnerable, Michael desarrollara la idea de que el sexo entre adultos es una cuestión sórdida que gira en torno a la manipulación y en consecuencia hubiera decidido —a su manera y con poco acierto—, encontrar una carnalidad mucho más inocente. No hay duda de que, en este tipo de asuntos, las conjeturas no siempre resultan útiles, pero es seguro que a los niños los asusta estar expuestos a la sexualidad de los adultos, que no están preparados para lidiar con ese tipo de situaciones.

MJ: Ahora no me gusta nada ir a clubes, ya fui lo suficiente cuando tenía once años, incluso ocho años… bueno, si voy hacia atrás me puedo remontar a los nueve, ocho, siete, seis… La gente se pelea, la gente vomita, se chillan, hablan a gritos, se oyen las sirenas de la policía… Nuestro padre jamás permitió que nos mezcláramos con aquello, nos limitábamos a actuar y nos íbamos inmediatamente, pero a veces no puedes evitar verte inmerso en situaciones delirantes. Yo he visto de todo, por ejemplo que la actuación anterior a la nuestra fuera la de una señora que se quitaba toda la ropa… y luego venía nuestro número: «y ahora, con todos ustedes los simpáticos Jackson 5». Aquella señora le tiraba las bragas al público y un hombre las cazaba al vuelo y se las llevaba a la nariz. Todo eso vi. Recuerdo que se llamaba Rose Marie y se ponía unas cosas en los pezones y les daba vueltas y lo enseñaba todo. Así que cuando cumplí quince o dieciséis, diecisiete igual, y los otros chicos decían:

—¡Vámonos a un club!

—¿No lo diréis en serio? ¿Estáis de broma? —contestaba yo.

—¡El que debe estar de broma eres tú! Hay chicas y alcohol...

Pero yo eso ya lo había hecho, ya lo había hecho de niño, y lo que quiero ahora es formar parte del mundo y la vida que no tuve entonces. ¡Llévame a Disneylandia, llévame al sitio donde está la magia!

La soledad, el deseo de tener hijos y las dudas de Lisa Marie Presley

Shmuley Boteach: Te quería preguntar por la soledad... Siempre que viajas, gracias a Dios, vas acompañado de bastantes personas, gente con la que llevas mucho tiempo, Frank y Skip [el guardaespaldas de Michael entonces, un hombre muy agradable y decente, de Nueva Orleans]. Pero, aun así no es lo mismo que tener una mujer en tu vida. ¿Te sientes solo a veces o estás siempre tan atareado que realmente no te da tiempo?

Michael Jackson: ¿Solo en el sentido de necesitar una mujer a mi lado, una compañera? ¿Te refieres a eso?

SB: Sí.

MJ: Ya he pasado por dos divorcios y el segundo no hace mucho... E incluso cuando estaba casado con esas dos mujeres me iba a dormir por las noches con un dolor en el corazón. Sentía dolor. Ayer me fui a la cama llorando y no he dormido nada bien. Y lloro porque siento un... y no lo hago aposta. Estoy siendo completamente honesto contigo y si no me crees le puedes preguntar a Frank, Shmuley. Frank sabe lo mal que lo paso, lo que me duele pensar en todos esos niños que sufren en el mundo, eso me destroza. Por eso quería tender la mano a cualquier niño que estuviera sufriendo, desde esa niñita [una niña con cáncer que había conocido en nuestra casa] hasta Gavin [que luego lo acusaría de abusos sexuales]. Y sentía que debía hacer algo, llamar, así que lo primero que hice por la mañana fue llamarla, pero ya había salido de casa. Me duele. Pero al mismo tiempo creo que de ahí brota mi verdadero amor, Shmuley. Si puedo ayudar así, por mí bien, no necesito el otro tipo de amor. ¿Sabes?, si conociera a una chica y me pareciera que es preciosa, y eso me pasa con cierta frecuencia y es genial, pues claro que quedaría con ella o algo. Eso no tiene nada de malo. Por ejemplo, Jennifer López estaba espectacular el otro día, en serio, y me sorprendí mucho porque nunca me había fijado especialmente en ella... Pero estaba espectacular [Michael se ríe mientras habla].

SB: Pero has abandonado toda esperanza de que las mujeres te comprendan, ¿no? Por lo general tiendes a pensar que los niños te comprenden mucho mejor.

MJ: No es fácil convivir conmigo siendo mi mujer, no soy una persona fácil y no sé... no lo soy porque dedico todo mi tiempo a los demás o a otra cosa, lo dedico a los niños, a alguien que está enfermo en alguna parte, a la música. Pero las mujeres quieren ser el centro; me acuerdo de que Lisa Marie siempre me decía: «¡Oye, que no soy un mueble, no soy ningún mueble! No puedes simplemente...». Y yo le respondía «no quiero que seas como un mueble, claro que no, ya sé que no lo eres», pero entonces llamaba una niñita enferma que quería hablar conmigo y Lisa se enfadaba y colgaba el teléfono y, ¿sabes?, lo cierto es que yo creo que ésa es mi misión, Shmuley, que tengo que dedicarme a eso.

SB: ¿Y si encontraras una mujer que fuera así de sensible, que fuera increíblemente sensible?

MJ: Como una madre Teresa o una lady Di o... Eso sería genial. Sería perfecto.

SB: ¿No sería mejor que dedicarte a todo eso tú solo?

MJ: Desde luego, sí, sí. Lisa era genial, iba conmigo a los hospitales y era muy dulce. Por ejemplo, hay sitios donde a los niños los atan o los encadenan a la cama y nosotros nos dedicábamos a desatarlos... íbamos por ahí liberando a todos esos niños. A mí esas cosas me enfurecían y ella descubrió a través de mí muchas de las injusticias que hay por ahí, en países como Rumanía o Checoslovaquia, en Praga, y también en Rusia. Deberías ver lo que les hacen a los niños en esos... ¡es increíble! Los atan a la pared y ahí los dejan, igual que animales, desnudos y durmiendo encima de su propio pis y sus propios excrementos. Es horrible, me pongo enfermo. Así que vamos con ropa y juguetes y mucho, mucho amor. Yo quiero a los niños con todo mi corazón. Iba cada día a verlos, los abrazaba, me los quería llevar a todos a Neverland.

SB: Cuando te convertiste en una estrella todavía eras muy pequeño. ¿Te diste cuenta de que se te estaba escurriendo la infancia entre los dedos? Ganaste un concurso con ocho años, en 1964 te eligieron para ser el cantante principal del grupo familiar... ¿Te hacía ilusión o más bien te preocupaba? ¿Te dijiste a ti mismo en algún momento «¿dónde demonios voy a acabar, dónde va todo esto?»?

MJ: No lo pensé. No pensaba en el futuro. Iba tomándome cada día como venía. Sabía que quería ser una estrella, eso sí, quería hacer cosas y dar felicidad a la gente.

SB: ¿Y eras consciente de cuál iba a ser el precio en cuanto perderte la infancia?

MJ: No, en absoluto, no.

Suena el teléfono. Michael habla con el presidente de Sony Records, Tommy Mottola, que lo ha invitado a su boda. Michael bromea diciendo que quiere sentarse en la mesa con los músicos para poder tirarle cacahuetes a Tommy, y yo me digo: «Es que nunca se cansa de jugar».

MJ [al teléfono]: Y diles a los chicos que dejen que la música les hable, que no... que no se precipiten y se lancen sin más, que la escuchen un par de veces y dejen que la melodía se vaya creando sola. Ahí está el tema, que dejen que la música les hable, ¿de acuerdo? Bueno, ¡hablamos!

SB: ¿Tu sueño es ése?, ¿para ti sería como una especie de futuro mesiánico que un día todos esos niños vivieran en Neverland y fueran felices para siempre jamás?

MJ: Sí.

SB: Y si tuvieras los recursos necesarios, de verdad que...

MJ: Lo haría, Shmuley, lo haría, me encantaría.

SB: Lisa Marie, entonces, iba a los hospitales contigo, no tenía ningún problema para acompañarte y ayudarte en ese trabajo de beneficencia que hacías ni en dar amor a los niños y hacer que se sintieran especiales...

MJ: No, no tenía el menor problema con eso, pero discutimos en varias ocasiones porque era muy territorial con sus hijos. Sus hijos eran... su mayor preocupación y yo le decía que no, que todos los niños son como hijos nuestros, cosa que nunca le gustó oírme decir. Se enfadaba. Y, además, una vez discutimos cuando aquellos dos niños mataron a otro en Londres: yo iba a ir a visitarlos a la cárcel porque los habían condenado a cadena perpetua y la reina no les concedió el indulto. Tenían algo así como once años... diez... y yo iba a verlos. Lisa me dijo:

—¿Pero eres tonto o qué? Los estás premiando por lo que han hecho.

—¡¿Cómo te atreves a decir una cosa así?! —le respondí yo—. Seguro que si analizas sus vidas vienen de hogares completamente rotos, fijo que nunca tuvieron unos padres que los cuidaran, que nadie les dio amor ni los miró a los ojos y les dijo «te quiero». Se merecen por lo menos eso. Se van a pasar la vida en la cárcel, yo sólo quiero decirles que los quiero y estrecharlos en mis brazos.

—Pues te estás equivocando...

—¡Tú eres la que se está equivocando!

Luego se supo que, efectivamente, venían de familias rotas, que nadie nunca les prestó la menor atención, que nadie se ocupó de ellos. Su chupete eran esas películas de Chucky donde no hay más que asesinatos y cuchillos ensangrentados, así que estaban condicionados para creer que eso era lo normal.

SB: ¿Y entonces ella reconoció que tenías parte de razón?

MJ: No, siguió pensando que los estaba premiando por lo que habían hecho.

SB: ¿Quería que fueras como un padre para sus hijos?

MJ: Bueno, a eso ya respondió ella una vez que se lo preguntaron en la televisión y dijo «no, ya tienen padre, y el Keogh», el otro tipo. Pero la verdad es que me llevaba muy bien con sus hijos. Les llevaba todos los días algo y siempre me estaban esperando junto a la ventana para darme un abrazo en cuanto entraba en casa. Los quiero muchísimo, ¡y los echo tanto de menos!

SB: ¿Se acostumbró Lisa a vivir en Neverland o le parecía que estaba demasiado aislado?

MJ: Lisa no vivía en Neverland. Íbamos a Neverland de visita como... Yo vivía en su casa de la ciudad y de vez en cuando íbamos a Neverland a pasar el fin de semana, ¡era un gran acontecimiento!

SB: ¿Y a sus hijos les gustaba?

MJ: ¿Me tomas el pelo? ¡Les parecía el séptimo cielo!

SB: ¿Y a ti te gustaba llevarlos a todos allí?

MJ: ¡Ajá!

SB: ¿De repente tenía más sentido para ti porque tenías una familia con la que compartir aquel lugar?

MJ: Sí, sí. Es un lugar para familias, para reunirlas, para unirlas, para unir a la gente a través del amor, el espíritu del juego y de la naturaleza. Neverland hace que las familias se unan más, tiene propiedades curativas.

SB: En vista de lo idealizado que es tu concepto de la familia, ¿te costó mucho pasar por el divorcio entonces?

MJ: ¿Por cuál de los dos?

SB: El de Lisa.

MJ: ¿Que si me resultó difícil?

SB: ¿Lo viste venir, te diste cuenta de que erais demasiado diferentes? Yo tenía ocho años cuando mis padres se separaron y como consecuencia mi idea del matrimonio siempre ha sido muy romántica, supongo que para compensar.

MJ: ¿En serio?

SB: ¡Ya lo creo! Es de lo que hablo en todos mis libros, del matrimonio. Porque no supe como…

MJ: ¿Así que tú crees realmente en el matrimonio y todo eso? ¿Te encanta el matrimonio como concepto?

SB: Es en lo que más creo, sí. Creo en la familia, de verdad que sí.

MJ: Yo también, Shmuley.

SB: Porque es precisamente lo que no tuve. Hasta escribí sobre ti en uno de mis libros hablando del matrimonio, y fue mucho antes de que ni se me pasara por la cabeza que un día llegaría a conocerte. Era el punto central, el punto de partida del libro, el capítulo uno, ¡el principio! ¿Y cómo empezaba?: «En la vida de todos nosotros se oculta un poderoso e insondable misterio. Michael Jackson baja de un avión y 30.000 fans lo están esperando en la terminal del aeropuerto. Se siente muy especial, todos gritan su nombre llenos de excitación, hasta han pedido el día libre en el trabajo para ir a recibirlo. Pero del mismo avión también baja el señor Jones. No hay 30.000 personas esperándolo, tan sólo una, la señora Jones. Y, mientras pasa por su lado toda esa muchedumbre, por más que hasta el mismo Michael Jackson pase a corta distancia, ella los ignora a todos porque para ella la llegada del señor Jones es mucho más importante, mucho más emocionante incluso que la de la mayor estrella del pop».

Te usaba como ejemplo perfecto de cómo el matrimonio nos convierte en estrellas. Es decir, para mi mujer yo soy una estrella, me está esperando en casa, deseando que llegue, tiene mi foto en la pared… ya me entiendes. Uno siente que es especial para alguien. Y, en realidad, no nos hace falta más que un fan de verdad en esta vida.

MJ: Tienes toda la razón.

SB: El secreto en la vida es que no te hace falta tener 30.000 —ni 100— fans. Tú los tienes, Michael, pero puedes contar con los dedos de una mano la gente que está en tu misma situación. La idea es que, con el matrimonio, todo el mundo tiene un fan. Un fan acérrimo que te antepone a todo lo demás. Y no necesitas más. Un fan sincero y cariñoso que te quiere por lo que eres y no los miles de fans que te adoran por lo que haces. Ésa es la primera idea del libro más importante que he escrito hasta la fecha: *Kosher Sex*.

MJ: Lo que dices es muy bonito, Shmuley. Gracias.

SB: Por aquel entonces nunca habría podido imaginarme que te iba a conocer, pero esto ya lo he contado otras veces, tu nombre ha salido en todas las conferencias que he dado por todo el mundo sobre este tema. En otras palabras, mi teoría se resume en que el matrimonio es donde haces que otra persona sienta que es una superestrella igual que Michael Jackson.

MJ: ¡Qué bonito!

SB: Creo firmemente en el matrimonio. Pero, volviendo al tema, cuando tu relación con Lisa empezó a hacer agua, ¿fue muy duro para ti? Teniendo en cuenta el concepto tan idealista de la familia que tienes, todo lo que creías sobre esa relación familiar íntima que siempre habías deseado tener, sobre todo porque sabías…

MJ: Yo quería tener hijos y ella no.

SB: Ella ya tenía hijos y no quería más.

MJ: Sí, y el hecho es que me había prometido antes de casarnos que lo primero que haríamos sería tener un hijo, así que cuando le entraron las dudas y al final cambió de opinión me partió el corazón; y yo andaba por todas partes con bebés de juguete, a veces llorando, así de fuerte era mi deseo de ser padre. Estaba decidido a tener hijos y me llevé una gran decepción cuando ella rompió su promesa, ¿sabes? Y luego cuando nos separamos se pasaba el día con mi madre… y tengo cartas suyas en las que me decía «te daré nueve hijos si quieres, haré lo que me pidas». Por supuesto, la prensa nunca supo nada de todo esto, pero ella lo intentó durante meses y meses, pero llegó un punto en que a mí se me endureció demasiado el corazón, me cerré en banda.

SB: ¿Así que ella intentó una reconciliación?

MJ: Ajá.

SB: Pero los hijos eran el gran problema.

MJ: Por supuesto.

SB: Ella tenía sus hijos y consideraba que ya bastaba…

MJ: Ella tenía los suyos y yo quería que todos sintiéramos que formábamos una gran familia y tener más. Es sólo que… mi sueño es tener nuevo o diez hijos, eso es lo que me gustaría.

SB: Todavía eres muy joven, ¿crees que tu sueño se hará realidad algún día?

MJ: Sí.

SB: Pero claro, eso significa casarte otra vez.

MJ: Ya.

SB: ¿Y no tienes problema con eso?

MJ: Ummm… bueno, también puedo adoptarlos.

SB: ¿Sería posible que estuvieras atrayendo al tipo de chica equivocada por culpa de tu fama, Michael?

MJ: Es complicado, por eso precisamente, es complicado para mí. Muy complicado. Para los famosos el matrimonio no es nada fácil.

SB: ¿Crees que tal vez sólo podrías casarte con alguien que también sea famoso para que no te necesite tanto?

MJ: Desde luego, en mi opinión eso ayuda. Y además entienden a lo que te enfrentas todos los días, porque también les ha pasado.

SB: Vamos, que te ayudan por las razones acertadas.

MJ: Sí, no van detrás de… ya me entiendes… no van buscando lo que has ganado [dinero] ni nada de eso, ¿sabes? Les interesa quién eres, ya sabes: «That's what you are» [Michael lo dice cantando; por esa canción le dieron un Grammy].

SB: Ya, ya; ya te entiendo.

7. LA AMISTAD CON OTROS NIÑOS FAMOSOS

En busca de la verdadera amistad

Michael estaba convencido de que las únicas personas que podían entenderlo eran otros niños famosos como él: sólo ellos sabían lo que supone que te roben la etapa más mágica de la vida; sólo ellos conocían la soledad, el aislamiento —el encierro en definitiva— que acarrea ser una estrella. Me hablaba a menudo de su sueño de crear un museo dedicado a los niños que habían alcanzado el estrellato para mostrar tantos sus triunfos como sus declives.

Shmuley Boteach: El amor y el miedo, como creo que ya te he dicho antes, son opuestos. Son como el fuego y el agua: cuanto más de lo primero, menos de lo segundo; cuanto más valioso te sientes, menos temes tu destrucción; cuanto más amor hay en tu vida, menos espacio le queda al miedo.

Michael Jackson: Es cierto. Yo iba por la calle pidiendo a la gente que fuera mi amiga. Es verdad, en Encino, ahí al lado. La gente se me quedaba mirando y exclamaba: «¡Michael Jackson!». Yo sólo quería tener alguien con quien hablar. Estaba allí arriba, en mi cuarto, solo; con mi madre y mi padre en el piso de abajo viendo la televisión, y yo en mi cuarto de siempre, y todos mis hermanos se habían ido ya de casa porque se habían casado y todo eso, así que yo estaba arriba solo y no tenía adónde ir. Te sientes como un prisionero, sientes que te vas a morir. Y entonces se me ocurrió: ¡ya está, voy a salir a dar un paseo! Así que salí a caminar y la gente se volvía para mirarme, se formaban corrillos, me sacaban fotos... Sabía que parecía triste y había gente que se me acercaba y se ponía a hablar conmigo:

—¿Qué haces por ahí solo?

—He salido a dar un paseo.

—¿Pero por qué? ¿Dónde están tus guardaespaldas?

—No estoy de humor para todo eso, sólo quería caminar un rato, estoy buscando a alguien con quien hablar.

Así que se ponían a hablar conmigo. Lo he hecho muchas veces: le preguntaba a la gente si quería ser mi amiga y me respondían: «¡Sí, claro!». Solía ir a los parques. Con el tiempo me di cuenta de que también podía ser peligroso, pero es que el dolor era tan grande...

SB: ¿Esas personas se sentían intimidada cuando les preguntabas si querían ser amigos tuyos? ¿Te decían cosas como «no puedo ser tu amigo... tú eres Michael Jackson»?

MJ: Hasta les pedía el número de teléfono, y entonces me daba cuenta de lo difícil que me iba a resultar encontrar a un amigo, porque todos estaban siendo amables con el personaje que veían, no con la persona que hay detrás: ¿son amigos de verdad? Era muy difícil.

SB: Pero tú has encontrado amigos de verdad como por ejemplo Elizabeth Taylor.

MJ: Sí.

Michael y Shirley Temple: dos almas gemelas

Michael acababa de visitar a Shirley Temple en la casa de ésta en San Francisco para conocerla: venía entusiasmado y estuvimos hablando de lo que visitas similares a otros niños artistas habían significado para él, lo que resultó ser un tema delicado.

Shmuley Boteach: Estábamos hablando de Shirley Temple, de que te dijo que para ella eras como un alma gemela porque tú fuiste una estrella desde muy pequeño igual que ella.

Michael Jackson: Sí, así es.

SB: ¿Así que lo organizaste todo para ir a conocerla?

MJ: Bueno, ella tiene un amigo que también es buen amigo mío; lo conoce desde hace veinticinco años y está tan loco... [Michael se refiere al productor y promotor David Guest, más conocido fuera de Hollywood por su fallido matrimonio con Liza Minnelli.] Pero ese tipo se ha convertido en alguien muy poderoso porque produce muchos espectáculos y eventos con famosos y la verdad es que es genial. Así que fui con él a conocerla, y también estuvimos mucho rato en la exposición de objetos de famosos que se estaba celebrando allí, porque a mí me encantan los objetos emblemáticos de películas; fui todos los días; disfrazado, claro, aunque creo que la gente me reconocía. Pero fue divertido en cualquier caso, me lo pasé en grande con Shirley Temple.

SB: ¿Cuánto tiempo pasaste con ella?

MJ: Varias horas. Fui a su casa y salí sintiéndome como si hubiera vuelto a nacer, de verdad. No sabía que me iba a poner a llorar cuando la viera, pero es que me derrumbé... Le dije:

—Tú no te lo puedes ni imaginar, pero la verdad es que me has salvado la vida.

—¿Qué quieres decir? —me preguntó.

—Muchísimas veces he sentido que ya no podía más y he querido tirar la toalla, pero entonces miraba tu foto y eso bastaba para sentir que había esperanza y que podía superarlo.

—¿De verdad?

—Sí, de verdad.

Había una persona que viajaba conmigo y cuyo trabajo era llegar al hotel antes que yo y decorar la habitación entera con fotos de Shirley Temple. Estuve haciendo eso muchos años, y él se encargaba de decorar todas las paredes con fotos y recortes de ella para que cuando yo entrara en la habitación la viera; y también tenía su foto pegada con celo al espejo del camerino.

Al oírme contar aquello, Shirley se puso muy contenta y me dijo:

—Me encantas, quiero que nos conozcamos mejor. Quiero que me llames a menudo, ¿me oyes? —y luego me miró y añadió—: Siento mucho haber crecido.

—No te avergüences por eso —le contesté—, porque ya sé lo que es, a mí también me ha pasado.

En una ocasión estaba en un aeropuerto —no lo olvidaré nunca— y una señora dijo:

—¡Ay, qué ilusión, los Jackson 5! ¡Qué emoción! ¿Dónde está Michael, el pequeño?

—Soy yo, señora —le respondí.

—¡Aaaaj! ¿Pero qué ha pasado? —se espantó ella.

El hecho es que la gente quiere que sigas siendo pequeño toda la vida, pero tú vas creciendo y pasas por esa etapa rara y la gente se empeña en que no crezcas. A ella [Shirley Temple] le pasó también y eso acabó con su carrera en el cine. Yo en cambio evolucioné hacia otras cosas. La mayoría de los niños que alcanzan el estrellato de pequeños no llegan a evolucionar porque se convierten en seres autodestructivos, se destruyen a sí mismos por culpa de la presión.

SB: ¿En qué consiste la presión?

MJ: La presión consiste en que gustaban mucho y todo el mundo los adoraba de pequeños y luego llegan a una edad en la que los estudios ya no los quieren porque el público ya no los reconoce y se convierten en viejas glorias. Muchos no llegan siquiera a los dieciocho o diecinueve, los veintitantos a lo sumo... ésa es la verdad. Por ejemplo, lo chavales de aquella serie infantil que se llamaba *La pandilla*; o Bobby Driscoll, el que tocaba «So Dear to

My Heart, Song of the South», que murió a los dieciocho años. A toda esa gente, si analizas su vida, le ha pasado lo mismo, y es muy duro.

SB: ¿Hablaste con ella de estas cosas?

MJ: Si, sí que lo hablamos.

SB: ¿Cómo encaró la transición, hacerse mayor y dejar de ser la niñita monísima que adoraba todo el mundo?

MJ: Me contó que tuvo que ser muy fuerte y que, aun así, no resultó nada fácil, que lloró mucho. Se llora mucho. Yo lloré muchísimo. Ella fue muy fuerte y aguantó, pero es muy duro. Ahora está escribiendo otro libro; ya tiene uno y ahora está con el segundo. El primero se llamaba precisamente *Child Star* [niña estrella]. No lo he leído, creo que no estoy preparado.

SB: ¿Sientes que ella es una de las pocas personas que te comprende porque tú no tuviste infancia igual que ella?

MJ: Yo le pregunté «¿fue divertido?» y ella me contestó que sí, que se lo había pasado muy bien, a lo que yo le respondí que yo también. A mí subirme a los escenarios me encantó desde el principio, me encantaba actuar. Hay otros, como Judy Garland, a los que poco menos que los empujaban para que salieran a escena, que no querían hacerlo, y entonces sí que se complicaban las cosas. Elizabeth [Taylor] consiguió superar aquella fase y seguir, ella lo ha pasado muy mal, ha sido una verdadera pesadilla porque también se hizo famosa muy pronto, pero lo consiguió, y por eso nos entendemos tan bien, ¡desde luego que sí!

SB: ¿Son todos como tú? ¿A todos les encantan los niños?

MJ: A todos les encantan, sí. Y todos tienen cosas divertidas en la casa, a mano, les gusta jugar y se comportan como niños porque no tuvieron ocasión de serlo, por eso a todos les encanta tener juegos y cosas divertidas y nadie entiende por qué. Nunca se ha escrito un libro sobre este tema porque somos pocos los que lo hemos logrado y todavía seguimos por aquí para hablar de ello. No es nada fácil… de verdad que no es nada fácil.

SB: Así que tú te sientes a gusto en su compañía, ¿no? Has dicho que saliste de su casa con la sensación de haber vuelto a nacer. ¿Sientes que te ha redimido estar con ella?

MJ: Mmm, sí [empieza a llorar]. No sé si lo entiendes…

SB: Para ser sincero contigo, no creo que lo entienda del todo, pero me gustaría…

MJ: No lo entiendes, ¿verdad?

SB: Lo estoy intentando. Tú explícame de dónde viene el dolor. Supongo que puedes explicar de dónde viene, ¿o cuando estás con Shirley Temple no tienes ni que explicarlo porque ya lo entiende sin que digas nada?

MJ: Es como si tuviéramos telepatía, como si sintiéramos las palabras del otro; nos miramos a los ojos y sentimos al otro. Es algo que se nota inmediatamente, como una especie de comunicación silenciosa, te lo prometo. Yo sabía que me sentiría así en cuanto la viera, lo sabía. Me pasa lo mismo con Elizabeth [Taylor].

SB: ¿De dónde viene tu dolor, Michael? Cuando te derrumbas como ha pasado ahora, ¿qué es lo que te duele?

MJ: Me duele que todo haya pasado tan deprisa, que el tiempo haya transcurrido tan deprisa. Sientes que te has perdido muchas cosas. La verdad es que no cambiaría nada, pero el dolor te lo provoca el hecho de que en realidad no tuviste la oportunidad de hacer ciertas cosas sencillas pero importantes, y eso duele. Cosas pequeñas y sencillas como... por ejemplo... yo nunca tuve una fiesta de cumpleaños ni Navidad ni me quedé a dormir en casa de ningún amigo, no tuve ninguna de esas cositas sencillas y divertidas. Otro ejemplo: ir a una tienda y simplemente comprar lo que sea y pagarlo en el mostrador, cosas como eso, el mero hecho de ir y venir haciendo lo mismo que todo el mundo.

SB: ¿Así que todo el mundo sueña con dar un concierto ante cien mil personas y tú en cambio suspiras por hacer las cosas sencillas que hace cualquier persona?

MJ: Por eso cuando busco amigos nuevos suele ser gente normal y no otras estrellas, porque quiero saber cómo es su vida, por eso acabé en esa choza de China o me da por meterme en simples cabañas de barro donde vive mucha gente en Sudamérica: quiero ver cómo es todo. Hasta he dormido en algún sitio de lo más original; luego cuando lo cuento la gente me dice «¿te has vuelto loco?», pero yo les digo: «No, de eso nada, sólo quería ver cómo es».

SB: ¿Qué crees que te has perdido? ¿Crees que te has visto privado de algo esencial en la vida? Porque por lo general a los niños se les quiere sin que tengan que hacer nada para merecerlo, no tienen que demostrar nada a nadie. ¿Es eso lo que echas de menos? ¿Lo que lamentas es que siempre has tenido que trabajar, que esforzarte para demostrar lo que sabes hacer, que nunca podías simplemente ser? Te evaluaban, te juzgaban, te miraban constantemente... ¿Te sentías como una atracción de feria?

MJ: Sí, y al final cansa, te agota: no puedes ir a ningún sitio sin que manipulen lo que haces y dices, y eso me molesta terriblemente porque no te pareces en nada a la persona sobre la que luego escriben, ¡pero es que no te pareces en lo más mínimo! Que te llamen *whacko* [pirado] no tiene la menor gracia. La gente cree que tienes un problema porque otros se lo inventan, yo no soy como me describen, de hecho soy exactamente lo contrario.

SB: Alguien dijo una vez que la esencia de la soledad es sentir que no te comprenden. ¿Tú te sientes solo, estando donde estás, por ese motivo?

MJ: Sí, por supuesto.

SB: ¿Estás solo y te conmueve encontrarte con alguien como Shirley Temple que está en la misma situación, igual de sola?

MJ: Sí, ella sí que lo entiende, con ella lo puedes hablar. Es difícil conseguir que el resto de la gente lo entienda porque no ha pasado por lo mismo. Tienes que haberlo sentido, tienes que haberlo tocado tú mismo, haber experimentado cómo es en realidad.

SB: ¿Y Shirley Temple también ha mantenido esos rasgos característicos de los niños? ¿También le encanta jugar o tuviste que llegar tú para hacer aflorar eso en ella?

MJ: Estaba ahí, simplemente estaba en ella: vino a la puerta con el delantal puesto porque estaba preparando el pollo que luego nos comimos, y no paraba de acariciarme la mano cuando nos sentamos a la mesa, con fuerza, era como si supiera exactamente qué hacer en todo momento, no sé si me explico... Después nos quedamos un rato de sobremesa y estuvimos hablando, nada más, estuvimos hablando. Y yo estuve contemplando unas fotos maravillosas, porque tiene una de cada película que ha hecho en una estantería, y son originales de [George] Hurrell —un gran fotógrafo—, una cosa increíble. También conserva todos los vestidos que llevó en las películas. Lo conserva todo. Le prometí que haría un museo dedicado a los niños artistas y me dijo que donaría todas sus cosas al museo, todas las fotos, todo, en honor de los niños artistas. La gente ya ni se acuerda de ellos. Creo que la gente no tiene ni idea de que Bobby Driscoll desapareció durante un año aproximadamente y ya nadie lo reconocía, ni su familia reconoció a su hijo en el cuerpo de aquel drogadicto que murió de una sobredosis de heroína y acabó en una fosa común. ¡Y fíjate que fue un gigante de Disney, la voz de Peter Pan! También actuó en *Danny* y le dieron un Oscar por *La ventana* y *Canción del Sur*. Pienso en todos esos niños artistas y me identifico con ellos inmediatamente.

Estaría muy bien que quienes han pasado a ser los dueños y encargados de Neverland consideraran el deseo de Michael de hacer un museo en honor de los niños famosos tal y como él se había propuesto: tal vez serviría para enseñar una lección muy valiosa a todos los padres que empujan a sus hijos a convertirse en artistas a edad muy temprana.

SB: ¿Vas a visitarla más veces?

MJ: ¡Ya lo creo! Y la voy a invitar a Neverland. Me ha dicho que le dé recuerdos a Elizabeth de su parte. No hacía más que preguntarme por ella.

SB: ¿Se conocen?

MJ: Se han visto en varias ocasiones y pasaron algún tiempo juntas; se lo he comentado a Elizabeth hoy y me ha dicho «¡salúdala de mi parte!», y cuando le conté que había pasado el fin de semana con Shirley me dijo «¿en serio?»; cuando se lo confirmé se sorprendió mucho de que me hubiera presentado allí: ¡una risa!

SB: ¿Qué tenía Shirley Temple que te emociona tanto? ¿Crees que todas las niñas llevan una Shirley Temple dentro?

MJ: Lo que más me impresionó siempre fue su inocencia, cómo contemplar su fotografía me consolaba cuando estaba triste. No era tanto que bailara y cantara, era su forma de ser. Creo que su don es hacer que la gente se sienta bien por dentro. Todos los niños lo tienen, pero ella… ¡era como un ángel! Cada vez que veo una foto o una película suya me siento bien. Tengo puestas fotos suyas en esa habitación de ahí. Me hace sentir bien, feliz.

SB: ¿Viste a Shirley Temple en Shirley Temple Black cuando la conociste? ¿Todavía era la niñita? ¿Era como tú, ha conservado esa inocencia infantil o más bien volvió a salir a la superficie porque tú se la sacaste?

MJ: La sigue teniendo. ¡Es tan dulce!

SB: ¿Cuánta gente conoces que sea así? ¿Es realista esperar conocer a gente así? ¿Te encuentras con muchos adultos ante los que puedas bajar completamente la guardia y no tengas que andarte con cuidado en su presencia o no te intimiden?

MJ: Muy pocos.

SB: Así que muy pocos lo han conseguido. Los que sí lo han logrado, ¿suelen ser personas como Elizabeth Taylor, que se convirtió en estrella siendo muy pequeña? ¿La gente que no tuvo infancia se pasa luego la vida tratando de recobrarla y por eso se comportan como niños?

MJ: Sí, y luego hay gente que lo tiene de forma natural. Mucha gente creativa lo tiene aunque su infancia haya sido maravillosa. He conocido a gente así, he trabajado con ellos, directores y escritores, y son iguales que nosotros en ese sentido: todos coleccionamos cosas parecidas, a todos nos encantan las mismas cosas. Yo entro en el sótano de George Lucas y me encuentro con las mismas cosas que colecciono. Steven [Spielberg] colecciona también las cosas que a mí me gustan. Nos intercambiamos consejos sobre las colecciones, sobre dónde encontrar piezas. Las colecciones pueden ser de lo más variadas, desde objetos sencillos como cromos de ésos que te daban con los chicles o revistas... hasta originales de Norman Rockwell. Por ejemplo, hoy he estado en casa de Steven Spielberg y tiene un Norman Rockwell maravilloso, enorme, una preciosidad.

En Nueva York, Michael me llevó a la galería de un marchante de arte que tenía toda la sala abarrotada con originales de Norman Rockwell. Michael iba corriendo de un cuadro a otro explicándome los detalles. Pocas veces lo he visto tan entusiasmado.

Elizabeth Taylor: un vínculo especial

Michael Jackson: Elizabeth Taylor es como una niña, y si dice «no quiero hacer eso» no hay quien la saque de ahí... Cuando se estrenó la película de animación *Bichos* me estuvo dando la lata durante días para que me organizara los compromisos de manera que pudiéramos ir juntos a verla. ¡Total!, que ahí nos tienes a los dos en un cine a eso de la una de la tarde. Elizabeth me obliga a salir todos los jueves porque dice que soy demasiado ermitaño y a esa hora todo el mundo está trabajando así que nadie nos molesta aunque vayamos a un cine normal... que al final nunca pagamos... Es que ya... vamos sin dinero... Bueno, nada más vernos exclaman: «¡Santo Dios, Elizabeth Taylor y Michael Jackson!». Hasta nos invitan a palomitas, a todo. A ella le encantó *Bichos* y también le entusiasma Neverland: se sube al carrusel y a la noria, pero en las atracciones que dan más miedo no.

Elizabeth tiene otras características típicas de los niños. Empezó muy pronto también, el papel en *Jane Eyre* lo hizo con ocho o nueve años. Nuestros padres se parecían mucho, los dos eran duros, severos, hasta brutales. Le gusta jugar y es muy joven de espíritu, muy alegre, siempre encuentra la manera de ver el lado divertido y reírse, incluso cuando está sufriendo. Y siempre está dispuesta a jugar a algo, o a ir a nadar, lo que sea. Los niños se le dan muy bien, le encantan los juguetes y los dibujos animados. Con ella aprendo muchísimo, me cuenta cosas de James Dean y de Montgomery Clift, porque hizo películas con toda esa gente... Me explica cómo eran en realidad, quiénes eran buenos y quiénes no.

Una vez estábamos en Singapur —me acompañó durante casi toda la gira de *Dangerous*— y decidimos que queríamos ir al zoo: hicimos una visita privada y fue muy divertido. Ella es la madrina de Prince y Paris, y Macaulay es el padrino. Elizabeth desde luego ha conservado ese aire de niña pequeña: la niña de *Jane Eyre* y *La cadena invisible* sigue estando ahí. Lo ves en el brillo de sus ojos, tiene el mismo brillo que los niños en los ojos. ¡Es tan dulce! Pero Shirley [Temple] también, y suele decir: «¿Lo notas verdad? Notas que eres uno de nosotros».

Elizabeth Taylor y yo somos como hermanos, como madre e hijo, como amantes... es una mezcla de todo... es algo muy especial. A veces por teléfono empezamos a quejarnos poniendo vocecillas lastimeras... «Te necesito... Y yo te necesito a ti»... Nos podemos pasar horas hablando de todo y de nada. Ha sido la amiga más fiel, dice que me adora y haría cualquier cosa por mí, dice que Hollywood tiene que hacer una película para nosotros dos, que tenemos que hacer algo juntos.

Shmuley Boteach: ¿Te pones celoso cuando queda con otros hombres? Bueno, el hecho es que se casó en tu jardín.

MJ: ¿Qué si me pongo celoso? Sí y no. Tengo claro que si nuestra relación pasara a ser romántica la prensa se cebaría y nos llamarían «la extraña pareja», que todo se convertiría en un circo y el dolor que eso supondría. ¿Sabes?, a veces tiene que ir en silla de ruedas y yo la llevo, cuando no está suficientemente bien para caminar. Lo que haya entre ella y yo no es asunto de nadie. No sé por qué se supone que tengo que estar con gente «como yo». A veces algún rapero me dice «¡ey, vámonos por ahí a un club!», pero yo siempre digo lo mismo: «¿¡Qué dices!? ¡Ni en broma!». Ésa no es la idea que tengo yo de pasarlo bien.

Durante esa gira *[Dangerous]* ella me estuvo dando de comer porque yo no quería: cuando me disgusto dejo de comer, a veces hasta me desmayo. [La razón de su disgusto era que se habían presentado las acusaciones por abuso de menores de 1993.] Agarró una cuchara y me obligó a abrir la boca y a comer; dijo que no pensaba dejarme ir a ninguna parte sin ella aunque sus médicos le aconsejaban que no viajase. Siguió la gira conmigo hasta Tailandia y luego a Londres, donde estuve escondido en casa de Elton John, que se portó muy bien conmigo, es una de las personas más maravillosas que conozco. Él y yo nos encargamos de todos los gastos médicos de Ryan White, aquel niño que contrajo el SIDA por una transfusión y lo expulsaron del colegio.

Al final me tuvieron que alimentar por vía intravenosa. A veces me dan estas crisis graves con la comida, no puedo comer nada durante semanas, pero me alimento de alguna forma para mantener el peso. Lo que me echa para atrás es que no me gusta la idea de comerme nada que haya estado vivo y luego acaba muerto en mi plato. Me gustaría ser vegetariano estricto, pero los médicos siempre están insistiendo en que coma pollo y pescado.

8. SOBRE NIÑOS E INOCENCIA

¿Pueden los niños enseñarnos a amar?

Muchos lectores pensarán que Michael se sentía atraído por los niños debido a razones perversas, pero merece la pena oír lo que él mismo dice al respecto. Michael me repetía constantemente que adoraba la inocencia. Recordemos por un momento: llevaba actuando en clubes desde los cinco años y me contó que veía números de estriptis y otros espectáculos para adultos desde muy pequeño. Tal y como yo he sostenido de manera constante, es muy posible que acabara por asociar el sexo con algo sucio y corrupto. Vio cosas que un niño no debe ver. Eso explica su amor por la inocencia. Los niños le ofrecían un refugio frente a ese mundo lujurioso en el que se vio inmerso. Los padres podrían extraer una importante lección de todo esto: hemos de ser extremadamente cuidadosos con las situaciones propias de adultos a las que exponemos a nuestros hijos porque pueden marcarlos de por vida.

> **Shmuley Boteach**: ¿Crees que los niños nos pueden enseñar qué es el amor?
>
> **Michael Jackson**: Sí, a su manera, porque son tan cariñosos... Nos pueden enseñar qué es el cariño, la quintaesencia del cariño para ser más exactos, y un cariño que es pura inocencia. Por eso me gustan tanto. Le estaba diciendo a Frank el otro día: «Frank, estoy enamorado de la inocencia, por eso te quiero a ti, por eso quiero tanto a los niños». Dios es inocencia. Ser tan inocente y enfocar las cosas con esa visión tan dulce de la vida, con esa mirada verdaderamente dulce... Como cuando un niño está dando vueltas por la casa y le preguntas «¿en qué andas?» y te contesta «no sé, ¡jugando!». Me parece tan tierno. Me encanta. Por eso en el cuadro [en la casa de Michael hay un cuadro que muestra a cientos de niños jugando en Neverland] hay un niño gritándole al viento de pura alegría: grita por gritar, sencillamente. Me encanta eso. Romanticismo. Romanticismo.
>
> SB: Se diría que ellos sí creen en el amor, no tienen miedo de que les hagan daño. Hoy a la gente le da miedo amar.

MJ: ¿El amor y el romanticismo son cosas distintas? Pues yo creo que las confundo. Para mí el romanticismo es algo que se anhela y ese anhelo supone encontrarse en un estado de ánimo particular.

SB: ¿Te parece que las películas de Hollywood restringen el concepto de romanticismo?

MJ: Sí, mucho.

SB: Los niños son bastante románticos, tienen idilios en el parvulario...

MJ: ¿Te refieres a que se encaprichan, a que se enamoran de otros niños?

SB: Sí.

MJ: Ya, claro que les pasa. Pueden enseñarnos a ser cariñosos y dulces, y así nos enseñan que seguramente... Le dan a todo el mundo una oportunidad. Yo les digo a Prince y a Paris que quieran a todo el mundo.

Por qué Michael no salió de la infancia

Shumuley Boteach: Cuando la gente utiliza la palabra «adulto» puede estar refiriéndose a alguien maduro, equilibrado, con formación, ecuánime. Ahora bien, la palabra tiene además una vertiente negativa que quiero comentar: puede tener una connotación de cinismo, desconfianza, maquinación, manipulación, corrupción, de juzgar a los otros, puede asociarse a las cicatrices de la vida... Dime algo negativo que van aprendiendo los adultos a medida que van cumpliendo años.

Michael Jackson: Tienen tantos problemas los adultos... Están tan condicionados por los pensamientos y los sentimientos de otros... Por eso no me fío de los perros: no por el perro, es porque la gente transmite lo que cree y vierte toda la ira y la frustración en ese animal que acaba volviéndose malvado, loco. Así que cuando el perro se acerca para olisquearme ya no sé qué trae dentro. Lo mismo les ocurre a los adultos. Eso es lo que me da miedo.

Efectivamente, cuando fuimos a ver a Michael nos lo encontramos rodeado de todos los animales que uno pueda imaginarse, incluidos tigres y elefantes, pero no tenía perro. Michael me preguntó por qué nosotros tampoco y le dije que me preocupaba que los niños no se ocuparan del animal. Al cabo de un tiempo, justo un poco antes del décimo cumpleaños de mi hija Chana, Michael llamó desde Neverland: «Shmuley, ¿te enfadarías si les regalara a tus hijos un perro, uno muy pequeño?». Yo le dije: «Bueno,

Michael, es todo un detalle por tu parte, pero ya te comenté que me preocupa que los niños no se ocupen del animal». Al día siguiente llamaron a la puerta: no había nadie cuando abrimos, pero habían dejado una preciosa cachorra de pastor maltés. Los niños se pusieron como locos. Marshmallow, que es como mis hijos la bautizaron, ha sido un miembro más de nuestra familia desde entonces. A las pocas semanas, cuando Michael vino a cenar a casa con sus hijos, éstos estuvieron jugando con la perrita y le suplicaron que les comprara una a ellos también, una petición que él acabó por concederles: nuestra perrita lo había ayudado a superar el miedo a los perros. Claro que era un regalo suyo...

SB: Así que te gusta conocer la motivación de las personas, quieres saber si su fondo es bondadoso o malvado...

MJ: Sssssí. Pero el hecho es que eso es sólo una representación de lo que la gente se ha permitido convertirse a sí misma: en algún momento parecen extraviarse, mientras que yo en lo que creo en permanecer siempre inocente, sencillo, como un niño. Como dijo Jesús, «en verdad os digo que si no os hacéis como niños no entraréis en el reino de los cielos». Muchos adultos, cuando se acercan a mí, se fijan en cómo voy vestido y con quién estoy. Me doy cuenta. Y luego, cuando hablan conmigo y ven que no soy más que un hombre normal que quiere ser su amigo, su corazón se derrite. Lo noto.

SB: ¿En cambio los niños tienden a aceptar desde un principio a las personas, no juzgan?

MJ: Sí, son muy abiertos: «¡Qué ilusión, es Michael Jackson!». Y yo los saludo: «¡Hola!». Entonces viene cuando algún adulto sonríe e interviene: «Hola —y luego, al cabo de unos momentos de valoración—: Me gusta mucho lo que haces» (pero no te lo dicen todo, no permiten que se les note que están impresionados).

SB: ¿Y por qué no? ¿Por qué reprimen su entusiasmo? ¿Están tratando de indicar: «No me vas a impresionar, no te creas... Yo también soy una persona como tú»? ¿Es por inseguridad?

MJ: Hay una especie de batalla psicológica en su interior sobre cómo acercarse a mí, qué decir, qué no decir... Pero yo quiero que sepan que se trata de ser ellos mismos, ser como niños, ser inocentes, exactamente tal y como eran al nacer.

SB: Tal vez lo que estás diciéndoles es: «No tengo intención de ser más importante que tú, yo soy yo y tú eres tú». Es casi como si les estuvieras transmitiendo que los niños —y no los adultos— son en realidad tus iguales.

MJ: Por supuesto que lo son. Puedo relacionarme con ellos mucho más fácilmente, ellos no vienen con todo ese equipaje de vivencias, prejuicios y demás; sólo quieren jugar, no quieren sacarte nada. Y tú tampoco quieres nada de ellos, sólo su amor e inocencia, y encontrar juntos la verdadera felicidad y la magia.

SB: También está el tema de que los adultos te conviertan en alguien que no quieres ser: no quieres mostrarte artificial ni a la defensiva, y no quieres hablar de tonterías. Cuando los niños se te acercan con todo su entusiasmo, eres Michael; pero en cambio entre adultos el orden del día es otro: has mencionado la analogía del perro, o sea, que tú tampoco sabes cómo reaccionar y te pones a la defensiva porque te convierten en alguien que no quieres ser.

MJ: Eso es. Por eso he acabado por... No es que les haya dejado ganar la guerra, pero digamos que no me interesa demasiado su compañía. Pero se puede lanzar el mensaje: queremos cambiar a mucha gente, que las personas se vuelvan más parecidas a los niños. Y las vamos a bautizar —en sentido literal y figurado— con nuestras ideas y nuestros libros, con todo lo que hagamos. Sin embargo hay mucha gente por ahí que ha cerrado la puerta mentalmente y no quiere cambiar, se niega a ver la luz. Nosotros podríamos ayudar a mucha gente; muchas personas se han vuelto tan duras... están tan condicionadas... Pero creo que se puede cambiar a mucha gente, ¡eso es lo más maravilloso de todo este asunto!, que se les puede enseñar. Los adultos vienen a Neverland y me dicen: «¿Sabes? Aquí he hecho cosas que llevaba años sin hacer... aquí se pueden bajar las barreras y ser niño otra vez». Yo les respondo: «Para eso existe Neverland, para volver a la inocencia, para divertirse».

Dios nos salva a través de los niños

Shmuley Boteach: Tú has sufrido mucho con los ataques de los que has sido objeto, y yo lo he visto con mis propios ojos, y se lo digo a la gente —que se cuentan muchas mentiras, basura, cosas inventadas— y no es justo. Así que, ¿por qué no te has convertido en un cínico, por qué no has tirado la toalla?

Michael Jackson: Te lo voy a decir: porque con el dolor y los puñales que me han clavado por todos lados... nadie habría podido soportarlo, a estas alturas, seguramente muchos se habrían suicidado... se habrían dado a la bebida, porque la gente ha sido muy cruel y muy maleducada conmigo. Y si creen que no oigo ni veo lo que hacen...

pues que sepan que sí. Han sido los niños, aguanto por ellos, si no ya me habría rendido, de verdad que no habría aguantado.

SB: ¿Te has apoyado en los niños para poder seguir o estas diciendo que sigues porque crees que Dios te ha confiado la misión de cuidar a los niños a los que nadie presta atención?

MJ: Dios me ha confiado una misión, lo siento así, la misión de hacer algo por ellos y ellos me han brindado el apoyo y la fe y el amor necesarios para aguantar, para aguantar. Cuando me miro en el espejo me veo completamente curado. Es como si me hubieran bautizado de nuevo. Cuando miro los ojos de un niño es como si Dios me estuviera diciendo: «Michael, todo saldrá bien al final».

SB: Pareces estar diciendo que has cumplido con tu misión excepto la parte más importante y que sigues aguantando precisamente por esa gran misión, por el hecho de que desde tu posición puedes ayudar a los niños. ¿Significa eso que ya no tienes las mismas ambiciones musicales?

MJ: ¿Estás bromeando? Todo esto ha potenciado mi inspiración para cantar y bailar hasta el infinito.

SB: Y a los adultos también eres capaces de darles amor. ¿Todavía confías en los adultos?

MJ: Confío en los adultos…

SB: Pero al principio desconfías… no te queda otro remedio.

MJ: Sí, porque me han traicionado y me han engañado de tantas formas y tantas veces… Ha habido adultos que han venido a decirme con lágrimas en los ojos: «Es vergonzoso lo que has tenido que pasar, y nunca, nunca jamás haría nada que te hiciera daño». Y luego se dan la vuelta y te hacen daño. Francamente, ése es el tipo de mierda que he tenido que soportar, gente con lágrimas en las mejillas y dándome abrazos que luego acaba demandándome por alguna historia ridícula… como aquel fotógrafo, o gente a la que despiden del trabajo y, por más que yo no haya tenido nada que ver, me demanda a mí aunque yo no haya hecho nada. Ese tipo de locuras.

SB: Seguramente en su momento creían que la culpa era tuya, y ése es el problema. Luego, al día siguiente, cambian las emociones… En cualquier caso, muy en el fondo, tú todavía confías en el prójimo. Tal vez hayas tenido motivos para sentirte traicionado y defraudado, pero tienes que superar el miedo a la gente. Eso es muy importante. Yo no sería tu amigo si no creyera en lo que te estoy diciendo: me has enseñado más que nadie sobre lo valiosos que son los niños, y yo ahora quiero enseñarte a no tener miedo.

MJ: ¡Ah, eso es muy bonito! Hay muchos padres que se me acercan porque, cuando me conocen, sus hijos se enamoran, se vuelven locos porque lo que quieren es subirse a los árboles y jugar y yo hago todas esas cosas con ellos. Así que los padres me llevan a un lado, con lágrimas en los ojos, y me dicen: «Michael, no conozco a mis hijos, pero tú me has enseñado que tengo que pasar tiempo de verdad con ellos, es algo que tengo que hacer». Mucha gente me dice eso.

SB: A la mayoría de los adultos los niños les aburren, sobre todo si no son los suyos.

MJ: ¿Pero cómo es posible? ¿De verdad? Dime la verdad... ¿En serio que les aburren?

SB: Sí. Primero porque los niños requieren una paciencia increíble y la mayoría de los adultos no tienen paciencia. Y, en segundo lugar, porque los niños hacen un montón preguntas y, por lo general, un adulto está pensando: «¡Por Dios, tengo que seguir con lo que estoy haciendo!». Los padres han decidido que ganar un millón de dólares es importante, pero que el niño quiera saber por qué el gato tiene cuatro patas no lo es. ¿A ti te gustan esas preguntas típicas de los niños? ¿Crees que los niños saben mejor que los adultos lo que es importante?

MJ: Depende del valor que atribuyas a las cosas, de lo que consideres importante. Yo, sinceramente, creo que ser empresario o ascender en tu empresa y todo eso que preocupa a la gente son cosas terrenales, mundanas. En cambio me parece que los niños adoran la diversión, el amor, que les presten atención. Quieren que el día esté lleno de diversión, y cuando te diviertes con ellos pasas a ocupar un lugar especial en su corazón para siempre. Y todo eso los transforma, y por tanto transforma el mundo, la totalidad de lo que ocurre en el universo. Es el futuro.

SB: Pero ¿y si alguien dice: «La diversión no es una cosa seria, tenemos que trabajar, tenemos que curar enfermedades, tenemos que construir casas y enterarnos de cuál es la previsión del tiempo para este fin de semana, y la diversión no vale para nada de eso. Los niños tienen que crecer y darse cuenta de que tienen responsabilidades, de que tienen que trabajar»?

MJ: Yo creo que aprendemos jugando, por medio de la diversión: cuando nos divertimos pasan cosas mágicas; no, más bien es mientras nos divertimos cuando ocurren cosas mágicas. Desde luego en mi caso es así: una de las canciones más bonitas que he escrito —para este disco— la compuse mientras jugaba con unos niños; vino de ellos, completamente, y luego yo me puse a considerar las canciones que tenía y me fui dando cuenta: «¡Vaya!, ésta viene de este niño, y ésta de este otro niño, y aquélla de éste...». Ellos fueron quienes las inspiraron, surgieron de ellos, del hecho de que existen, de su presencia y su espíritu. ¡Es tal y como te lo cuento!

SB: Así que los niños son como una piscina y el agua sería la divinidad y, a medida que te vas haciendo mayor, el agua se va congelando hasta que se hiela del todo, y los niños representan ese embalse de agua cálida y gratuita, en la que puedes simplemente jugar, mientras que el hielo es duro y frío y nada apetecible. Así que tú quieres que los adultos se descongelen, por así decirlo, que vuelvan al estado líquido en la piscina.

MJ: Por eso cuando dirijo películas —voy a volver a dirigir muy pronto— lo veo todo con ojos de niño. Todas las historias que voy a contar tratarán temas relacionados con los niños, con cómo les afecta el mundo y cómo ven el mundo ellos, porque es lo único con lo que me identifico. No puedo con algunas de las cosas que surgen en los juicios, con los asesinatos; no lo entiendo; no puedo entender que un niño haya podido participar en un crimen y, cuando analizas la historia de su vida y lo que le pasó y por qué, y cómo se siente condenado a pasar el resto de su vida en prisión y lo que ocurre en ese corazoncito en esos momentos... Yo puedo ponerme en su lugar y puedo dirigir una película que lo cuente, puedo escribir sobre eso porque puedo sentirlo.

SB: ¿Y cómo hace un adulto para sentirlo? ¿Es un don? ¿Puedo yo llegar a tenerlo también? Tengo la impresión de que pasar tiempo contigo hace que lo sienta más.

MJ: Eso es muy bonito.

SB: Yo quiero mucho a mis hijos, pero no quiero tanto a los hijos de los demás. En cambio, cuando veo a Prince se me derrite el corazón porque es un niño muy cariñoso, muy dulce.

MJ: Así es como quiero que sean. Desde que eran muy pequeños les he enseñado a querer a todo el mundo.

SB: ¿Y cómo vas a lograr que sigan así cuando crezcan? Los vas a tener que proteger, claro está, de la prensa amarilla y esas cosas...

Acababa de aparecer pocos días antes una de las pocas fotografías de los hijos de Michael en el periódico sensacionalista británico *News of the World,* una instantánea que les habían tomado cuando iban de Neverland a Los Ángeles para someterse a un reconocimiento médico rutinario: en la imagen se veía a Prince, en la parte trasera de una limusina de cristales ahumados, jugando con el botón de la ventanilla, y el fotógrafo había captado la instantánea del niño y su hermana Paris en un momento en que el cristal estaba bajado. Michael estaba destrozado, me llamó en mitad de la noche desde Neverland para que me enterara de si era posible hacer algo para que quitasen la fotografía de la página web del periódico. Al día siguiente, un abogado envió una carta al periódico, pero aun así no quitaron la foto. Michael me había dicho muchas veces que protegía tanto a sus hijos y les ponía esas bufandas que les tapaban prácticamente toda la cara cuando aparecían en público para evitar que se les viera y pudieran secuestrarlos, aunque yo personalmente creía que odiaba la idea de que la gente especulara sobre su paternidad y si se parecían o no a él.

En esto Michael llevaba razón: era grotesco y ridículo que dos niños inocentes y vulnerables estuvieran expuestos a las insinuaciones de todo el mundo sobre si Michael era o no su verdadero padre. Simplemente no es asunto de nadie. ¿Qué pensaríamos si alguien viniera a cenar a casa y se pasara todo el tiempo escrutando los rasgos de nuestros hijos, el color de los ojos y el pelo, todo para determinar si son nuestros hijos biológicos o si los hemos adoptado? Es tan descabellado como que el vecino preguntara: «¿Este niño es hijo de tu marido o fuiste a un banco de esperma?». Ahora bien, la manera como Michael lidiaba con el tema, en particular la forma en que ocultaba a los niños cuando aparecían en público, era típicamente suya y sin duda excesiva y extraña. Hay que proteger a los niños de la curiosidad entrometida del público, pero también necesitan que los críen con normalidad y se ha de encontrar un equilibrio.

MJ: Yo les enseño a querer a todo el mundo y a ser amables y buenos, pero aun así es algo que les sale de manera natural. No es algo programado... lo tienen por naturaleza.

Debo decir que Prince y Paris parecían unos niños increíblemente buenos y bien educados, y estaban muy unidos a su padre.

MJ: Lo que no sabes de mí es lo mucho que me gusta el cine y las artes plásticas. Me apetece tanto dirigir... ¡que me entran ganas de chillar! Quiero mostrar el mundo a través de los ojos de los niños porque yo los entiendo tan bien... Entiendo su dolor y su alegría, su risa y lo que les hace daño. Yo veo el mundo con sus mismos ojos y quiero mostrarlo en una película. Ésa es mi verdadera pasión. Me encanta. Es demasiado.

SB: Entonces, como director, ¿tú podrías compartir con el mundo entero tu visión de cómo son los niños porque la gente los vería a través de tus ojos, incluso si haces una película para adultos?

MJ: Sí, y lo he pensado con todo mi corazón y muchas veces me he dicho: «¿Soy capaz de hacer una película seria para adultos?». Sé que puedo, pero no creo que lo disfrutara, no creo, no creo que lo disfrutara. Sé que puedo hacerlo pero no lo disfrutaría.

SB: ¿Qué película te hubiera gustado dirigir?

MJ: *ET*, *El mago de Oz*, *Los cuatrocientos golpes*, que es una película maravillosa de François Truffaut. Y también me encantan *Raíces profundas* y *Matar a un ruiseñor* —una historia que cada vez que la veo se me hace un nudo en la garganta—; ¿la has visto? Si no, ¡la tienes que ver conmigo! ¡No la veas si no estamos juntos! ¡Apagamos los móviles y la vemos de un tirón!

SB: ¿Y los niños la pueden ver también?

MJ: ¡Claro! Aprenderán mucho, trata del racismo en el Sur, va sobre un hombre al que llevan a juicio acusado de haber violado a una chica blanca, eso es lo más duro, pero la historia se cuenta desde la perspectiva de los niños. ¡Tío, es una película que te deja tocado! Me encanta, ¡me encanta! Sin lugar a dudas es una de las mejores que he visto. Desearía haberla dirigido yo. ¡Dios, es tan hermosa!

¿Tienen los negros más talento musical que los blancos?

Shmuley Boteach: Te quería preguntar una cosa… A ver, lo que te hace único es que tienes un gran talento, ¿crees que los negros tienen más ritmo que la blancos? Si hablamos de bailar y todo eso… Me refiero a que, es un poco como una broma casi, pero al mismo tiempo no lo es, que los blancos no tienen sentido del ritmo. Si hablamos de un sentido natural del ritmo y eso, y te fijas en esos niños negros en los guetos, en cómo bailan… siempre se habla de eso. Parece que es algo natural… aquí en Manhattan, ¿no crees que se ve por todas partes? Esos niños en la calle que cantan o bailan en las esquinas… ¡Es increíble!

Michael Jackson: Sí, es increíble y es natural… el sentido del ritmo lo tienen por naturaleza y nadie se explica por qué. Es un talento natural.

SB: ¿Y ves que los blancos lo tienen?

MJ: No es lo mismo y no lo digo porque…

SB: Pero el sentido de los tiempos…

MJ: Stan siempre me decía —y era de los que iba a todos los clubes de negros... se pasaba las horas en el teatro Apollo de Harlem—, me decía que necesitaba el ritmo negro, así que pasaba mucho tiempo con negros para pillar ese ritmo. ¿Sabes?, eso es lo que hacen los raperos ahora al doblar el compás. De eso se trata, es el sentido innato del ritmo.

SB: ¿Que refleja un ritmo interno?

MJ: Sí, sí. Pero los niños negros tienen tanto sentido del ritmo como los adultos, como los bailarines profesionales, y es una habilidad natural, ¿sabes?

SB: Sin ánimo de profundizar demasiado en lo que voy a decir, sí me atrevería a sugerir que África siempre ha estado mucho más próxima a las cualidades infantiles que Europa. Europa se enorgullecía de su sofisticación, sus perfumes, su moda refinada... A África se la menospreciaba como «más primitiva», y por tanto mucho más natural, más orgánica. En África estaban mucho más cerca de la tierra, así que tal vez sea cuestión de habernos distanciado de los ritmos naturales...

MJ: ¿Pero al final eso no se hace genético?

SB: Pues no lo sé.

MJ: ¿Crees que podrías poner a un niño escocés o irlandés en la misma situación, que nazca en África y...

SB: Bueno, ésa era la cuestión con Elvis, ¿no?

MJ: Elvis se pasaba el día con negros.

SB: Y así fue como adquirió el ritmo, ¿no?

MJ: Sí, pilló el ritmo, y quería hacer los pasos, y hablaba y se comportaba como un negro. Conocimos bien a Elvis, y Lisa Marie y yo hablábamos de cómo...

SB: Si no hubiera sido blanco no crees que hubiera tenido tanto éxito, ¿es eso?

MJ: No hubiera tenido tanto, no, porque habría hecho lo que se esperaba de él. Acuérdate del eslogan aquel que tenía Philips, el que fue dueño de Sun Records: «Si encontrara un blanco que sonara como un negro podría ganar un millón de dólares». Y ahí apareció Elvis Presley.

SB: Estás planteando una cuestión increíble: cómo se convierte en algo innato. Hoy por hoy no se cree, y la ciencia en particular no cree en la transmisión de las características adquiridas: se supone que no puedes transmitir a tus hijos los rasgos que hayas adquirido a lo largo de tu vida, luego tú le puedes pasar a Prince tu talento musical, pero si alguien te lo hubiera enseñado, entonces no, él mismo tendría que desarrollarlo por su cuenta porque sería algo que no estaría en los genes.

MJ: Ya, sí.

SB: Cuando participaba en competiciones de oratoria, el primer año, cuando quedé segundo, perdí frente a un predicador caribeño, aunque por muy poco, algo así como 3 puntos de un total de 130... Y todo el mundo me decía que él tenía ritmo y yo no: él sabía exactamente dónde esperar, cómo ir generando un clímax, y todos mis amigos me decían: «Shmuley, él tiene ritmo». [Nos reímos.]

En 1988 me convertí en el primer rabino que llegaba a la final de la competición Preacher of the Year organizada por el *London Times*, el concurso de oratoria religiosa más prestigio del mundo en el que se selecciona al predicador del año. Yo era el favorito y ya había vencido en una final previa que se había televisado, pero en la final de verdad quedé segundo por muy poco frente a un pastor caribeño de los adventistas del séptimo día, el reverendo Ian Sweeney. Al año siguiente, pocos días antes del cambio de milenio, gané y batí el récord de puntos conseguidos en esa competición. No lo digo para alardear, sino para mostrar que, claramente, había aprendido sobre tiempos y ritmos algo que Ian parecía saber de forma natural. Me sigue encantando hablar en público, por cierto.

MJ: Pero hablas de maravilla.

SB: Bueno sí, pero de verdad que él tenía ese ritmo natural. Ya te he dicho que los predicadores negros son los mejores del mundo, son los mejores oradores. Mira Martin Luther King. No hay otro...

MJ: Cuando lo oigo se me saltan las lágrimas, se me pone la carne de gallina.

SB: Incluso Jesse Jackson, o algunos de los predicadores que hay aquí, en Nueva York, como el reverendo Floyd aquí mismo, en Manhattan, que se supone que es el mejor del país...

MJ: Pero tú eres tan elocuente... quiero decir que eres capaz de crear imágenes con las palabras y haces que la gente que te escucha piense... Hablas por todo el país, eres genial.

SB: Pero, al final, se trata de que te conmueva el espíritu y a los niños los conmueve.

MJ: ¿Pero de dónde sacas las palabras?

SB: ¿Sabes? Estaba escribiendo, para incluirlo en el libro, sobre aquel viernes que viniste a cenar a casa. Fue fascinante...

MJ: ¿Qué pasó?

SB: Todos los adultos empezamos a cenar menos tú, que subiste al piso de arriba a jugar al escondite: parecías el flautista de Hamelín, todos los niños se arremolinaron alrededor de ti inmediatamente. Y, poco a poco, los adultos fueron subiendo... porque sentían que realmente se estaban perdiendo algo, que todo el mundo se lo pasaba en grande menos ellos, que estaban hablando de política —igual que en *El flautista de Hamelín*—, aunque, eso sí, todos fingían que subían sólo para ver cómo iban los niños...

MJ: Me encantó cuando tu amigo se te tiró encima... ¡Es que me encantó! Fue genial que hiciera algo así.

Mi amigo Cory Booker, que por aquel entonces era concejal en el ayuntamiento de Newark, entró corriendo en la habitación donde yo y Michael estábamos jugando al escondite con los niños, me hizo un placaje y rompimos una cama al caer (por supuesto era todo en broma y nos reímos). Cory había sido el presidente de L'Chaim Society —la organización estudiantil de la Universidad de Oxford que yo había fundado— cuando estuvo allí con una beca Rhodes, y hoy es alcalde de Newark y uno de los líderes más admirados y más exitosos de Estados Unidos.

SB: Es muy inocente y es algo que le suelen echar en cara porque es político. Todos sus asesores le dicen que tiene que ser más duro.

MJ: No, no. Y, otra cosa, a mí me hubiera encantado conocer a Edison y a Einstein y a Miguel Ángel.

SB: Sí, y hablamos de todos ellos en el libro, por cierto. Edison era como un niño.

MJ: Sí, ya lo sé, ya me doy cuenta y ya vi cómo es tu amigo... que se ríe, ¡se muere de risa por todo! He visto imágenes suyas, y también sobre qué temas escribe. Es muy chulo, tío, es genial. Me encanta.

La relación de Michael con su acusador y otros niños

Durante muchos años, Michael ha sido conocido por todas las cosas que ha hecho para ayudar a los niños del mundo; es sabido que los visitaba personalmente para abrazarlos y darles cariño, que apoyaba a los niños que sufren, a los niños con cáncer. También muchos lo han criticado porque veían en todo ello síntomas de un amor enfermizo y tal vez incluso delictivo.

Shmuley Boteach: Hoy le he dicho a una persona que la atención que dedicas a los niños con cáncer parece tener propiedades curativas. Yo lo he visto. ¿Eres consciente de que prestando atención a un niño puedes curarlo?

Michael Jackson: Me encantan. Los adoro.

SB: También es porque eres muy famoso y de repente centras toda la atención que normalmente recae sobre ti en otra persona y es como si los iluminaras con un rayo de luz. No niego que la fama puede tener un efecto restaurador, pero también suele ser muy corrosiva. ¿Tratas de utilizar tu fama para ayudar a esos niños?

MJ: Los adoro. También son mis niños. Recuerdo que estábamos en Australia y fuimos a un hospital a ver a los niños con cáncer y les empezamos a dar juguetes. Nunca olvidaré a un crío que debía de tener unos once años y, cuando nos acercamos a su cama, exclamó: «¡Es increíble, pero sólo con verte ya me encuentro mejor, de verdad!». Yo le respondí: «¡Qué bonito es lo que acabas de decir!». Eso me dijo, y no lo he olvidado. Es increíble y es lo que debemos hacer.

SB: Tu dedicación a Gavin [que luego acusaría a Michael de abusos sexuales] es impresionante. Debo de haber hablado de ello en cien sitios a estas alturas… Lo he visto con mis propios ojos, cómo intentas ayudarlos a él y a su familia.

MJ: Es un niño muy especial.

Lo que yo vi fue que Michael le ofreció a Gavin un cariño y una atención que parecieron tener un notable efecto curativo sobre el niño. No obstante, la descripción que hizo Michael del chico en la entrevista que concedió al programa *60 Minutes,* donde contó que había llegado a Neverland sin poder caminar y que él lo llevaba de un lugar a otro en brazos, como ya he dicho antes, era totalmente ficticia. Gavin y sus hermanos correteaban por todo Neverland, se pasaban el día subidos a los karts e incluso abollaron alguno, y en un par de ocasiones vinieron con nosotros a hacer una excursión en quad por el rancho. Ahora bien, en mi presencia, Michael le ofreció afecto y ánimo.

En otra ocasión Michael me dijo que estaba muy disgustado después de hablar por teléfono con Gavin porque éste le había contado los terribles dolores que le provocaba la quimioterapia:

MJ: Hablé con Gavin ayer por la noche y me dijo:
—Michael, no sabes lo que me duele, me duele muchísimo —y luego se puso a llorar por el teléfono y añadió—: Sé que me comprendes, que entiendes cómo me siento. Me duele tanto…

—¿Cuántas sesiones te faltan? —le pregunté.

—Creo que cuatro, pero el médico ha dicho que igual tengo que hacer más después.

Se ha quedado sin pestañas y sin cejas y sin pelo… ¡Es que no nos damos cuenta de la suerte que tenemos!, ¿no te parece?

SB: ¿Tienes la impresión de que cuando hablas con gente como Gavin parte de su dolor desaparece?

MJ: Desde luego, sí, sí. Porque, cada vez que hablo con él, luego está más animado. Cuando hablé con él ayer por la noche me dijo:

—Te necesito, ¿cuándo vas a venir?

—No lo sé —respondí.

—Te necesito, Michael.

Luego me llamó «papá» y yo le dije:

—Mejor le preguntas a tu padre si le parece bien que me llames así.

—¡Papá!, ¿te parece bien que llame «papá» a Michael? —gritó él entonces.

Al poco se oyó la voz del padre a lo lejos: «Sí, sí, no hay problema, lo que tú quieras». Los niños siempre hacen esas cosas, y me alegra que se sientan tan a gusto conmigo.

SB: ¿Te ves un poco como el padre universal de todos los niños del mundo y como alguien que tiene la habilidad de quererlos y apreciarlos de un modo especial?

MJ: Siempre tengo muy presente que no quiero hacer nada que pueda despertar los celos de los padres porque a menudo pasa algo como lo que te he contado y a los padres les choca —no tanto como a las madres—, así que siempre les digo a los padres: «No estoy intentando ocupar tu puesto ni nada parecido, sólo quiero ayudar y ser tu amigo». Lo que ocurre es que los niños acaban enamorándose de mi personalidad y eso a veces luego me trae problemas, pero yo lo único que pretendo es ayudar.

SB: Te he preguntado antes sobre lo que los padres pueden aprender de los hijos y has identificado unas cuantas cosas como amor y diversión, inocencia, alegría. ¿Qué otras cosas podemos aprender de los niños? Por ejemplo, cuando estás con Gavin, ¿qué aprendes de él? ¿Estás a su lado simplemente porque quieres ayudar a un niño con cáncer o además te llevas tú algo de la experiencia? ¿Es sencillamente un ejercicio de compasión hacia un niño que tiene un problema o sientes que ésa es la razón de tu existencia?

MJ: Siento que esto es algo que mi corazón de verdad de verdad de verdad me dice que tengo que hacer, y siento que es maravilloso dar amor, y sé que lo necesitan. He oído a médicos —a sus médicos también— decir que es milagroso lo mucho que ha mejorado, y yo sé lo importante que es la magia del amor. Es un niño al que le han robado la infancia y yo, por mi pasado, entiendo muy bien lo que es eso. Cuando tú tenías diez años no andabas pensando en el cielo ni en cómo vas a morir, seguro, pero él en cambio está pensando en todas esas cosas. Y he visto a Ryan White en el comedor de mi casa diciéndole a su madre: «No me pongas traje y corbata, quiero que me pongas vaqueros y una camiseta». Yo me excusé, «disculpadme un minuto, tengo que ir al baño», y me marché corriendo al cuarto de baño a llorar. ¡Imagínate! Un niño de doce años diciéndole a su madre cómo quiero que lo vista para su propio entierro. Se lo oí decir, tal cual. ¿Cómo no iba a derretírseme el corazón al presenciar algo así?

SB: Como tú no tuviste infancia, ahora tratas de ofrecérsela como regalo a todos esos niños, ¿crees que consigues sanar tus propias heridas al hacerlo?

MJ: Sí, claro que sí. Eso es, eso es. Porque para mí lo es todo. Necesito esto para seguir viviendo. ¿Has visto lo que escribió Gavin en el libro de visitas, sobre su sombrero? Es una historia muy bonita.

Gavin había escrito que Michael le había hecho tener la confianza suficiente para atreverse a ir sin sombrero y no avergonzarse de estar calvo por causa de la quimioterapia.

SB: He ido contando esa historia por medio mundo.

MJ: Me gusta poder darles ese amor y hacer que se sientan orgullosos, acompañados, especiales. Él se estaba escondiendo porque le daba vergüenza estar calvo por culpa del cáncer. Todo el mundo ha hecho que se sintiera como un bicho raro y en ese estado de ánimo llegó aquí, y yo quería que soltara esa carga. Es un chico muy guapo, no necesita el sombrero y se lo dije: «Así como estás pareces un ángel; tu voz suena como la de un ángel. Para mí, eres un ángel. ¿De qué tienes vergüenza?».

SB: ¿Sientes que los niños te aprecian más que los adultos?

MJ: ¡Sí, claro que sí! Los adultos me aprecian desde el punto de vista artístico, como cantante, compositor y bailarín, como artista. Pero, si les preguntas ¿cómo es?, ¿quién es?, te dirían que Michael Jackson es raro, que duerme en una cámara de oxígeno y todas esas locuras delirantes que se cuentan y que no tienen nada que ver conmigo.

SB: ¿Has tenido que esforzarte para mantener viva esta inclinación a cuidar de los demás? ¿Alguna vez te has dicho a ti mismo algo como «me dan igual los demás, me voy a ir a que me hagan un masaje y luego al yacuzi un rato; se ha acabado el concierto así que ahora voy a pensar en lo que me apetece a mí», o incluso en momentos como ése estabas pensando en lo que podrías hacer por los niños?

MJ: En el fondo de mi corazón adoro a los niños y me importan más que ninguna otra cosa en el mundo. Todavía me ocupo de Gavin: ayer tuvo una sesión de quimioterapia y no se siente demasiado bien, está débil, y eso me conmueve profundamente. Mi corazón se conmueve cuando pienso en el mundo. Creo que en eso me parezco mucho a mi madre, y no tengo claro si es genético o aprendido, pero recuerdo que, cuando éramos pequeños, mi madre veía las noticias con un paquete de pañuelos de papel a mano, y lo sigue haciendo. Yo soy igual: por ejemplo, me puse a llorar cuando vi una noticia sobre una mujer que arrojó a sus hijos a un lago —uno se ahogó y otro sobrevivió—, así que invité al niño a venir aquí y también asistí al funeral, pagué el funeral, y ni siquiera conozco a esa gente, pero estas cosas salen en las noticias. Es como preguntar: ¿por qué no hay más gente como la madre Teresa?, ¿por qué no hay más gente como la princesa Diana?

SB: Son conocidas por su bondad, pero tú también eres famoso y eres bueno, que es distinto. Incluso Diana era una buena mujer. No la conocí personalmente, pero tú sí; tenía muchas cualidades de santa e hizo muchísimas cosas buenas, pero, aun así, le encantaban las fiestas y el glamur. A ti en cambio te encanta estar con niños, ¿por qué?

MJ: No quiero ponerme filosófico, pero de verdad creo que es mi trabajo ayudarlos, en el sentido de que estoy llamado a ello. No me importa lo que diga la gente ni que se ría. Los niños no tienen voz en esta sociedad y creo que ahora es su momento. A partir de ahora, es su momento. Hace falta que el mundo les preste atención y que los temas que los afectan se traten. Lo hago todo por ellos y, si yo puedo ser esa voz, esa luz, ese pedestal desde donde alumbrarlos para que sean visibles, para que se tome conciencia de su importancia, eso es lo que voy a hacer. No sé cómo elige Dios a la gente, ni de qué forma la va colocando en el mundo como si de un tablero de ajedrez se tratara, pero te elige para una casilla y te coloca en ese lugar. A veces me siento así, como si ése fuera mi sitio. Pienso en todos esos personajes, desde Gandhi hasta Martin Luther King, pasando por Kennedy, tú, yo. ¿Crees que se trata de hombres que se han hecho a sí mismos o que, desde que nacieron, Dios dijo «¡ajá!» sonriendo de medio lado…? ¿Crees que son fruto de la educación que recibieron de sus padres o que se suponía que iban a hacer lo que hicieron? ¡Mira!, esta vez te hago yo una pregunta a ti...

SB: Creo que es resultado de la confluencia de ambas cosas. Los grandes hombres y mujeres nacen con el potencial de llegar a ser grandes, pero por lo general son las crisis o las circunstancias externas lo que hace aflorar ese potencial. La gente lleva la grandeza en su interior, pero los acontecimientos externos ayudan a desarrollarla. La grandeza es la síntesis del potencial innato de un hombre o una mujer unido a su habilidad para enfrentarse a un gran reto. Y, cuando no tienes respuesta a la pregunta de por qué Dios te ha dado un éxito tan increíble, empiezas a languidecer bajo el peso de la fama. Necesitas algo así como un espejo que desvíe toda esa atención, toda esa luz, toda esa fama que te inunda, para dirigirla hacia una causa superior, de lo contrario la intensidad de la llama que te alumbra te abrasará.

Por otro lado hay que decir que el objeto de la atención de Michael no era constante y a menudo no estuvo a la altura del ideal que había establecido para sí mismo y del que hablaba en público.

SB: Anoche conocí a una chica de catorce años que es huérfana, su madre murió cuando ella tenía siete años y nunca supo quién era su padre. Fue al teatro a ver *El rey león* porque es amiga de [nombre omitido] y conocerte era su gran sueño. Así que le dije a su amiga que la trajera para estar un ratito contigo esta semana.

MJ: ¿Y quién cuida de ella si no tiene padres?

SB: Vive con su abuela y tiene un padrino que es el que la llevó ayer al teatro, el que intenta hacer planes divertidos con ella, la lleva al teatro y cosas así de vez en cuando.

MJ: ¿A los chicos les gustó la obra?

SB: ¡Les encantó! Fue preciosa. Esta chica huérfana va a un colegio que está a unas pocas manzanas del hotel, igual la podría traer y que se haga una foto contigo...

Michael accedió a reunirse brevemente con la chica, pero no mostró excesivo interés y nunca me volvió a preguntar por ella. La razón por la que Michael parecía interesarse por algunos niños y por otros no (o muy poco) es algo que nunca comprendí. Por ejemplo, en otra ocasión la madre de una niñita con leucemia se había puesto en contacto conmigo para preguntarme si podía traer a su hija para que conociera a Michael. Yo las invité a las dos a mi casa a cenar y también vino él y, a partir de ese momento, siempre que Michael venía a la cena del sabbat invitábamos también a la niña, a su madre y a sus tres hermanos. Con el tiempo acabaron haciéndose amigos de mi familia y nuestra amistad ha continuado en ausencia de Michael. A todos los que dicen que Michael sólo estaba interesado por los niños varones puedo decirles con pleno conocimiento de causa que mostró un genuino interés y preocupación continuada por esta niña y llamó a su madre varias veces para ver qué tal iba su hija.

Ryan White y otros niños que luchan contra el cáncer

Shmuley Boteach: ¿No había un niño con el que tenías mucha relación, que contrajo el SIDA por una transfusión?

Michael Jackson: Sí, Ryan White. Para mí lo más difícil… Voy a responderte pero es que… no entiendo que muera un niño. De verdad que no lo entiendo. Creo que debería existir una especie de franja de edad en la que no haya posibilidad de morir. Cuando un niño muere, o si un niño está enfermo, es que no lo entiendo. Pero a Ryan yo mismo lo vi sentado a la mesa en Neverland diciéndole a su madre cómo quería que lo enterrara. Le dijo: «Mamá, cuando me muera, no me pongas traje y corbata, no quiero ir con traje y corbata. Ponme unos vaqueros, de OshKosh, y una camiseta». Yo me disculpé diciendo que tenía que ir al baño y, efectivamente, me fui corriendo al baño a llorar desconsoladamente. Oír a aquel niño diciéndole a su madre cómo quería que lo enterrara… me producía un dolor increíble. Era como si estuviera dejando todo preparado para cuando ocurriera y, cuando murió, llevaba puestos unos vaqueros OshKosh y una camiseta, y un reloj que yo le regalé. Recuerdo estar sentado en una habitación donde no había nadie más, con él allí tendido, inerte, y sentí que lo que más deseaba en ese momento era abrazarlo y besarlo y decirle que lo quería, que eran las cosas que hacía cuando todavía estaba vivo. Me ocupé de él y estuvo en mi casa y… verlo allí tendido… Le hablé: «Ryan, te prometo que haré cualquier cosa por honrar tu memoria en mi próximo disco. Voy a componer una canción para ti, quiero que todo el mundo sepa quién eres». Y le hice «Gone Too Son». Es para él.

SB: ¿Crees que te oyó? ¿Sientes que sigues en contacto con el alma de alguna gente que has querido mucho y que ya no está? ¿Sientes una cercanía con ellos?

MJ: Sí… sí, sí.

SB: Así que has tenido que afrontar la muerte de Ryan y la de otras personas a las que estabas muy unido...

MJ: Y duele mucho. Hubo otro niño que conocí: era blanco como la nieve, literal, era blanco como la nieve o como una hoja de papel impoluta... Se estaba muriendo de cáncer y yo le encantaba así que vino a verme y estuvimos en mi habitación viendo las chaquetas que yo me ponía y vídeos... Se probó las chaquetas y estaba como en el séptimo cielo. Me dijeron que no iba a vivir mucho tiempo más, que se podía morir cualquier día, así que le dije:

—Oye, voy a ir a cantar a tu ciudad —creo que era de Kansas City—. Voy a empezar la gira en Kansas City dentro de tres meses y quiero que vengas al concierto, y además te regalo esta chaqueta.

—¿Me la vas a dar?, ¿a mí?

—Sí, pero quiero que te la pongas para el concierto —estaba intentando darle un motivo para seguir aguantando—. Cuando vayas al concierto quiero que lleves la chaqueta y el guante.

También le di uno de mis guantes adornados con cristalitos de roca —y nunca regalo un guante a nadie— y le hizo una ilusión loca. Cuando fui a actuar a su ciudad ya había muerto y lo enterraron con la chaqueta y el guante. Tenía diez años. Dios es testigo de que intenté con todas mis fuerzas que aguantara...

SB: ¿Te enfadas con Dios cuando pasa algo así?

MJ: No, pero no lo entiendo. Ojalá supiéramos más sobre lo que hay al otro lado. Sé que se nos promete vida eterna en el cielo pero... ¿por qué tanto sufrimiento y tanto dolor antes de cruzar al otro lado de la resplandeciente luz blanca, sea lo que sea? Debería ser la experiencia más hermosa de la vida, sea lo que sea.

MJ: La historia del niño es verdad. Desearía que le hubieras visto la cara, Shmuley, ¡ojalá lo hubieras visto!

SB: Y ésa es una historia con promesa, ¿no? Me refiero a que le dijiste «te prometo que si vives...», ¿no?

MJ: Sí, estaba intentando darle motivos para que siguiera. Dijeron que iba a morirse y yo pensé «sé que puedo hacer algo», ¿sabes?, y lo que intentaba era que tuviese algo en perspectiva que le hiciera ilusión, por eso le dije «tienes que llevarlo todo puesto en el concierto», ¡y se puso tan contento! Cuando llegué a su ciudad ya se había muerto. Aquello me destrozó, me destrozó...

SB: ¿Cómo te sientes? Párate un momento a describirme cómo te sientes, por ejemplo, cuando estás con [nombre omitido de una niña con cáncer a la que Michael y yo conocíamos].

MJ: Me encanta esa niña.

SB: Sabes que puedes hacer algo por ellos, sabes que el mero hecho de pasar tiempo contigo ya les hace bien, prácticamente es como si la enfermedad desapareciera… ¿Sabes?, los rabinos de la antigüedad decían que cuando visitas a un enfermo alivias una sexagésima parte de su enfermedad pero, contigo, yo diría que es más bien la mitad de la enfermedad la que se va, ¿no crees? Yo creo que lo sabes.

MJ: Sí, sí. Me encanta hacer que la gente… No me gusta ver a la gente pasándolo mal o sufriendo, sobre todo si son niños.

SB: ¿Sientes que se te ha concedido un poder curativo? ¿O crees que se debe a que eres famoso? En otras palabras, eres una gran estrella y cuando visitas a un niño haces que se sienta muy bien: sabe que eres famoso y piensa: «¡Guau, alguien famoso se preocupa por mí, debo de ser especial!». ¿Pero crees que hay algo más que el hecho de ser célebre? ¿Es algo que ya tenías antes de hacerte famoso?

MJ: Creo que es algo que se supone que debo hacer porque siempre he sentido este deseo de dar y ayudar y hacer que la gente se sienta bien de ese modo.

SB: ¿Ya te ha pasado antes, de pequeño?

MJ: Sí.

El padre de Prince y Paris

Michael Jackson [a Prince, que está con nosotros]: Prince, ¿con qué se ríe más papá?

Prince: Con *Los tres chiflados*.

MJ: Tiene razón, me encantan. Con el gordo… es que me muero de risa. Me llevo las películas de *Los tres chiflados* a todas partes, me ponen de buen humor, me hacen reír, las veo desde que era niño.

Shmuley Boteach: ¿Y qué es lo que te hace tanta gracia, que se hacen daño, se pegan y todo eso, pero en el fondo es en broma y a nadie le duele de verdad, sino que todo es simplemente divertido?

MJ: Sí, con Curly, es que se me saltan las lágrimas. Te acuerdas de Curly, el gordo, ¿verdad Prince? [Prince se pone a saltar imitando a Curly.] Sí… a él también le encanta. ¡Es que me chiflan!

SB: ¿Con eso te ríes a carcajadas?

MJ: Sí, me tiro por el suelo de risa, pero por el suelo de verdad… Voy con las películas de *Los tres chiflados* a todas partes, me encantan, me ponen de buen humor, ya las veía en la tele de pequeño.

Prince: Papá, me apetece ver *Peter Pan*.

MJ: Sí… a mí también.

Prince: Y quiero ir a pescar.

MJ: Un día de estos te voy a llevar a pescar, pero tienes que prometerme que luego devolvemos el pez al agua.

SB: ¿Piensas que tal vez, en vista de todo lo que has hecho por los niños, Dios ha sido particularmente generoso contigo y te ha dado dos hijos extraordinarios que te adoran… —como para compensarte por la malicia y la mezquindad de la gente—, que Dios te ha dado estos dos niños increíbles como regalo?

MJ: Es un pensamiento precioso y sí, creo que son un regalo; todos los niños son un regalo.

SB: ¿Quieres a los niños más aún después de haber tenido a Prince y Paris?

MJ: Los quiero todavía más y no. La verdad es que me cuesta siquiera hablar de «mis hijos» porque no soy nada territorial en este sentido. Tal vez sea porque mi ex mujer, Lisa, siempre me estaba sermoneando sobre ese tema, ya que a ella los únicos niños que de verdad le preocupaban eran los suyos.

Sé que lo que tenemos pensado hacer [nuestra iniciativa a favor de a los niños] podría marcar una diferencia tremenda en el futuro. Es el momento oportuno, es nuestra oportunidad de decirles: «Tú eres especial para mí y éste es tu día. No es Navidad, no es el día en que celebramos el nacimiento de Cristo. Hoy te celebramos a ti, esto tiene que ver contigo y conmigo porque yo quiero darte todo mi amor». Eso supondría una gran diferencia. Si yo hubiera celebrado un día así con mi padre y con mi madre todo habría sido muy distinto. Y yo a mis padres los quiero… Mi madre es una santa, es… no es de este mundo, es increíble, maravillosa, no puedo hacerle ni el más mínimo reproche. ¿No crees que sería genial si lográramos algo así?

SB: Así que lo primero que quieres que aprendan Prince y Paris —antes incluso de que les enseñen el abecedario y a vestirse solos—, lo primero que quieres enseñarles es que su padre los quiere.

MJ: Sí, sí, tomarlos de las manos y mirarlos a los ojos y decirles «os quiero». Eso es algo que no se te olvida en la vida si te lo dicen de niño, y yo lo hago con Prince y Paris todos los días.

SB: Es algo que nunca podrá arrebatarles nadie… Es el principio de toda sabiduría, saber que te quieren.

MJ: Saberte querido, querido de verdad… acariciarles la mano, porque los niños se guían mucho por el tacto y necesitan que los abracen, y la gente sabe estas cosas, pero no creo que se den cuenta de lo poderosas que son en realidad.

Juegos

¿Es irresponsable por parte de un adulto tener una actitud tan juguetona que la gente no lo tome en serio y lo tache de inmaduro? ¿O deberíamos etiquetar precisamente a esos otros adultos, pero en su caso por rancios y cascarrabias?

> **Shmuley Boteach**: Cuéntame historias relacionadas con los juegos, háblame de las guerras de globos de agua.
>
> **Michael Jackson**: ¿De las guerras de globos de agua?
>
> SB: Sí, en Neverland.
>
> MJ: Creo que la mejor manera de romper el hielo cuando no conoces a alguien es jugar con esa persona, porque jugando se establece un vínculo más rápido que de ninguna otra manera. Con un apretón de manos o una conversación no es tan fácil como jugando. Creo que jugar es la mejor manera y romper el hielo con una buena guerra de globos de agua o yendo por ahí a dar una vuelta en bicicleta, cuando te miras, te ríes, sonríes... es la mejor forma de conocer a una persona al principio. Así la gente se da cuenta de que soy un tipo normal y divertido y su primera conexión mental conmigo se establece a través de la diversión. Creo que eso es muy importante, ¿no te parece?
>
> SB: Sí, pero quiero que me lo describas. Tienes un fuerte con globos de agua en Neverland y organizas a la gente en dos equipos. Cuando nosotros fuimos a Neverland no jugamos a las guerras de agua porque llovía, ¿te acuerdas?
>
> MJ: Sí, hay dos equipos, el rojo y el azul, y se lanzan un desafío. Y cada bando tiene globos de agua, cañones de agua con un alcance de casi 20 metros y hondas para tirar los globos, y unos botones que activan unas duchas. Si el equipo rojo, por ejemplo, consigue escabullirse tras las líneas del azul y aprieta el botón de las duchas tres veces... Y la única manera de apagar las duchas es ir al otro lado con lo que si el equipo azul quiere detenerlo tiene que correr al otro lado, y entonces el equipo rojo los puede atacar en campo abierto... Cuando digo «ducha» me refiero a aspersores y fuentes, es como si hubiera duchas abiertas por todas partes y cae agua por todos lados. Si le das a ese botón tres veces, ganas. El primero que activa las duchas gana y el perdedor se tiene que sentar vestido en una cosa redonda, y le tiras una pelota y de repente se abre y el perdedor cae al agua que hay debajo y, cuando ya está empapado, tiene que ir a la piscina y tirarse con ropa al agua. ¡Vamos, que es una forma de fracasar de lo más divertida!

SB: ¿Así que cuando tienes invitados en Neverland sueles utilizar las guerras de agua como una forma de romper el hielo, con los niños y con los adultos?

MJ: Con los adultos también.

SB: ¿Y cómo responden? ¿Ocurre a veces que gente que parece muy seria baja las barreras por completo?

MJ: ¡Les encanta! Se ríen mucho y lo grabamos todo y luego, cuando todo el mundo se ha secado y ya hemos cenado, vamos a la sala de proyecciones y lo vemos en la enorme pantalla que hay, y todo el mundo se ríe y grita entusiasmado y se da cuenta de lo divertido que ha sido. Es maravilloso.

SB: ¿También haces lo mismo con los ejecutivos de las discográficas?

MJ: No… sí… con alguna gente del cine sí, como por ejemplo Catherine Byrne, y con Steven [Spielberg], con ellos hemos tenido algunas buenas…

SB: ¿Y con los niños que tienen cáncer y gente así?

MJ: A veces jugamos en el jardín, en la hierba, pero es más divertido en el fuerte porque hay puentes, puedes cruzarlos corriendo y todo eso, ¡es muy divertido, es lo mejor!

SB: Cuéntame más historias de éstas. Imaginemos por ejemplo que estás en mitad de una reunión muy importante con Sony o una reunión sobre una película con todos esos ejecutivos de aspecto adusto enfundados en sus aburridos trajes… ¿Alguna vez has conseguido romper el hielo en medio de esas negociaciones tan serias haciendo algo infantil? Porque esa gente es muy estricta… a ellos lo que les interesa son los números.

MJ: Bueno, es que no me conoces todavía lo suficiente… Una cosa que no sabes de mí es lo payaso que puedo llegar a ser. Cada vez que voy a una reunión de ésas, y todo el mundo está tan tenso y tan serio, me entra la risa y no puedo parar de reírme aunque lo intento, me entra la risa floja y tengo que disculparme constantemente hasta que mi abogado interviene: me mira y luego dice: «Lo siento muchísimo. A veces le dan estos ataques». Y, claro, ahí le entra la risa a todo el mundo y la atmósfera se vuelve divertida y más ligera, porque si no a veces es todo demasiado serio y yo prefiero que sea un poco más liviano. No lo puedo evitar, de verdad que no puedo.

SB: ¿Y eso rompe el hielo? Cuando haces algo así, ¿la gente de repente se siente más cercana y las negociaciones resultan más fáciles? ¿Sienten más que se ha establecido entre ellos algún tipo de vínculo cuando pasa una cosa parecida?

MJ: Sí, yo creo que sí. Me parece algo que todos tenemos en común, que en eso todos somos iguales: si algo es gracioso, todos lo vemos y nos reímos al mismo tiempo. Es algo que todos tenemos en común, la humanidad entera. En serio, todos somos idénticos en esto. De verdad.

SB: ¿La risa es la forma más rápida de tener algo en común?

MJ: Todo el mundo tiene el hueso de la risa del mismo color, ¿no? En realidad nos parecemos todos. Yo lo he comprobado muchas veces...

SB: ¿Y qué me cuentas de las bromas y esas cosas? ¿Te acuerdas de Michael Steinhardt en el zoo? Ha sido uno de los agentes más importantes de Wall Street, pero es famoso porque en una ocasión montó no sé qué broma para que le cayera un cubo de agua encima a otro tipo que estaba demasiado serio en una reunión importantísima. Por lo visto su fama de bromista lo precedía...

Steinhardt, que es un buen amigo mío además de estar considerado como uno de los filántropos más importantes de la comunidad judía y haber sido cofundador de Birthright Israel, es un gran amante de los animales y tiene su propio zoo. Yo llevé a Michael, a sus hijos y a los míos a visitar su casa y luego Michael volvió en otra ocasión con los suyos para que los niños vieran los animales.

MJ: ¿En serio? Lo que más me gusta en este mundo es gastarle bromas a la gente. Me encanta aunque me temo que hay gente que se enfada, ¡pero me da igual! Yo gasto bromas todo el tiempo... Por ejemplo: siempre llevo bombas fétidas y globos de agua y, cuando terminamos de grabar un vídeo, el último día de rodaje, todo el estudio apesta a huevos podridos y se arma un lío tremendo y todo el mundo se acaba dando cuenta de lo que pasa y también sabe que eso significa que hemos terminado. Y entonces me marcho... ¡Me chifla!

SB: ¿Has visto a personas muy serias volverse como niños cuando pasa algo así?

MJ: Sí, y hablan de lo que ha pasado y de lo gracioso que ha sido. Es muy divertido.

SB: Recordarás que el viernes por la noche, en mi casa, un día que estaba una mujer de cuarenta y pocos años que es una empresaria del sector inmobiliario muy importante; tiene más de 100 empleados... pero ¿a qué precio? No está casada y no tiene niños, dice que no tiene tiempo para quedar con hombres. Yo una vez le dije:

—¿Pero y los viernes por la noche, qué?

—Pueees —me respondió— la verdad es que me da vergüenza reconocerlo, pero los viernes también trabajo hasta las once, o media noche incluso, como los demás días.

O sea, que ha renunciado a muchas cosas para triunfar en los negocios. ¿Qué le dirías a una persona así?

MJ: Intentaría mostrarle algunas de las cosas maravillosas que se está perdiendo y hacerle ver que no se debe ser excesivamente serio ni un adicto al trabajo, aunque la verdad es que yo soy un poco adicto al trabajo. Pero hay que saber parar de vez en cuando y divertirse. Hay tantas cosas divertidas en el mundo porque una vez... y el tiempo que pasamos en este mundo es tan limitado... y creo que tener una familia de verdad y grandes recuerdos y pasar tiempo con niños, todo eso son tesoros maravillosos. Yo he vivido momentos verdaderamente divertidos y cuando estoy triste me acuerdo de esos momentos y me siento mejor. Me pongo a pensar en esos momentos de noche, en la cama, cuando a veces me disgusto: concentro mi mente en un pensamiento maravilloso, alguna experiencia sensacional, y hasta siento la reacción química en mi cuerpo cuando consigo imaginarme que vuelvo a estar allí realmente, y eso me encanta. A veces me disgusto si un idiota, me refiero a alguien peor que uno de los tres chiflados, un completo majadero, escribe algo estúpido y falso que no tiene nada que ver con lo que en realidad pasó en algún evento o algún acto al que yo haya asistido... Me enfado tanto... intento no enfadarme porque sé que me hace daño, así que empiezo a pensar en que voy volando por el cielo y me está dando el viento en la cara, normalmente voy sobrevolando África. Subo muy alto y soy tan feliz allí arriba... ¡Y estoy volando! Creo que es una de las experiencias más maravillosas que haya podido descubrir y me encanta. Me siento libre. Es una delicia. Es la quintaesencia del deleite —creo—, el cénit de la diversión.

SB: ¿Alguna vez cierras los ojos y te ves a ti mismo delante de cientos de miles de fans que te adoran? ¿Eso te ayuda?

MJ: Me encanta la pasión y la grandeza de todo eso, el hecho de poder conectar con el público y guiarlo a tu antojo, la sensación que eso te provoca. Sí, es genial, ésa es otra sensación maravillosa, pero no es lo mismo que la de volar, ni se acerca tampoco a lo que se siente cuando contemplas un paisaje impresionante, tan bello que se te saltan las lágrimas. Yo lloro y digo: «Gracias». Por ejemplo, cuando contemplas un cielo increíble con nubes anaranjadas y violetas que se deshilachan. ¡Dios mío, la belleza es tal! Me pongo a rezar y tomo una especie de foto mental del momento para conservarlo en la memoria.

SB: ¿Cuál sería tu oración en un momento así?

MJ: ¡Dios, esto es tan hermoso! Gracias por haber hecho que los cielos y la Tierra sean lugares tan bellos. Aunque otra gente no reconozca la belleza ni la aprecie, yo sí. Gracias, gracias, muchas gracias. Eso es lo que rezo. Ha habido momentos en que le he dicho a una persona que estaba conmigo «¡mira, mira qué cielo tan bonito!», y esa persona me responde sin mucho entusiasmo «sí, sí, bonito…». Y yo me quedo pensando que debe de ser que soy muy raro porque no me cabe en la cabeza que yo lo vea y los demás no: ¿por qué yo sí y otros no?, ¿por qué yo sí lo aprecio y ellos no? Una vez fui a un museo en París y te lo juro —y los guardaespaldas son testigos de que no me lo invento, porque además tuvieron que sacarme de allí medio en volandas—; bueno, una vez fui a un museo de París y me eché a llorar. La guía preguntó «¿pero qué le pasa?», y le contestaron: «Es sólo que se conmueve con lo que está viendo».

Bromas pesadas

Michael me describió con cierto detalle el amor que sentía por el mero hecho de jugar, algo que podía verse como divertido —por ser propio de los niños— o resultar irritante, precisamente por lo infantil. Muchas veces Michael no distinguía bien la diferencia entre inocencia o afabilidad y lo que ya se había convertido en un comportamiento molesto en el que las risas eran a expensas de otras personas.

Shmuley Boteach: Háblame más sobre las bromas...

Michael Jackson: Una vez me llené un vaso de vodka hasta arriba en una reunión muy seria y toda aquella gente se me quedó mirando sin saber qué pensar: me lo bebí de un trago —era agua— y luego los miré tan tranquilo y exhalé con mucha fuerza y, claro, por el aliento se dieron cuenta de que era broma y todo el mundo empezó a partirse de risa. ¡Me encanta hacer cosas así! ¡Picaron todos, se creyeron que era vodka!

Cuando Michael me contó esa historia yo todavía pensaba que no bebía nunca. Incluso cuando venía a nuestra casa los viernes por la noche a cenar, ocasión en que teníamos la costumbre de que todo el mundo bebiera por lo menos un poquito de vino bendecido, él nunca probaba ni una gota de lo que llamaba «el jugo de Cristo». Por qué se tomó tantas molestias para hacerme creer que no bebía nada y alardeaba de ello ante mí es algo que no me explico: evidentemente, yo no se lo habría reprochado ni lo habría juzgado duramente por tomarse un vaso de vino de vez en cuando… Así que para mí fue una gran decepción descubrir durante el juicio de 2005 que me había mentido sobre el alcohol, siendo el pecado en todo caso la mentira y no el hecho de que bebiera.

SB: Una vez estaba de visita en casa de mi hermano en Los Ángeles cuando Debbie y yo todavía éramos novios, y Debbie quería que mi padre nos diera su bendición y todo eso antes de la boda, somos muy tradicionales. Mi padre es originario de Oriente Medio y esas cosas las entiende así… ¡Total, que allí estábamos todos! Debbie sólo tenía 19 años y yo 21. Nos casamos muy jóvenes.

MJ: Ojalá yo hubiera hecho lo mismo.

SB: Siempre digo que es mejor casarse con la persona adecuada aunque sea en mal momento que casarse en el momento adecuado pero con la persona equivocada. En fin, el caso es que había chiles, de esos que pican una barbaridad, los rojos. A mi hermano le encanta gastar bromas, así que fue y le dijo a Debbie, que era una muchachita inocente y de naturaleza crédula:

—Tómate uno, anda.

—¿No son éstos los que pican? —se quiso asegurar ella.

—No, éstos son los que no pican —le aseguró mi hermano.

Debbie se llevó un chile a la boca y empezó a ponerse roja, azul, morada….

—¡Dios mío, agua! —balbució por fin la pobre entre toses.

—Toma, toma, un poquito de agua —le ofreció mi hermano, cuando en realidad el vaso estaba lleno de vodka… que ella se bebió de un trago…

Era vodka puro. Y —la pobre— era la primera vez que veía a mi padre… Debbie no bebe, apenas prueba el vino: vamos, que por poco pierde el conocimiento….

MJ: ¡Qué historia más divertida!

SB: Debbie es muy inocente, se lo cree todo. Pero cuéntame más bromas de las tuyas…

MJ: Me encanta hacer travesuras que escandalicen un poco. Que te cuente Frank…

Frank: Shmuley, ni te imaginas: una vez habíamos ido a Francia para la entrega de un premio musical y estábamos en la suite, en un hotel con vistas al mar. El panorama era magnífico, y abajo, en la calle, se veía a gente elegante, señores trajeados cenando en restaurantes maravillosos... Debían de ser las siete y media o las ocho de la tarde, pero todavía era de día. Estábamos contemplándolo todo desde arriba, nos miramos y supimos que se nos había ocurrido lo mismo: llenamos una papelera de agua... Justo debajo había gente cenando al aire libre... Tiramos el agua [el resto no se oye porque Michael y Frank se están riendo a carcajadas], vamos, que les cayó encima un diluvio... Nos entró tal ataque de risa que casi nos da algo, nos portamos muy mal: se acabó la cena, se acabó todo...

Esa misma noche, a eso de las cuatro de la madrugada —prácticamente estaba amaneciendo— oímos a gente que volvía a casa cantando; otra vez fuimos a por la papelera, esperamos a que estuvieran suficientemente cerca y repetimos la operación.

Me encantan esas cosas... Nunca supieron de dónde les había caído el agua.

A juzgar por lo anterior, Frank puede parecer molesto e irritante, pero en realidad yo siempre lo vi comportarse como un auténtico caballero en las ocasiones en que estábamos los tres juntos, que era bastante a menudo. Luego el nombre de Frank saldría a colación durante el juicio —aunque no se presentaron cargos contra él—, se dijo que había intentado raptar a la familia del acusador de Michael, pero Frank nunca fue violento ni amenazante en modo alguno, y la mera noción de que pudiese hacer daño o amenazar a la familia del acusador de Michael es totalmente inverosímil. En su día, Frank y yo tuvimos nuestras diferencias sobre cómo debía llevar Michael su vida, pero hoy somos grandes amigos y podría decirse que yo me he convertido en una especie de mentor para él. Cuando acabó el juicio, Frank me reconoció que había hablado con Michael al día siguiente de que se dictara la sentencia absolutoria y le había dicho las mismas cosas que yo le aconsejaba cuatro años antes, es decir: que Michael necesitaba recuperar la conexión con Dios y su familia, abandonar Neverland para irse a vivir en un entorno normal, y dejar de recurrir a los fármacos en cuanto sentía el más mínimo malestar del tipo que fuera, que tenía que empezar a tomarse su vida en serio.

MJ: Aquello fue divertidísimo.

SB: ¿Y no os han pillado nunca?

MJ: No. Recuerdo que uno de los directores de escena me trajo un emisor de láser que tenía un alcance así [Michael hace un gesto con los brazos indicando el gran alcance del artefacto en cuestión], de varios kilómetros. La gente podía estar caminando tranquilamente

a varias manzanas de distancia y les podíamos tomar el pelo siguién-
dolos con el puntito rojo del láser a todas partes. Solíamos entrete-
nernos con eso allí donde íbamos. Aquí en el Four Seasons también
lo hacíamos, y una vez hasta llamaron a la policía porque estábamos
espiando a alguien en su habitación, ¡qué risas! Lo seguíamos por
toda la habitación con el láser. Se presentó la policía y escondimos
el láser porque no queríamos que nos lo quitaran; bueno, el caso es
que llegó la policía y nuestra gente de seguridad salió a hablar con
ellos y encargarse del tema… No sé qué les dirían… ¡Es que hace
falta divertirse de vez en cuando, venga ya! Todo lo que tenga que
ver con agua nos encanta.

Frank: Una vez estábamos en un hotel…

MJ: Era en Sudamérica, ¿no?

Frank: Llenábamos una papelera de agua y la dejábamos apoyada sobre una puerta, llamábamos y como la habíamos colocado un poco
inclinada, cuando la gente venía a abrir se encontraban con una
cascada de agua que se les venía encima…

MJ: ¡Me encanta!

Frank: Llamábamos a la puerta, luego salíamos corriendo a esconder-
nos y ¡pam!, ¡en cuanto abrían la puerta se formaba un río!

SB: ¿Y eso lo hacíais en un hotel? ¿Ésa es la anécdota de Sudamérica?

MJ: Bueno, lo de Sudamérica es otra cosa: allí la gente se pone a tomar
el sol en los balcones, justo debajo del tuyo: se quita la ropa y se
pone a tomar el sol, o tiende la colada —incluso la ropa interior—
en la barandilla para que se seque al sol… Y entonces… ¡bum! Les
cae encima un cubo de agua. ¡Me encanta! No hay nada que me
pueda gustar más, ¡me lo paso en grande!

Frank: Había una pareja tomando el sol, la chica no llevaba puesta la
parte de arriba del bikini… Recuerdo que nos asomamos por el
balcón y, de repente, ¡agua va!

MJ [riéndose]: Me encanta el momento en que cae el agua, cómo pegan
un bote desconcertados… ¡me muero de risa!

Aunque Michael siempre decía que se comportaba como un niño, pero
nunca como un niño malcriado, es obvio que no siempre era el caso. Tirarle un globo de agua a unos turistas no es ningún delito, pero desde luego
puedes amargarles la velada a tus víctimas con ese tipo de cosas… Siempre me ha desconcertado mucho que Michael, que se esforzaba de modo
tan escrupuloso por comportarse como un caballero en todo momento
cuando yo estaba presente, pudiera en otras ocasiones mostrar tan poca
consideración hacia los demás. Eso sí, para ser justo con él he de reconocer

que, hasta donde yo vi, siempre fue extremadamente cortés con todo el mundo y tal vez aquellos relatos de grandes hazañas que compartía con Frank fueran un poco exagerados... Como ya he dicho, Frank también fue siempre un caballero.

SB: ¿Así que sólo os han pillado la vez del láser? Y, por cierto, ¿dónde está el láser ahora?

MJ: Debe de estar en un guardamuebles, en algún lugar de California... Me encantaría encontrarlo, me lo volvería a llevar a todas partes, ¡era increíble, tenía un alcance de varios kilómetros! Se podría seguir con el puntito rojo a alguien que estuviera en cualquiera de esos edificios [Michael señala la ventana].

EPÍLOGO

Un ídolo caído

> Humpty Dumpty sat on a wall:
> Humpty Dumpty had a great falll.
> All the King's horses and all the king's men
> Couldn't put Humpty Dumpty in his place again.*
> **Lewis Carroll**

Humpty Dumpty es un personaje de un poema infantil que se supone inspirado en el famoso monarca inglés del siglo xv Ricardo III, pero a quien también podría encontrársele parecido con el rey del pop, Michael Jackson, el Humpty Dumpty de nuestros tiempos, que cayó desde lo alto de un muro, quedó trágicamente desfigurado y se desmoronó ante nuestros ojos. Y todos los caballos y todos los hombres del rey —el ejército de abogados que solucionaron sus problemas con la justicia, los doctores que lo medicaron hasta la inconsciencia, los aduladores y oportunistas que le concedieron hasta el último capricho— no sólo fracasaron en el intento de recomponer su vida, sino que de hecho fueron los principales culpables de su caída.

Off the Wall [estrambótico], el título del primer disco en solitario de Michael como artista adulto, parece captar a la perfección lo que el público vio en Michael desde que nuestros caminos se separaron en 2001. Para la mayoría de la gente, Michael se había convertido en un tipo estrafalario, un *freak*, un bicho raro, podría decirse que la estrella más extravagante del mundo. El juicio por abuso de menores confirmó a las claras lo que casi todo el mundo creía irremediable.

Ahora bien, leyendo estas conmovedoras y a ratos desoladoras transcripciones tal vez el lector haya llegado a una conclusión nueva. La historia de Michael Jackson es la de un hombre que en su día fue decente y humilde, que buscaba la atención de los demás tan desesperadamente que se convirtió en un ídolo sólo para acabar después desenmascarado, al igual que los falsos dioses que lo habían precedido, como un impostor: una estatuilla de hojalata, no de oro macizo, un dios menor sin influencia en lugar de una divinidad todopoderosa.

---

* Humpty Dumpty estaba en un muro: / Humpty Dumpty se dio un buen trompazo. / Ni todos los caballos ni todos los hombres del rey / pudieron ponerlo en su sitio otra vez.

Sí, Michael fue en otro tiempo un hombre muy especial, un hombre de profunda fe que se crió como un devoto testigo de Jehová, un hijo que profesaba una devoción notable hacia sus padres y que, pese a ser una de las estrellas más famosas sobre la faz de la Tierra, vivió en casa hasta los veintitantos. Una estrella del pop que no se dio a la clásica mezcla de drogas y promiscuidad con las fans más fervientes, sino que, en vez de eso, se dedicó a visitar hospitales y orfanatos. Un ídolo nacional que declaró su intención de dedicar su fama a aliviar el sufrimiento de los niños que nadie quería y de los que nadie se preocupaba.

Ciertamente, durante los dos años de nuestra amistad hubo momentos en que me quedé completamente impresionado con lo que vi, con aquella bondad de raíces profundas. El hecho de que todo se desmoronara antes de su muerte, que Michael se convirtiera en uno de los personajes públicos más menospreciados y envilecidos de nuestro tiempo, fue una tragedia de proporciones épicas.

El Michael Jackson sensible e introspectivo que se da a conocer en este libro, el hombre al que en su día consideré un buen amigo, dejó de existir años antes de su trágico y prematuro final, y su lugar pasó a ocuparlo una cáscara triste y vacía que se asemejaba al hombre y seguía viviendo en medio de la más sórdida de las infamias. Con su reputación hecha trizas, parecía más un maniquí que un hombre, más una fiera de circo que un ser humano. Peter Pan se había convertido en Peter Porno. El hombre que expresa sus ideas de forma tan elocuente en este libro podría haber sorprendido al lector con su inteligencia, deleitarlo con su ingenio y provocarlo con la profundidad de sus observaciones sobre la vida.

Posibilidad de redención

En general, sólo hay dos tipos de personas: las estrellas y los planetas. Los que desprenden una luz propia, que surge de su interior, y aquéllos a quienes no les queda más remedio que reflejar la luz prestada, que les llega de fuera; los que iluminan la vida de los demás con un resplandor interior intrínseco y los que son tan oscuros por dentro que al final acaban por convertirse en un agujero negro que absorbe hasta la última brizna de luz de manera que no queda ni un tímido rayo para que lo disfruten los demás. La ironía de Hollywood es que casi todos los famosos son planetas y no estrellas: carecen de brillo interior y por tanto dependen de los focos externos; no tardan mucho en convertirse en prisioneros de éstos y, privados de cualquier conexión con la Fuente de Toda Luz, sufren los corrosivos efectos de una fama abrasadora que se suelen manifestar en forma de degeneración moral, irremisible soledad y profunda infelicidad.

Un buen amigo mío que es productor de televisión me llamó tras la muerte de Michael y me dijo que lo había decepcionado profundamente que yo me hubiese negado a regresar a la vida del artista y ayudarlo: «No me pareció en absoluto propio de ti, Shmuley, abandonar a alguien a su suerte de esa manera».

Lo que mi amigo no había entendido era que la salvación siempre implica algún acto de redención personal, que no se puede rescatar a alguien que no está preparado para realizar el esfuerzo de rescatarse a sí mismo. Sabía que si volvía a la vida de Michael sería yo el que acabaría necesitando que lo rescataran. Michael me habría arrastrado hacia su órbita y las disfunciones y el caos habrían terminado arrancándome de mis anclajes. Yo habría sido un navío naufragado tratando de salvar a otro.

¿De verdad cree el lector que todos los charlatanes de feria que rodearon a Michael en los últimos tiempo —los publicistas que hacían las veces de apologistas de su comportamiento reprobable, los doctores-camellos que le proporcionaban un suministro ilimitado de drogas, los agentes y gestores que le chuparon hasta la última gota de sangre— eran todos mala gente? Supongo que muchos —o todos— fueron en el pasado bastante decentes, pero, poco a poco, se vieron arrastrados al mundo falto de toda ética de la superfama hasta que éste los corrompió. Un médico empezaba por tratar de resistir las súplicas de Michael para que le administrara más sedantes, pero él lo seducía haciéndole creer que los necesitaba terriblemente: algo así te hace sentir importante y especial una vez cierras los ojos a todo lo que sabes que es correcto. El brillo de la fama es demasiado cegador, es demasiado difícil resistirse al poderoso influjo de la estrella, y al final te conviertes en un mero satélite que gira en torno a su órbita. Toda resistencia ha sido aplacada por el superpoder narcótico del superestrellato.

¿Estaba Michael más allá de la redención? Odio tener que plantear esa pregunta: soy rabino, ¡por Dios!, y a excepción de asesinos que matan a sangre fría, terroristas y despiadados violadores, creo en la llama de divinidad que arde en el interior de todo ser humano, Y no se puede negar que Michael poseía un alma luminosa que en otro tiempo había brillado con fuerza.

Ahora bien, también creo que, a no ser que se hubiese producido la intervención más profunda y desgarradora posible, la muerte prematura que acabó encontrando Michael era prácticamente inevitable: había perdido toda verdadera razón para vivir. Sí, tenía a sus hijos, a los que quería profundamente, pero ahí terminaba la lista pues, en todo lo demás, su vida estaba tan impregnada de dolor, su existencia había perdido el norte de tal modo, su rutina diaria estaba tan vacía, que, aparte de ver cómo crecían sus hijos, no tenía nada que lo empujara a seguir.

Para mí sigue siendo un misterio por qué la sagrada responsabilidad de cuidar a sus hijos no fue suficiente para hacer que eligiera la vida, pero lo que está claro es que el resto de las cosas que para él eran importantes —que el público lo quisiera, ayudar a los niños del mundo, tener relaciones que no fueran de explotación mutua— había quedado fuera de su alcance para siempre. Estaba aletargado, exhausto, y se drogaba hasta caer en un estupor prácticamente comatoso, todo eso ante la atenta mirada de personas que decían preocuparse por él.

Los efectos destructivos de la fama

Los gurús de las relaciones públicas llaman a la fama «exposición», un término bastante adecuado ya que hace pensar en el negativo de una fotografía, que puede exponerse adecuadamente o sobreexponerse. Si la película no se revela en una habitación oscura, si se expone inmediatamente a la luz, la imagen se pierde. Michael Jackson empezó a perder esa cámara oscura, ese refugio personal; cada partícula de su ser se vio expuesta al público, no había lugar al que pudiera retirarse para descansar y reflexionar, su mera existencia pertenecía a los fans y él era un prisionero. Michael estuvo expuesto desde muy temprana edad y nunca se le proporcionó un lugar para la calma y la soledad donde pudiera recuperar la noción de quién era en realidad y reconectar con Dios, una presencia espiritual que alimenta el espíritu y da a la vida un significado superior. El resultado fue una imagen que, rápidamente sobreexpuesta, comenzó a desvanecerse poco a poco hasta que desapareció. Sin duda Michael disfrutó de —por lo menos— una hora de fama (y no los proverbiales quince minutos del dicho), pero la sobreexposición lo marchitó bajo los potentes focos hasta que se secó del todo y ni siquiera su innegable talento fue capaz de salvarlo.

Los famosos como Michael Jackson se han acostumbrado tanto a que los rescaten sus lugartenientes a sueldo que olvidan que la verdadera salvación viene de dentro y no de fuera, que se obtiene por medio de la transformación interior y no con modificaciones cosméticas pasajeras. Sólo Michael Jackson podría haber rescatado a Michael Jackson. Las conversaciones que contiene este libro son un buen recordatorio de lo que un día fue y de aquello a lo que aspiraba, y, esto es lo más importante, también ofrecen una lección moral a una sociedad llena de gente que cree que sus vidas adquirirán sentido con la fama y el dinero.

Las bendiciones del reconocimiento y los recursos materiales constituyen una aspiración de muchos de nosotros, pero, si no se sientan unas bases sólidas construidas con un material dotado de verdadero sentido y espiritualidad antes de emprender viaje, y si esa base no se conserva una vez se llega a lo más alto, las profundidades en las que uno puede sumirse son insondables. Sin un sólido anclaje moral y espiritual nos convertimos, en una vida a la deriva, y luego en una vida amenazada continuamente por las arenas movedizas de la fama.

En este sentido, el personaje literario al que Michael acabó por parecerse es el Gollum de J. R. R. Tolkien, que acaba destruido por «el poder del anillo» o lo que Gollum llama «su tesoro». Tal y como plasma tan maravillosamente Tolkien en la trilogía *El señor de los anillos*, el poder del anillo acaba sacando a la superficie lo peor de su propietario.

Gollum, que comenzó siendo un hobbit, fue sufriendo los paulatinos efectos devastadores del anillo hasta quedar reducido a una caricatura grotesca y siniestra de su verdadero y pleno yo. En nuestros días, la fama es ese «poder del anillo»: como el anillo, la fama es resplandeciente y luminosa, una delicia para los ojos, y otorga a gente normal y corriente un poder que nunca hubiera imaginado poseer. Incluso un completo desconocido como Joe el Fontanero puede probarse el anillo, saborear la fama durante quince minutos al convertirse de pronto en el objeto del debate político en las elecciones presidenciales, al verse rodeado de fotógrafos y experimentar el placer de que se pare el tráfico a su paso.

La fama es nuestro «tesoro» moderno, la perfecta circunferencia de un aura que nos ponemos a modo de tocado para convertirnos temporalmente no en invisibles sino en invencibles. La fama equivale a poder. La oscuridad a muerte. Vemos la vida como aquel árbol del bosque que cayó sin que nadie lo oyera: ¿de verdad cayó?; si vives la vida sin que nadie haya oído hablar de ti, ¿has existido en realidad?

Pero, igual que el anillo, la fama tiene un lado oscuro y siniestro. Muchos la anhelan, pero pocos han sobrevivido a sus devastadores efectos. De manera similar a como pasa con la viruela, la fama suele aparecer por brotes y pasa dejando tras de sí horribles cicatrices. A veces esas cicatrices se materializan en divorcios y soledad. Este libro ya plasma por medio de las conversaciones que contiene que Michael mismo hablaba de cómo la fama destruye las vidas de los niños artistas, de cómo muchos nunca llegan a la edad adulta. En otros momentos también apunta muy acertadamente que la fama deja las heridas del aislamiento y la infelicidad más profundos, que a su vez llevan a las heridas de las drogas y la adicción —lo que sea para calmar el dolor—, y que, en otras ocasiones, deja la herida de los niños dañados irreversiblemente. Lo más trágico de todo: a menudo la fama provoca la gran herida de la muerte prematura.

Suele existir una trágica correlación entre el superestrellato y la muerte prematura, como en el caso de Marilyn Monroe, Elvis Presley, James Dean,

Janis Joplin, Jimi Hendrix, Jim Morrison, John Belushi... y ahora Michael Jackson. Y, sin embargo, pese a la tragedia y la desolación que provoca, como el anillo del relato de Tolkien, seguimos persiguiéndola. Incluso si nos engulle, nos tritura con los dientes y luego nos escupe, seguimos acudiendo a postrarnos ante su altar con la mayor devoción.

Michael Jackson se convirtió, desgraciada y trágicamente, en el Gollum de los tiempos modernos, un íncubo reseco y desfigurado: igual que la de Gollum, la voz de Michael sonaba extraña; igual que Gollum, Michael evocaba una imagen en la que se fundían un pasado brillante y un presente trágico; igual que Gollum, Michael se aferraba tenazmente a su anillo, su «tesoro», su fama, incluso cuando describía con inusitada elocuencia los tóxicos efectos de la misma en su vida. Extrañamente ajeno a cómo lo desfiguraba, se negó a abandonarla.

No sólo era orgulloso, sino que también estaba obsesionado con ser el artista más conocido del mundo. En muchas de nuestras conversaciones se comparó con Elvis Presley —«mi ex suegro»— y llegó a insinuar, alardeando de una forma nada sutil, que había conseguido más números uno que Elvis en las listas de éxitos. En cambio Michael no parecía darse cuenta de las ramificaciones que entrañaba semejante comparación: que, como le ocurrió a Elvis, la fama lo estaba destrozando poco a poco. De una forma trágica, al igual que Gollum, Michael igualaba cómo el «anillo» lo estaba matando. Sí, Michael consumía Deprivan, Demerol y Oxycodone, pero su droga favorita era claramente la fama.

Por mucho que se entregara en cuerpo y alma a la tarea de cambiar su vida durante los años en que fuimos amigos, la naturaleza corrosiva de su fama siempre resultó evidente. Vi lo que ésta le estaba haciendo y vi lo que le hacía a la gente que lo rodeaba, pues a menudo hacía aflorar en ellos lo peor de su naturaleza.

No estoy hablando únicamente de gente común y corriente que se volvía loca en presencia de Michael, sino de otros famosos que se volvían igual de aduladores. Recuerdo una ocasión en que Michael me invitó a la suite de su hotel en Nueva York para conocer a Justin Timberlake y hablar con él sobre cómo podría ayudarnos en nuestra iniciativa de promover que los padres pasen más tiempo con sus hijos. Justin acababa de llegar de Las Vegas, donde la noche anterior había presentado la ceremonia de los American Music Awards, y no avisó a Michael de que venía con su novia del momento, Britney Spears, así que entró en la suite de Michael y le comunicó con aire taciturno que Britney se había quedado en la habitación contigua con los guardaespaldas, pues no quería aparecer con ella sin que Michael le hubiera dado permiso. Michael le dijo que la hiciera pasar y allí estaba yo: cara a cara con una mujer a la que, tristemente, he acabado por perderle el respeto debido a los mensajes de cariz sexual con que bombardea a las adolescentes. Hablé con los dos brevemente, les conté algo sobre las conferencias que estábamos pronunciando Michael y yo y enseguida se marcharon. Cuando llegué a casa, mis hijas pequeñas me preguntaron cómo había sido el encuentro con Britney Spears y les respondí: «De lo más normal, no tiene nada». La verdad es que me dio la impresión de que a Britney Spears la intimidaba Michael, y Michael también parecía un poco cohibido, lo que muestra que incluso las estrellas se encogen en presencia de otra estrella.

El juego —provocado por la fama— de considerarte por encima de los demás nunca se gana, como descubrió tristemente Farrah Fawcett, que tuvo la desgracia no sólo de morir prematuramente de cáncer, sino de hacerlo el mismo día que Michael Jackson. Cuando yo era niño era famosísima, pero su muerte pasó desapercibida porque ese mismo día se produjo la explosión de una supernova. La mayoría de los famosos alberga en su interior muchas más inseguridades que nosotros, los simples mortales. Britney, desde aquel día en Nueva York hace cuatro años, ha degenerado de un modo increíble logrando difuminar cada vez más la línea que separa el negocio de las cantantes del porno blando.

Otro caso flagrante del fenómeno al que me refiero fue el baile organizado por Denise Rich, el Angel Ball. Tal y como ya he mencionado en la primera parte de este libro, Gabrielle, la hija de Denise, a la que yo conocí cuando estudiaba en Oxford, murió de leucemia, y el baile que se celebra cada dos años en su honor tiene por objeto recaudar fondos para luchar contra esa enfermedad. Denise me pidió que asistiera y que llevara a Michael.

También invité a mi amigo Elie Wiesel, el superviviente del Holocausto y premio Nobel, y a su mujer, Marion, como invitados de honor de nuestra mesa. Cuando entramos en el baile, el salón ya estaba lleno hasta los topes de piadosas celebridades, incluido el invitado de honor, Bill Clinton —buen amigo de Denise —, pero Michael los eclipsó a todos. Se produjo una avalancha de gente que corría para conocerlo y su personal de seguridad no pudo hacer nada para contener aquella marea humana.

Literalmente, la élite de Hollywood empujó a un lado a Elie Wiesel, uno de los hombres más respetados del mundo y merecedor de uno de los galardones más prestigiosos, en su afán por llegar hasta Michael. Fue algo humillante y vergonzoso. Mujeres tan conocidas como Cindy Crawdford, entre otras, se pusieron a hacer cola para sacarse una foto con Michael mientras yo intentaba evitar que la muchedumbre pisoteara a los Wiesel.

Un importante banquero, que estaba sentado a mi lado en la cena y vio cómo el más famoso superviviente del Holocausto era prácticamente arrollado por la turba que se abalanzó sobre el cantante, se volvió hacia mí y comentó: «Situaciones como ésta hacen que uno pierda la fe en el género humano, ¿no te parece?». (El único rayo de esperanza esa noche fue que Lance Bass, de 'N Sync, se acercó a nuestro grupo —todos estábamos convencidos de que venía a sumarse a la corte de admiradores que querían aprovechar la oportunidad de conocer a Michael Jackson— y, sorprendiéndonos a todos, dijo: «¿Sería posible que me presentaran a Elie Wiesel? Conocerlo siempre ha sido uno de mis mayores sueños». Un tipo con clase.)

Un falso ídolo

Muchos datan el principio del fin de Michael Jackson en las acusaciones de abuso de menores de 1993, pero yo no estoy de acuerdo. Sí, Michael llegó a un acuerdo con el demandante, lo que hizo pensar que era culpable, pero aun así sobrevivió a todo aquello e incluso comenzó a reconstruir con éxito su carrera. Aparte de la toxicidad que entraña la exposición al público durante la infancia y que lo privó de una vida normal, en su edad adulta yo identifico otro momento como el que habría de marcar el comienzo de su acelerado declive: se produjo cuando Sony lanzó *HIStory* en 1995. Coincidiendo con el lanzamiento del disco se colocaron estatuas inmensas de Michael en ciudades de todo el mundo y se produjo un vídeo musical donde se le presentaba de forma que evocaba a la estatuilla de un ídolo de proporciones gigantescas con cientos de miles de soldados-adoradores deseosos de atender su más nimio deseo. Yo vivía en Oxford en 1995 y recuerdo bien la enorme estatua de Michael transportada por el Támesis.

En cuanto al vídeo, lo vi por primera vez en compañía de Michael en el rancho Neverland en agosto de 2001. Michael, sentado a un metro de mí más o menos, revivía sus éxitos pasados con nostalgia al contemplar las imágenes. Yo, en cambio, casi me caigo de la silla al ver a un hombre de carne y hueso presentado como un enorme objeto digno de ser adorado. Recuerdo todavía lo incómodo que me sentí. Allí, junto a mí, estaba un hombre que había sido un devoto testigo de Jehová, con una profunda espiritualidad innata, ¡presentándose como un dios a los ojos del mundo! Incluso después de *Thriller*, Michael siguió «testificando» y salía todos los domingos por la tarde con otros miembros de su iglesia a repartir ejemplares de *La atalaya* y *¡Despertad!*.

¿Cómo pudo alguien tan apegado a Dios convertirse de repente en una deidad? Una vez establecido como un ídolo digno de ser adorado, bastaba un paso más para que Michael creara sus propias normas y comenzara a vivir según sus propias leyes. Éste es el periodo en que se produce la erosión de Michael Jackson como persona, pasando de ser un hombre humilde y decente a convertirse en otro con el rostro desfigurado que puso a sus dos hijos varones el mismo nombre (Prince I y Prince II, también conocido como «Blanket») y llegó a cometer la irresponsabilidad de mostrar a su bebé al mundo sosteniéndolo peligrosamente desde un balcón, todo porque creía que no tenía que rendir cuentas a ninguna autoridad superior. El bien y el mal pasaron a significar lo que Michael determinaba: tal vez pasar la noche con los hijos de otros fuera considerado repulsivo a los ojos del mundo, ¡pero al carajo con el resto del mundo!, habitado por personas con un nivel inferior de conciencia que simplemente no alcanzaban a entender... La Biblia contiene el mandamiento de honrar a los padres, pero Michael se reservó al derecho a condenar al suyo públicamente en muchas ocasiones, incluso cuando esas condenas no poseían el menor efecto reparador para la relación de ambos.

Yo solía decirle que no tenía ningún derecho a denunciar a su padre en presencia de desconocidos, le decía que eso iba en contra del quinto mandamiento, y desde luego la conferencia que pronunció en Oxford y yo escribí para él giraba en torno al tema del perdón —en contraposición al odio— y estaba concebida para restaurar la relación con su padre. Ahora bien, ése Michael Jackson era el chico inocente que me escuchaba; con el tiempo volvería a convertirse en Michael Jackson el icono que me trataba como un personaje molesto —aunque bien intencionado— que osaba cuestionar cosas que escapaban completamente a su entendimiento.

Una nueva religión: la fama

En consecuencia resulta extraño que señalemos únicamente a Michael Jackson por sus excesos cuando tantos famosos se están destruyendo a sí mismos y a quienes los rodean. Además, en cuanto público, los demás tampoco somos completamente inocentes: los famosos viven en un mundo que no han creado ellos sino nosotros; la adoración que les dispensamos ha pasado de ser un pasatiempo a convertirse en una devoción, de ser una forma de ocio a transformarse en una forma de veneración, de religión.

Distanciados como estamos de Dios y separados de cualquier meta superior, nos hemos inventado nuevos dioses aquí en la Tierra: en otro tiempo eran las estrellas del cielo las que nos fascinaban, hoy en cambio nos postramos ante las estrellas de cine; en otro tiempo el hombre se dedicaba a reflexionar sobre los secretos del universo, hoy buscamos descifrar el enigma de Marlon Brando. ¿Por qué nos sorprendemos entonces de que los objetos de esa adoración hayan empezado a creerse que tienen derecho a interpretar el papel hasta las últimas consecuencias y crear sus propias normas, incluso cuando los resultados son nefastos?

Nosotros, el público, los idólatras, somos igual de culpables que los famosos que fomentan esa adulación. El becerro de oro de los tiempos de Moisés ha sido sustituido en nuestros días por la estatuilla del Oscar.

La esencia de la Biblia puede reducirse a una única idea: sólo Dios debe ser el epicentro de nuestras vidas, el corazón de nuestra existencia, el alma de nuestros actos. No admitamos falsos sucedáneos.

Atrás quedan los días en que los hombres hincaban la rodilla en tierra o se postraban ante el Señor que está en los cielos. No, nuestros ídolos han pasado de los mudos tótems de madera de la Antigüedad a los cuerpos perfectamente esculpidos de Hollywood. En vez de rezar alzando los ojos al cielo, nos obsesionamos con las vidas de las estrellas de cine; en vez de hablar de la belleza de la creación de Dios, de cómo conectar con Dios, nos dedicamos a elucubrar sobre con quién estará conectando Jennifer Aniston.

Muchos creen que las drogas y las relaciones fallidas provoca la caída de los famosos, pero he descubierto que los amigos aduladores e incitadores son el peor veneno posible porque los reafirman en su idea de que quien ha alcanzado la fama está por encima del bien y del mal.

Humildad o soberbia

Los seres humanos no son dioses y, cuando el público espera que lo sean, deben ocultar o ignorar su humanidad en un intento de no parecer comunes y corrientes. Es en este contexto en el que muchos de los comportamientos extraños de Michael deben entenderse.

En una ocasión, mientras íbamos a casa de un amigo (el gurú de las relaciones públicas Howard Rubenstein, donde nos proponíamos celebrar una reunión tranquila con representantes de la prensa) Michael salió de la furgoneta y se puso una máscara negra: «Por favor, quita esa cosa ridícula de mi vista, pareces Darth Vader», le dije; nunca se la volvió a poner en mi presencia. Ya la había llevado antes, no porque—como se especuló— estuviera obsesionado con la calidad del aire, sino para parecer más misterioso, quería tener intrigada a la gente en todo momento. De hecho, le encantaba marcar tendencias, presumía ante mí de haber conseguido poner de moda los calcetines blancos bien visibles con pantalones a la altura del tobillo —«antes eso se consideraba la pinta típica del empollón estrafalario y ahora va así todo el mundo»— y llevar un guante en vez de dos. Michael no se daba cuenta de que, por mucho que efectivamente marques tendencias, si la gente te considera un pirado, sigues siendo un perdedor. Claro que, por otro lado, a Michael siempre le gustó más crear sus propias normas que vivir conforme a las existentes, fueran cuales fuesen las circunstancias.

En la época de la conferencia en Oxford, que fue posible gracias a mis once años de rabino en esa universidad, él y yo abogábamos por una Carta de Derechos del Niño que diera prioridad a éstos, una iniciativa para la mejora de las vidas de los niños. Le dejé bien claro a Michael que el éxito de aquella conferencia dependería completamente de su capacidad para dar prioridad al mensaje poniéndolo por encima de sí mismo: «Sé humilde y deja la gloria a las palabras».

Él estuvo de acuerdo, pero, cuando entramos en la sala de debates de la venerable Oxford Union, un lugar donde Albert Einstein, la reina de Inglaterra y varios presidentes estadounidenses habían pronunciado conferencias antes que él, Michael me dijo que subiera a la tarima yo primero con el presidente de la Oxford Union —que debía presentarlo—: la idea era que luego aparecía él como siempre hace en los conciertos, entre grandes aplausos y un fenomenal revuelo.

Le contesté que eso no era lo que habíamos acordado, que lo habían invitado a dar una conferencia en una de las salas más legendarias del mundo, que la tradición bicentenaria era que los invitados entraran en el salón acompañados por el presidente y él no iba a ser una excepción. Aun así no quiso dar su brazo a torcer, era incapaz de no comportarse como una estrella, no podía ocupar ningún otro lugar que no fuera el centro del escenario; así que nos amoldamos a su absurda pretensión, cosa que disminuyó su prestigio inmediatamente aunque él no se diera cuenta. A pesar de que su conferencia resultara un éxito —no sólo en términos de aceptación popular, sino también por parte de la crítica—, estaba destinado a perder la batalla contra las corruptoras fuerzas de la fama.

Al cabo de dos años de amistad con Michael, acabé profundamente desilusionado con la cultura del estrellato en general y con lo que le había hecho a Michael en particular: esto fue lo que llevó directamente a la publicación en 2003 de mi libro *The Private Adam: Becoming a Hero in a Selfish Age*, que supone una dura crítica y una absoluta repulsa de la cultura del estrellato y una defensa de los heroicos actos anónimos de todos los días que jamás aparecerán en titulares de prensa; en el libro rechazaba los falsos ídolos que están llevando nuestra cultura al borde del precipicio. La atracción que despertaba en mí Michael Jackson residía fundamentalmente en que sentía que era diferente del resto de los famosos —más humilde, más sensible, más humano— y, a decir verdad, todo eso era cierto; pero de aquel Michael poco llegó al final: ya sólo quedaba la estrella en decadencia entregada a un comportamiento insensato e irresponsable.

Miedo al futuro

Durante el tiempo que Michael y yo fuimos amigos, nunca temí que algún día abusara de ningún niño, la noción de que pudiera ser un pervertido me parecía inconcebible e, incluso ahora, me resulta doloroso pensar que hubiese podido abusar sexualmente de un niño. No, mi miedo era de una naturaleza completamente distinta: que Michael no fuera capaz de llegar a su cincuenta cumpleaños, que el tenebroso abismo que llevaba sobrevolando toda su vida acabara por tragárselo para siempre.

Me estremezco al pensar que tal vez había algo que hubiera podido hacer para salvarlo, pero, salvo que hubiera sido declarado culpable en 2005 y enviado a una prisión donde perdiera todos sus privilegios —incluido el acceso a médicos con un suministro ilimitado de analgésicos—, no había esperanza. En este sentido, por muy irónico que pueda parecer, que lo declararan inocente fue otra tragedia que añadir a la larga lista de los desastres que jalonaron su vida.

Cuando lo detuvieron pensé que tal vez aquello fuera el demoledor toque de atención que necesitaba para salvarlo de la implosión, pero no fue el caso: Michael nunca llegó a tocar fondo realmente, incluso cuando se agotó su dinero, el de los amigos y el de la familia, todavía podía seguir pidiéndolo prestado a cuenta de sus ingresos futuros e incluso a cuenta de la potencial oportunidad de retomar su carrera para evitar enfrentarse a la cruda realidad que acabaría empujándolo en una nueva dirección.

Pérdidas

En el contexto de la estrecha relación de amistad que mantuvimos y en la que yo me esforcé cuanto pude por revertir la espiral descendente que lo arrastraba, solía decirle que sin una verdadera conexión con Dios nunca sobreviviría a la vida de estrella. Pero las estrellas rara vez escuchan a los meros mortales y no necesitan a Dios porque ellos mismo son dioses, con lo que permiten que todas las relaciones se atrofien a medida que se van aislando cada vez más.

Su relación con su padre fue la primera de las importantes que perdió: desde una edad temprana, Michael comenzó a percibir a Joseph Jackson —y Michael siempre lo llamó Joseph en vez de papá, a petición de Joseph mismo— como un mánager brusco y duro, no como un padre cariñoso. La siguiente en desintegrarse fue la estrecha relación que tenía con sus hermanos, cuando los celos de éstos —instigados por sus mujeres según Michael— hicieron inevitable que los Jackson 5 se separaran. Michael también le achacaba a eso su desconfianza ante el matrimonio, con lo que también resultaba imposible que llegara a mantener una relación sólida y bien fundada con una esposa que lo ayudara en la vida.

Luego perdió la relación con los testigos de Jehová, un ingrediente fundamental para mantenerse humilde y centrado. Michael era un miembro tan devoto de su Iglesia que hasta llegó a incluir en el vídeo de *Thriller* un aviso que advertía de que ese producto no se proponía en modo alguno abogar en favor del ocultismo. No obstante, al cabo de unos años había abandonando la Iglesia de los Testigos de Jehová y ésta a su vez lo había repudiado a él. Para entonces, aparte de la relación de profundo amor —aunque distante— con su madre, ya no le quedaba nada. Igual que cuando se escapa una cometa quedando a merced de los vientos, Michael Jackson no tenía el menor anclaje. Y pese a que luego tuvo dos —y después tres— hijos, éstos tampoco lograron (ni era su papel) reconectarlo con la gente, con sus antiguos intereses y creencias, algo que le hubiera proporcionado el refugio seguro y la influencia positiva que todos necesitamos.

La estrella maltrecha

No somos la primera generación de individuos que anhela alcanzar la fama y se obnubila con el estrellato y la notoriedad. A lo largo de la historia, muchos hombres y mujeres se han esforzado por escapar del terrible anonimato sin rostro buscando en los grandes gestos diferenciarse del resto de sus congéneres. Los grandes hombres y mujeres de la historia siempre han buscado distinguirse de la amalgama informe del populacho y que se reparara en su presencia como si de una ola gigantesca que surge de las tranquilas aguas del océano se tratara.

Hace unos dos mil quinientos años, Alejandro de Macedonia, el primer personaje verdaderamente famoso de la historia, hizo que lo acompañaran en sus campañas cronistas e historiadores que después relatarían sus maravillosas conquistas. Después de él, el emperador romano Augusto acuñó docenas de monedas con su efigie: quería que se conocieran sus grandes logros como insigne administrador del mayor imperio conocido y, en una época en la que la mayoría de la población era analfabeta, el mejor método para hacerse famoso era visual más que verbal. Incluso en el siglo pasado, Charles Lindbergh se convirtió en el hombre más famoso de la Tierra cuando se enfrentó en solitario a las inabarcables aguas del Atlántico en su vuelo en solitario para luego recrearse en la interminable serie de desfiles triunfales y entrevistas que siguieron. Así que nuestra avidez por la fama no es algo que nos distinga como generación.

Lo que nos hace diferentes, en cambio, es que muchos de nosotros nos deleitemos en la pérdida de dignidad que acompaña a la carrera desenfrenada en pos de la fama. En todas las situaciones históricas que acabo de mencionar, el protagonista siempre desea ser famoso en virtud de sus logros: la fama era una herramienta a través de la cual, al informar a las masas de los triunfos conseguidos, se magnificaba el prestigio y la respetabilidad que ya poseían esos personajes. Los hombres perseguían la fama con el propósito específico de promover su dignidad, establecer firmemente su legado y así definir lo que los hacía únicos; luchaban por ocupar un lugar preponderante en la larga historia de la especie humana y sus gestas. Por supuesto que hoy podríamos entrar en un debate sobre si Napoleón fue un libertador o un tirano, sobre si quienes encuentran la gloria en el campo de batalla son matones o héroes, pero, en cualquiera de los casos, las conquistas militares eran una fuente de gloria, y en ese sentido Napoleón deseaba que todo el mundo conociera la gloria que le pertenecía.

Michael Jackson fue el personaje más famoso de su generación, pero su fama se diferenciaba diametralmente de la de los personajes mencionados anteriormente, pues era un hombre que alcanzó la fama primero con su música, y luego con sus extravagancias y rarezas: primero se lo conoció por su talento y genialidad, pero después por sus deficiencias y peculiaridades. Ansiaba el reconocimiento con tal desesperación, parecía estar tan brutalmente privado de amor, que llegó al extremo de dejarse ver en compañía de un chimpancé o de contar que dormía en una cámara hiperbárica; estaba dispuesto a pagar ese precio, y si tenía que comprar los huesos del hombre elefante o pasearse por el mundo con una máscara de villano o agarrarse la entrepierna cientos de veces durante un concierto, lo haría con tal de hacerse más conocido. La cirugía plástica se encargó del resto: a los ojos del público, Michael Jackson pasó de niño genial a catástrofe humana. Hay gente a quien le encanta la excentricidad y Michael dedicó toda su creatividad a conseguirla.

De manera perversa acabó consiguiendo todo lo que se propuso: el juicio por abuso de menores, entre otros cargos, lo hizo incluso más famoso que los Beatles, pero, al igual que algunos venden el alma a cambio de garantizarse la eterna juventud, Michael, debido a su incapacidad para poner límite alguno a su reconstrucción quirúrgica, puso en venta la imagen misma de Dios que refleja todo hombre.

Michael Jackson se convirtió en el modelo de quienes están dispuestos a exhibir —en lugar de ocultar— sus imperfecciones durante esa interminable carrera hacia la fama. En ese sentido, podría decirse que se convirtió en el hombre vivo más influyente, el hombre cuyas rarezas serían precursoras de una era representada por los *reality shows,* por trucos baratos como

Britney Spears y Madonna besándose encima de un escenario, por Linsay Lohan ebria estrellando el coche contra un árbol o por las escatológicas declaraciones de Jessica Simpson.

Michael fue el primero de una nueva especie de famosos, los maltrechos, los que alcanzan el estrellato no por sus virtudes sino por sus taras. En general, la gente intenta esconder los errores y los defectos de carácter, quiere ser conocida por lo bueno y no por lo malo. La vida de Michael en cambio se convirtió en el primer *reality show* de la historia: antes nunca habíamos oído hablar de alguien que quisiera ser célebre por sus defectos: ¿quién ha oído jamás de nadie que desee ser famoso porque es feo?, ¿desde cuándo lo infame lleva a la fama?, ¿desde cuándo se considera que enfrentarse a la humillación y la ridiculización públicas se considera un método válido de alcanzar el reconocimiento? Y, sin embargo, mientras disfrutamos del calor de los focos no nos damos ni cuenta de que en realidad estamos desnudos; hasta que se apagan las luces, claro. En la oscuridad que acompaña a la dignidad descubrimos las cosas de incalculable valor que hemos perdido.

Para las generaciones pasadas, la dignidad y la fama venían de la mano, pero en cambio Michael Jackson será recordado por ser el hombre que colocó esos dos conceptos en permanente conflicto, que enfrentó fama y verdadero peso específico; fue un hombre que podría haber sido feliz por haber llegado a lo más alto del estrellato musical, pero decidió actuar de la manera más extraña posible de modo intencionado para mantener vivo el interés del público. He visto a Ed Bradley del programa *60 Minutes* preguntarle a Michael (entonces completamente ajeno al hecho de que era más famoso por ser un bicho raro que por sus cualidades artísticas) por qué su disco *Invincible* ni siquiera había entrado en la lista de los diez más vendidos, y al cantante responder: «Es una conspiración». Michael ya hacía mucho tiempo que confundía la fama con la infamia y vivía en una zona intermedia y nebulosa entre lo uno y lo otro.

Claro que no toda la culpa es suya: la total falta de cariño y atención que sufrió durante los años más sensibles de la vida ya presagiaba la necesidad desesperada de ser el centro de atención de que daría muestras más adelante. Ahora bien, su decisión de llenar esa brecha con un torrente venenoso de chismorreos destinados a la prensa sensacionalista es algo de lo que sí fue responsable.

Fuera de juego

La tesis de este libro es que Michael Jackson, a quien la gente envilece con tanta facilidad, supone la máxima expresión de lo que es una víctima en la era del estrellato, un hombre atrapado en medio de algo que no comprendía ni controlaba, pero que acabó por consumir todo lo que había sido en otro tiempo. El Michael Jackson que vimos al final de su vida no era más que una sombra macabra de quien había sido un hombre perfectamente sano. Que Michael Jackson se convirtiese en un ser más extraño que cualquier otra estrella que lo precedió estaba directamente ligado al hecho de que se hiciese más famoso que prácticamente todas ellas: en su caso, los daños fueron más generalizados y profundos.

En este libro también se argumenta que Michael podría haber evitado dicha tragedia, no convirtiéndose en un obrero de acería como su padre, sino reteniendo los ingredientes positivos de una existencia equilibrada y sana que podrían haber servido de contrapeso al vacío de la fama. Michael comenzó su vida con muchos de esos ingredientes —una fe sólida, un profundo apego a la familia y a sus hermanos, el deseo de utilizar su talento en beneficio de un bien superior— y, al principio, éstos permitieron que su fama no lo corrompiera hasta la descomposición.

Por desgracia, a medida que se fue haciendo más y más famoso perdió contacto —en primer lugar sin intención y después de forma consciente— con esas cosas y, de manera trágica, acabó en la miseria, desprestigiado y al final muerto. Por último, en este libro también se recoge la idea de que la historia de Michael Jackson constituye una llamada de atención sobre los efectos destructivos de la era del estrellato, un fenómeno en el que todos estamos inmersos.

Una «familia» de fans

Este es el quid de la cuestión: todo ser humano quiere ser especial, todo el mundo quiere ser el centro de atención, por lo menos a ratos. Es lo que el filósofo alemán Hegel llamaba función tímica o emocional o necesidad de reconocimiento, pero, en otro tiempo, eran la familia y las relaciones humanas lo que hacían que uno se sintiera el centro de atención. En el pasado, el amor auténtico que nos brindaban amigos y familiares rescataba a los seres humanos del dolor del anonimato. Los niños contaban con la atención de sus padres como si fueran estrellas: los padres comentaban todo lo que hacían, al igual que si se tratara de Julia Roberts o Russell Crowe. En cambio ahora hay toda una generación que ha crecido como Michael Jackson, bajo presión para alcanzar el éxito muy pronto, sintiéndose como máquinas cuyos padres empujan a la máxima productividad a una edad demasiado temprana, privados de la sana atención que les pertenece por derecho… Esta generación ha crecido anhelando sentir la luz de los focos sobre la piel y está dispuesta casi a cualquier cosa para conseguirlo.

Por no haber tenido una infancia en la que fuera el centro del afecto de sus padres, Michael tuvo que dedicar su vida a tomar medidas que le proporcionaran esa atención, por así decirlo para compensar. Llegó a la edad adulta sin ningún tipo de puntal donde apoyarse en la vida, como una esposa o una compañera, una persona que le hiciera sentir que alguien le prestaba atención, y tuvo que hacer lo que fuera para asegurarse de que, cuando menos, no pasaba desapercibido. Distanciado de una familia que debería haberle dado mucho cariño, Michael se inventó una familia artificial de fans que podía proporcionarle la dosis de atención que necesitaba, por más que no fuera más que una mera sombra de lo que de verdad ansiaba.

Todos corremos el riesgo de convertirnos o querer convertirnos en Michael Jackson, aunque por su puesto a una escala mucho menor. *American Idol*, el concurso de televisión, funciona sobre la premisa de que cualquiera puede llegar a ser Michael Jackson. Los niños se ven apartados, desplazados por los intereses económicos de sus padres; las parejas apenas consiguen oírse el barullo de sus ajetreos; los padres llegan a casa por las noches después de haber estado todo el día trabajando y los hijos no corren a recibirlos por el pasillo porque están demasiado absortos viendo su programa favorito de televisión. El resultado es que todo el mundo se siente desamparado.

Las relaciones carecen de pasión e intimidad y, para compensar, buscamos el amor en la muchedumbre, queremos la aceptación, incluso la adoración de nuestros amigos, familiares, compañeros de trabajo o de cualquier otro público que podamos encontrar. En ausencia de una atención sana, verdaderamente cariñosa y consistente, demasiados buscan llamar la atención de forma descarada, incluso cuando eso supone una afrenta para su dignidad. En un mundo impersonal dominado por Internet y el cine, la gente carece de la menor dignidad interior y busca mostrar en antena sus triunfos y fracasos del modo que sea. (Un hombre que había matado a ocho personas en Wisconsin escribió a la policía diciendo que continuó matando porque después de los dos primeros asesinatos su nombre no había aparecido en los periódicos.)

Si tenemos suficiente «suerte» como para tener nuestros quince minutos de fama, cuando terminan hemos de soportar la indignidad de ir por ahí con todos nuestros trapos sucios expuestos para siempre a la vista de los demás, se diría que pegados a nuestro cuerpo formando una segunda piel de la que ya nunca nos libraremos.

Que sirva de aviso

Creo que es precisamente lo mucho que nos resistimos a tomar nota de las cosas, más que ninguna otra razón, lo que explica que estemos tan fascinados con el personaje de Michael Jackson: al contemplar el absoluto naufragio en que se convirtió su vida y ahora su muerte, lo que hacemos es contemplarnos a nosotros mismos encarnados en un hombre que llevó al límite su necesidad de ser conocido y reconocido. Si James Brown es el padrino del *soul*, podemos ver a Michael Jackson como el de la fama sin sustancia, alguien que con su triste y nociva existencia representa a la perfección una sociedad que se ha precipitado al abismo. Asistir a la tragedia de Michael supone ser testigos de nuestra propia transformación; ver cómo iba cayendo poco a poco es un anuncio de nuestra propia corrupción.

Que la vida de Michael —por muy trágica que resultara al final— sea, pues, una llamada de atención para todos de nosotros.

La única cura para una sociedad empeñada en conseguir la fama a cualquier precio es incrementar la cantidad de amor verdadero presente en la misma. Los padres tienen que empezar a escuchar a sus hijos cuando éstos les hablan: cuando los niños vengan corriendo a contarnos algún detalle en apariencia totalmente insignificante sobre un profesor del cole, apaguemos la televisión durante unos minutos y dediquémosles toda nuestra atención; la alternativa es que cuando encendamos la televisión al cabo de unos cuantos años nos encontremos con un hijo haciendo el ridículo en algún programa de telebasura porque el dolor de esa humillación no es tan horrible como el del abandono.

Maridos y mujeres tienen que empezar a ofrecerse mutuamente el afecto que necesitan, pues la trágica alternativa en este caso es que podrían acabar encontrando ese cariño en los brazos de un extraño, algo que más del 50% de las personas casadas ya está haciendo. En vez de subirnos a un taxi e inmediatamente empezar a hablar por el móvil, deberíamos hablar con el taxista, que no es sólo un medio necesario para un fin, que no fue creado por Dios única y exclusivamente para llevarnos de un punto a otro de la cuidad, sino que es una persona con sus propios sueños, sus ambiciones y su historia.

La esencia de una relación sentimental, la esencia del matrimonio, es la fama, pero, a diferencia de la celebridad pública, la fama para una persona únicamente: hay alguien en el mundo para quien soy famoso y él o ella pone mi foto en la pared y guarda pequeñas cosas relacionadas conmigo, cartas… igual que los coleccionistas atesoran las de Elvis. Esa persona puede recordar la primera vez que me besó y se me queda mirando cuando estamos juntos en público, cuando entro en una habitación —igual que si acabara de hacer su aparición una estrella de cine—, mi presencia ejerce una irresistible fascinación sobre esa persona.

Ése es un *verdadero* fan, uno devoto que nunca me abandonará para centrarse en la siguiente novedad; aunque me arruine o me salga papada, esa persona seguirá a mi lado. Si sufro una humillación pública —incluso si me acusan de algo horrible—, esa persona permanecerá a mi lado en todo momento. Mi fama no es efímera a ojos de esa persona sino eterna; si fuera una acción que cotiza en bolsa, mi precio no fluctuaría en función de la demanda, el mercado no determinaría mi valor. Esa persona me quiere por mi humanidad.

Michael Jackson tenía decenas de millones de fans, pero lo que siempre le faltó fue una gran admiradora para toda la vida, un matrimonio feliz, una relación estable, tener esperándole en casa unos brazos a los que volver cada día. Lo mismo podría decirse de tantos famosos de Hollywood: un millón de fans, pero ni un solo seguidor permanente.

Sí, todos queremos ser famosos, pero, igual que ocurre con la fama fundada en una base poco sana, la gente sólo te admira cuando estás en lo más alto: si pierdes el campeonato o tu dinero o tu belleza, te abandonan con la misma facilidad con que te encumbraron. Michael Jackson aprendió esto por las malas pues, a excepción de unos cuantos de miles de fans acérrimos, al final lo abandonaron prácticamente todas las personas que en su día lo habían admirado y, los pocos que permanecieron fieles, lo hicieron más por pena o por albergar una vaga esperanza de obtener algún tipo de recompensa por ello, lo que en definitiva es la antítesis de aquello en lo que debiera basarse una relación verdadera.

Incluso cuando, años después de que se hubiera acabado nuestra amistad, veía cómo despellejaban a Michael en los programas de televisión, me resultaba doloroso y lamentable que el país pareciera no tener la menor compasión por él. La total desfiguración de su rostro, la tambaleante situación económica amenazando prácticamente la bancarrota, la forma en que había tirado por la borda su increíble talento y, sobre todo, el tema de su relación con los niños, no suscitaban más que desprecio.

Incluso a Martha Stewart se le había mostrado cierta compasión cuando la detuvieron y posteriormente condenaron, pero, para que los demás sientan pena, uno debe primero ser visto como un ser humano y, a ojos del público, Michael se había convertido en una mera caricatura.

A Martha Stewart nunca se la podría odiar completamente porque tampoco se la quería de forma total y absoluta, pero las pasiones desatadas y absolutas pueden en cambio dar un vuelco de la noche a la mañana y eso es precisamente lo que ocurrió con Michael Jackson: el público lo adoraba, creció con él y siempre lo había visto como a un niño, un inocente y divertido niño grande.

Su timidez hacía que se le atribuyera automáticamente la inocencia, una ingenuidad que todavía se recordaba de los tiempos en que era joven, y al verlo rodeado de niños se sacaba la conclusión de que seguía siendo un adolescente... Pero no hay furia comparable a la del público cuando se siente estafado: un alto porcentaje de gente creía que Michael era inocente pero corrupto, calculador en vez de claro y transparente; en sus mentes, ahora veían Neverland no como un altar de culto a la precocidad juvenil, sino como una trampa con la que deslumbrar y atraer a las confiadas víctimas. Creyeron que lo que se habían comprado era el típico niño cantor de coro parroquial, pero luego llegaron a la conclusión de que en realidad había resultado ser alguien tan hábil para manipular al público como lo era para los pasos de baile.

En cuanto a mí, yo estaba convencido de que Michael no abusó del niño que lo acusó en 2003 y del que hablamos en varias ocasiones a lo largo de nuestras conversaciones y, por tanto, su absolución me pareció justa; claro que casi no importaba porque la inspiración que en su día había despertado en muchos había desaparecido por completo. Sus peores temores se habían cumplido y terminó convirtiéndose en aquello que más miedo y rechazo podía causarle, así que se fue aislando cada vez más del mundo y poco a poco sus propios demonios se convirtieron en el único sustento de su cada vez más tenebrosa existencia.

La fama enfermiza siempre lleva a la reclusión mientras que la saludable conduce a lo opuesto, inspira a la gente a confiar y desinhibirse y salir de su caparazón. Cuando estableces una relación con ese fan incondicional, esa persona que se compromete a quererte contra viento y marea, en vez de esconderte aprendes a abrirte, ya no da miedo mostrarte vulnerable, tu pareja no sólo toma sino que también te da: para elegirte a ti ha tenido que descartar al resto de los miembros del sexo opuesto de manera pública y permanente. Sabiendo que alguien ha hecho semejante sacrificio por ti, aprendes a tener fe, tanto en los seres humanos como en el mundo; tu felicidad se convierte en la felicidad de tu pareja y lo único que ésta quiere es disfrutar, no de tu buena estrella sino de la luz que brota de ti como persona.

En última instancia, la fama saludable muy probablemente nunca te hará merecedor de tu propio programa de televisión, ni te servirá para que el *maître* te reserve la mejor mesa justo al lado de la chimenea en el restaurante de moda, ningún desconocido se te va a acercar por la calle para pedirte un autógrafo. Pero sí te dará la sensación de que, hagas lo que hagas y vayas donde vayas, siempre tendrás un club de fans en la privacidad de tu casa.

Adiós a la fama

Nuestra civilización misma se ve amenazada por el culto a la fama: el bufón de la corte se ha convertido en rey y los que interpretan el papel de héroes han pasado a ser los verdaderos héroes de la cultura actual.

Hoy en día, en Estados Unidos no hay ninguna ceremonia de entrega de premios que se televise y siga en todo el país que no tenga que ver con el cine, la televisión, la moda o la música; incluso cuando se concede a nuestros abnegados soldados la Medalla de Honor del Congreso en reconocimiento a su valor, la ceremonia no se televisa, y cuando el presidente otorga la Medalla Presidencial de la Libertad a nuestros pensadores, escritores y funcionarios más destacados, sólo un puñado de gente lo sigue en la cadena especializada C-Span. Todo esto supone un gran cambio para un país donde el único actor que había llegado a la categoría de personaje histórico antes de la era de Hollywood es John Wilkes Booth.*

Al convertir a las modelos del mundo de la moda en nuestros modelos de comportamiento, a las heroínas de Hollywood en auténticas figuras heroicas y a los cantantes de moda en poco menos que santos dignos de veneración, hemos creado una sociedad superficial y vacua que no se distingue por la capacidad de sacrificio sino por su complacencia. Hemos creado una cultura reconocida no por sus virtudes sino por su vanidad, y por tanto caracterizada cada vez más por su decadencia. Las consecuencias de todo esto son peligrosas para los individuos que las sufren y para todos nosotros, que nos encontramos atrapados en esa gran obsesión distorsionada de proporciones nacionales.

En la mayor parte de los casos, los jóvenes prefieren ser directores de cine que médicos, estrellas del rock que rabinos…, y luego nos preguntamos por qué la juventud parece narcisista y sin rumbo.

Para calcular el efecto que tiene haber colocado a las estrellas del espectáculo en el epicentro de la conciencia nacional imaginemos por un momento qué ocurriría a escala individual: ¿y si el espectáculo en vez de los conocimientos fuera la mayor preocupación de un estudiante de medicina?; en vez de pasarse las horas estudiando en la biblioteca de la facultad y asistiendo a clase, nuestro hipotético estudiante estaría todo el día viendo la televisión y películas en DVD… ¿nos fiaríamos de él para que nos curara un riñón?

Esto explica por qué tanta gente de todo el mundo cree que los estadounidenses son superficiales: nuestra cultura se centra en la fama y no en la educación, el trabajo, el sacrificio o la familia; se focaliza en el ocio y el entretenimiento que, por naturaleza, es algo a lo que uno se dedica en

* John Wilkes Booth fue un actor muy popular que asesinó al presidente Lincoln el 14 de abril de 1865. (*N. de la T.*)

su tiempo libre. El entretenimiento está diseñado para ocupar la periferia, nunca el centro, de los esfuerzos de una nación.

La mayor amenaza para los Estados Unidos no viene de poderes extranjeros hostiles ni tramas terroristas; los terroristas pueden hacernos daño, pero nunca lograrán derrotarnos; la única cosa que puede amenazar verdaderamente la supervivencia de este gran país es que sus cimientos se corrompan hasta tal punto que el edificio nacional se derrumbe víctima de las fuerzas de la inevitabilidad histórica. Si nuestro país se construye con el mármol maravilloso del Partenón o el Panteón de Roma, o con la sólida piedra del Muro de las Lamentaciones de Jerusalén, se mantendrá en pie durante muchos siglos, tal vez milenios. Pero si se utilizan unos materiales poco consistentes como el mero revuelo mediático, los escenarios que no son más que oropel sin ningún fundamento, entonces —Dios no lo quiera— seguro que la nación acabará desmoronándose ante nuestros propios ojos.

Como ya he dicho antes, ninguna cultura que deifica a los seres humanos es verdaderamente sana. No es casualidad ni capricho que el primer mandamiento de Dios sea el de no adorar más que al único Dios y no aceptar jamás sucedáneos ni falsificaciones: «Yo soy el Señor, tu Dios. No tendrás otros dioses aparte de mí». Dios y sólo Dios debiera ser el centro de nuestras vidas, el corazón de nuestra existencia, el alma de nuestras acciones. Y entonces no osaríamos aceptar ningún sustituto fraudulento.

Casi todos nos hemos convertido en idólatras en el armario, y en perjuicio propio además. Yo solía decirle a Michael que el hecho de creerse un dios siempre acaba en tragedia, pero también nosotros, que rendimos culto ante el altar de la fama, deberíamos ser conscientes de nuestras propias transgresiones.

Mea culpa

Yo también, como hombre religioso e inmerso en la cultura actual que soy, debo enfrentarme a mi propia veneración de la fama. Desde que decidí hacerme rabino a los dieciséis años siempre he tenido el sueño de que algún día ayudaría a que la espiritualidad se convirtiera en preponderante, en un instrumento que ayudaría a que los valores del judaísmo abandonaran un plano secundario y adquirieran voz propia en la cultura popular.

Luego, como rabino en Oxford, conocí a numerosas personalidades —tanto oradores como estudiantes— y me convencí de que los famosos y el poder de convocatoria que su fama les proporcionaba ofrecían un atajo ideal para comunicar el mensaje de Dios: ¿por qué no utilizar a las estrellas como portavoces de nobles ideas? Sólo hacía falta que esas estrellas se prestaran a ello y el resto de la humanidad los seguiría.

Pero con el tiempo he visto que me equivocaba y ahora pienso que la cultura del estrellato es tan destructiva como prometedora. Me he dado cuenta de que yo también participo en la promoción de la idolatría porque, al utilizar a los famosos para hablar de valores, se quita importancia al mensaje en beneficio del portavoz. La luz de la idea se ve absorbida, incluso se pierde en el aura que rodea a la estrella. Si el propósito de conocer a Dios es apartarse de los falsos ídolos, entonces no puede mostrarse la verdadera divinidad a través de quienes han permitido y tal vez alentado su propia deificación.

Hay excepciones, estrellas con una personalidad sana y equilibrada como Bono, que ha sabido utilizar su fama para llamar la atención sobre causas más elevadas que ellos mismos, pero estos famosos excepcionales son tan pocos que constituyen simplemente la excepción que confirma la regla.

La cultura te cambiará antes de que tú cambies la cultura

Si hay algo que he aprendido a raíz de mi amistad con Michael Jackson es esto: yo, que siempre me enorgullecí de estar por encima de los chismes sobre famosos —ofensivos y superficiales, en mi opinión— descubrí que era igual de proclive a caer en la idolatría de la fama que cualquier otra persona.

Cuando mi relación con Michael se rompió, una de las personas ante las que sentí más vergüenza fue Elie Wiesel: había hecho grandes esfuerzos para que se conocieran; el profesor Wiesel tuvo la amabilidad de mostrarse en público en compañía de Michael, un gran honor viniendo de una de las personalidades más destacadas de nuestro tiempo; recuerdo que lo llamé por teléfono para contarle que mi amistad con Michael se había roto y el profesor Wiesel mostró un tacto exquisito, no echó más leña al fuego, sino que se limitó a comentar que ya se había imaginado que podía ocurrir algo así, razón por la que, en general, él siempre se había mantenido alejado de los famosos y las causas que defendían, pese a las numerosas invitaciones que le llegaban en esa línea: «Shmuley, tú te resistes a la mentalidad del "nosotros" y "ellos" —me dijo—, quieres creer que el mensaje de Dios pueda canalizarse a través de cualquier medio, quieres creer que por ser famosa —venga de donde venga esa fama— una persona posee la facultad de comunicar un mensaje sano, pero hay algo a lo que no te has enfrentado y temo que estás por descubrirlo: la cultura te cambiará antes de que tú cambies la cultura».

Tuve que pararme a reflexionar con calma sobre mí mismo despúes de aquella conversación y, como resultado, realizar cambios significativos en mi vida, comenzando por distanciarme durante un tiempo de casi todos los famosos que conocía hasta lograr encontrarme de nuevo en una posición sólida. A menudo se me describe como un hombre con muchos amigos famosos, una etiqueta interesante si se tiene en cuenta que en realidad pocos —prácticamente ninguno— de mis amigos son famosos, ya que me he vuelto a comprometer con un círculo de gente «normal», entre los cuales me encuentro yo mismo.

Dedico el tiempo a mi programa diario de radio sobre política, religión y cultura, a escribir libros y artículos, a pronunciar conferencias sobre temas contemporáneos, asesorar a parejas con problemas, tratar de reconectar a padres e hijos cuya relación pasa por dificultades... Cuando surge la oportunidad, acepto acudir a programas de radio o televisión como invitado y desde luego me enorgullece tener mi propio programa para las familias en crisis en el canal de televisión The Learning Channel. Ahora bien, ya no ansío esas apariciones en los medios tanto como antes y me avergüenzo de mí mismo si lo hago. A fin de cuentas, me pasé dos años con la persona más famosa del mundo y vi de primera mano adónde conducía todo aquello... Si no hubiera aprendido esa lección significaría que no hay esperanza de que llegue a aprender nada jamás.

Los judíos están en el mundo para dar testimonio de la presencia de Dios y nuestra misión principal es volver a poner a Dios en el centro de la existencia humana. Somos los testigos de Jehová originales, nuestra larga historia jalonada de pogromos y persecuciones es buena prueba de nuestra devoción a las causas más nobles y de la presencia continuada de Dios en medio de todas las dificultades y retos. Nuestra vocación como pueblo se centra en una única proposición: el hombre ha sido creado por un Dios que nos ama para difundir la ley y el amor. Los judíos debían inspirar a todos los habitantes de la Tierra el amor no hacia cuestiones deslumbrantes pero vacías como la fama, sino hacia las pequeñas —pero sin embargo grandes— cosas de la vida, como llevar una existencia digna y honesta, ser miembros responsables de una comunidad espiritual, cuidar a nuestras parejas y a nuestros padres y actuar como fervientes servidores del bien común. Los seres humanos, cuanto más centramos la atención en nosotros mismos, más pervertimos la razón de nuestra existencia. De manera similar, no debiéramos tener la osadía de permitirnos vivir indirectamente a través de los famosos que más nos gustan en lugar de llevar una existencia auténtica y llena de sentido.

Esto no significa que todo reconocimiento dedicado a personajes célebres lleve a la idolatría; sin lugar a dudas, yo siempre he seguido la trayectoria de otros hombres y mujeres con gran admiración y he encontrado inspiración en su ejemplo. Me apasiona la historia y soy un ávido lector de biografías, me encanta la inspiración que despiertan en mí esas vidas caracterizadas por el coraje y el compromiso, las historias de hombres que han luchado contra la tiranía, mujeres que han tenido el valor de decir la verdad enfrentándose a grandes poderes. Todos necesitamos gente que nos motive y nos inspire. Eso sí, ahora entiendo que el verdadero héroe es el hombre o la mujer que reconoce a Dios mismo como el verdadero héroe, la persona que ha sometido su ego a un ideal superior colocando a Dios y la humanidad en el centro de su vida. Está muy bien tratar de seguir los pasos de mis grandes maestros como el *rebbe* de la rama Lubavitch del judaísmo o el papa, Nelson Mandela, la madre Teresa, el dalai lama o Martin Luther King Jr. Ciertamente, los judíos ortodoxos tienen fotografías de su líder o *rebbe* en sus casas porque la santidad con que vive su vida les sirven de inspiración, pero la existencia de esas personas se caracteriza por centrar su atención mucho más en otros y en el cielo que en sí mismos.

Según la tradición judía, Dios ocultó el lugar donde fue enterrado Moisés —y sigue siendo un secreto incluso hoy— precisamente para evitar la potencial deificación del patriarca y que su sepulcro se convirtiera en un lugar de culto. Moisés hizo grandes milagros en Egipto, pero él no fue más que el instrumento del increíble poder de Dios.

Aun así, no me propongo juzgar a los famosos que han dejado que sus vidas se conviertan en monumentos públicos, no me compete a mí condenar a quienes han permitido que el público se entusiasme desmesuradamente con la fascinación que sienten por los detalles más nimios de su vida. En la medida en que sí he juzgado a Michael en este libro, lo he hecho porque la magnitud de su tragedia, de la que he sido testigo, es demasiado patente y no puedo seguir callando al respecto. Ahora bien, no volveré a propagar el amor del Creador únicamente a través de hombres y mujeres que todavía no han aprendido la lección de que Dios es la fuente de su gloria y que su fama viene precisamente de Aquél que creó la luz. Tampoco puedo comulgar con esa gente típica de estos tiempos que permite que su potencial permanezca subdesarrollado mientras se entretiene con debates inútiles sobre si su actriz favorita ganará el Oscar en vez de plantearse la victoria en el juego de la vida real.

Adiós

Cuando Michael me invitó junto con mi familia a asistir al concierto que dio en Nueva York para conmemorar sus treinta años de carrera, celebrado la víspera del 11 de septiembre, recuerdo que me pregunté si todavía tenía fuerzas para resistirme a la magnética atracción que ejercen las superestrellas, si los fuegos artificiales del Madison Square Garden suponían para mí una emoción mayor que la fenomenal tormenta sobre el monte Sinaí que describen los relatos bíblicos. Al final, uno de los momentos de mi vida del que estoy más orgulloso fue aquél en que rechacé esa invitación: quería volver a ser el mismo de antes de conocer a Michael Jackson, un simple rabino que intenta propagar la luz de Dios en vez de regodearse en el aura de alguien famoso.

Nuestras estrellas favoritas sin duda son capaces de arrancar chispas del público, pero su luz es un mero reflejo de un fulgor mucho más intenso, inagotable; su ritmo no es más que un eco vacío de un compás eterno. Podemos disfrutar del entretenimiento que proporcionan los artistas del mundo del espectáculo, pero también es nuestra responsabilidad no conformarnos con su resplandor —y mucho menos obsesionarnos—, sino más bien buscar la verdadera fuente de toda luz. Isaías lo expresa a la perfección: «Alzad vuestros ojos y mirad quién creó estas cosas».

Si queremos pruebas de la necesidad de encontrar a Dios en nuestras vidas, no necesitamos más que considerar la tragedia de Michael Jackson, porque es un ejemplo vivo de que, en la edad moderna, la espiritualidad y los valores ya no son un lujo sino una necesidad. Dios no es alguien a quien podamos sacar de una caja todos los años como si fuera un regalo de Navidad. La fe no es algo que pueda reservarse sólo para el refugio antiaéreo. La oración no es una actividad a la que podamos recurrir cuando nos encontramos en el valle tenebroso. Dios debe acompañarnos ahora y siempre, incluso cuando vamos hacia la cima de la montaña o estamos en ella.

Cuando hablamos de la necesidad de Dios para la salvación de la humanidad no nos referimos a la salvación de la pobreza, el dolor o la aflicción, sino que estamos aludiendo específicamente a la salvación frente al materialismo, la superficialidad, la decadencia y el egoísmo asfixiante que caracterizan al narcisismo y el egocentrismo.

De hecho, Michael Jackson era un candidato perfecto para volver a Dios porque, en otro tiempo, él fue un piadoso y devoto creyente que acudía a la iglesia entre semana y pasaba los domingos de misiones. De haber conseguido parar la vertiginosa caída libre que había emprendido su vida, lo hubiera logrado volviendo a Dios lleno de humildad como primera medida. Pero, por desgracia, parecía que Michael tenía que tocar fondo antes de poder contar con la humildad suficiente para tratar de volver a su casa espiritual, algo que tan desesperadamente necesitaba. Pero, incluso entonces, no ocurrió. Si lo hubiera logrado, hasta si no hubiese conseguido volver a ser el rey del pop ni conquistar el mundo de nuevo con su música, habría podido atribuirse otro tipo de corona, una que había ansiado durante toda su azarosa vida: la de ser dueño de su propio destino.

Habrá quien diga que estoy juzgándolo: ¿por qué el hecho de que Michael se declarara un hombre espiritual pese a no ser practicante significaba que tenía que volver a una iglesia organizada? Ciertamente él mismo se consideraba un hombre muy religioso —aunque a su manera— cada vez que salía el tema en el transcurso de nuestras conversaciones. Yo tengo mis dudas al respecto: la cercanía a Dios se manifiesta claramente en la humildad; los charlatanes ataviados con los ropajes propios del sacerdocio —pero tan alejados de Dios como Plutón lo está del Sol— dan muestras de una arrogancia y una falta de refinamiento en su carácter que son la marca típica de una fe falsa. En nuestros días ya hemos visto abusos más que suficientes por parte de gentes que dicen ser religiosas y espirituales pero que no son más que propagadores del odio... La verdadera espiritualidad supone someterse a Dios como Señor del Universo y vivir conforme a Sus reglas y no conforme a nuestros gustos. Michael necesitaba desesperadamente aferrarse al contexto vital y los valores avalados por los siglos de tradición que proporciona la religión para ser rescatado de su moribunda existencia. Los testigos de Jehová, con todas sus normas, lo habían afianzado y mantenido humilde mientras crecía, y una camisa de fuerza moral que controlara sus excesos destructivos era exactamente lo que Michael necesitaba.

Hoy, siempre que me describen en los medios como «el antiguo rabino de Michael Jackson», siento una cierta vergüenza por tener que enfrentarme a mi inseguridad original de haber creído que necesitaba aliarme con alguien famoso para ser un exponente efectivo de los valores religiosos, y que la religión en general y el judaísmo en particular necesitaban un portavoz famoso para adquirir credibilidad a nivel de masas.

Como muchos otros que han cometido el mismo o similar error (al caer en la trampa del «si no puedes con ellos, únete a ellos» y por tanto haber intentado vincular una cultura popular llena de vulgaridad con la inconmensurable magnitud espiritual de la experiencia religiosa) no me daba cuenta de que diluía considerablemente los principios del mensaje monoteísta judeo-cristiano y que el resultado sería ligarlo a una cultura dada a convertir a los seres humanos en dioses.

He aprendido de mi error y he tratado de educar a mis hijos para que nunca olviden que ningún hombre, sino Dios, es el verdadero *thriller*, la verdadera emoción o experiencia electrizante.

De niño me enseñaron que no hay mayor privilegio que sumar las propias acciones a la grandeza de Dios y que no hay mayor fracaso que menguar Su gloria. En la religión judía utilizamos las expresiones *Kiddush Hasehm*, «santificar la presencia de Dios», y *Chillul Hashem,* «profanar Su santo nombre». Cuando he cometido errores en mi vida, no sólo me ha dolido por las consecuencias para mí, sino también y especialmente por el hecho de que, como rabino y judío, con ello menoscababa una de las grandes religiones del mundo. El título que ostento posee gran significación para mí, no me limité a aprobar un examen para adquirirlo, sino que he puesto todo lo que tengo en el empeño de ser digno del mismo. El judaísmo siempre prosperará impulsado por quienes buscan la espiritualidad, pero es igualmente cierto que languidecerá a manos de los que busquen publicidad, y yo sé a qué bando debo pertenecer ahora y siempre.

Dios le prometió a Abraham que sus hijos sería tan numerosos «como las estrellas del cielo», no las de la pantalla. Las primeras resplandecen en medio de una oscuridad que todo lo envuelve y, ciertamente, el pueblo judío ha conservado su rectitud en este mundo oscuro y cruel; las segundas, en cambio —las estrellas de cine—, suelen ser constelaciones falsas, copias iluminadas artificialmente en un mundo de fantasía.

No se puede ser religioso y no comportarse con rectitud. Si al desarrollar una cierta dependencia de Michael durante dos años con el objetivo de ser más efectivo como rabino contribuí a la promoción de un mensaje falso en nuestra sociedad obsesionada con los famosos, lamento terriblemente mis actos y me he esforzado por corregirlos, volviéndome un crítico convencido del efecto destructivo que entraña la cultura de la fama además de haberme convertido en un ser humano más sensato como consecuencia de ese proceso.

No estoy diciendo que condene a Michael y reniegue completamente de la amistad que compartimos en su día, sino que me arrepiento de esa dependencia, de haber creído que lo necesitaba más de lo que él me necesitaba a mí. Creí que los valores religiosos se beneficiarían con el respaldo de un portavoz tan conocido y me dejé encandilar por el hecho de que un hombre tan famoso como Michael Jackson encontrara fascinantes mis opiniones sobre temas espirituales.

Un agradecimiento final, Michael

Aun así, después de todo lo dicho y hecho, quiero terminar este libro con algo que tal vez sorprenda: quisiera reconocer que estoy en deuda con Michael.

En la religión judía uno de los mayores pecados es la ingratitud y en la Biblia hay numerosos ejemplos de cómo se espera de los seres humanos que se muestren agradecidos, incluso con objetos inanimados: a Moisés no se le permitió arremeter contra el Nilo y convertir sus aguas en sangre porque anteriormente el río le había salvado la vida cuando no era más que un bebé en una cesta; y tampoco pudo agitar su bastón en alto contra la arena del desierto de Egipto y convertirla en una plaga de piojos porque ésta le había salvado la vida al permitirle enterrar el cuerpo del malvado capataz egipcio al que asesinó. Teniendo lo anterior en cuenta, cuánto más debemos mostrar gratitud y aprecio hacia un ser humano al que nos ha unido un fuerte vínculo de amistad y cariño.

Pese a todos sus destructivos defectos y sus graves taras, yo me hice mejor padre como consecuencia de mi amistad con Michael Jackson: era inevitable después de conocer a un defensor tan apasionado de la gran valía de los niños y alguien con un entusiasmo tan contagioso por la creatividad y la capacidad para la sorpresa de éstos. Nunca olvidaré a Michael haciéndome prometer que miraría a mis hijos a los ojos siempre que les dijera que los quería. Más que ninguna otra cosa, ése podría haber sido su legado, su regalo de incalculable valor al mundo. ¡Qué trágico resulta por tanto que corrompiera ese ideal!

Un amigo me contó que, el día siguiente a la detención de Michael en noviembre de 2003, *The New York Post* me había ridiculizado por un discurso que había dado unos cuantos años atrás en el que afirmaba que Michael me inspiraba para valorar más a los niños, pero sigo creyendo que así fue. Ahora bien, no soy partidario de las lealtades ciegas hacia los amigos —actuales o de otros tiempos— porque Dios y la moral están por encima incluso de la amistad y afinidad más profundas, y si alguien que quiero y por quien me preocupo hiciera algo que va en contra de la moral no osaría defender sus acciones.

Y, sin embargo, sigo creyendo en la gratitud sincera y siempre le estaré agradecido a Michael por haberme inspirado, no sólo para apreciar el infinito valor de los niños, sino también para hacer algo al respecto y darles siempre prioridad. Pese a todas sus grandes virtudes, Michael siempre llevó una vida eminentemente disoluta y egoísta y admitió haber hecho cosas, como compartir la cama con niños, que no son aceptables. Ahora bien, eso no lo convierte en culpable de pedofilia y, si lo fue, aun así no invalida el bien que inspiró. Todo lo positivo que aprendí de él permanecerá siempre conmigo por más que al mismo tiempo lamente esa increíble capacidad de autodestrucción que culminó con su trágica y prematura muerte. Tal y como aconsejaba el famoso sabio judío Maimónides hace casi mil años: «Aférrate a la verdad, venga de donde venga». La verdad que Michael consolidó en mi interior sobre cómo mis hijos son mi más preciado tesoro y bendición es algo por lo que le estaré eternamente agradecido.

Mi amistad con Michael Jackson se basó, más que en ninguna otra cosa, en lo mucho que nos gustaban los niños a los dos y además me sirvió de contrapunto frente a todas esas personas que conozco y me tienen lástima por tener tantos hijos. Como padre de una familia muy numerosa tengo que estar disculpándome constantemente, como si hubiera desencadenado yo solo un problema mundial de sobrepoblación o cometido algún crimen terrible; las frecuentes e intensas miradas cargadas de desprecio que recibo de cierta gente dan a entender que el hambre en África es consecuencia directa de mi fertilidad egoísta.

Cuando hablo de este asunto con otras familias estadounidenses que osan tener más de dos hijos, un gato y un pez de colores tal y como establece la media nacional, también me hablan de las miradas de sospecha y las cejas arqueadas a que se enfrentan. Con un poco de suerte, lo menos dañino con lo que te encuentras es una reacción de profundo desconcierto y, en el peor de los casos, una mirada condescendiente y la lástima pintada en el rostro de gente que se cruza contigo y sigue su camino mientras se devana los sesos tratando de descubrir por qué nos habremos arruinado la vida al asumir la carga de tener tantos hijos a los que mantener.

La prosperidad económica nos ha traído casas mayores para familias más pequeñas, coches más lujosos pero menos cochecitos de niño. Sin embargo en Michael Jackson encontré a alguien que, siendo la estrella con más talento y más famosa de todos los tiempos, lo único que quería —tal vez como me dijo en repetidas ocasiones— era tener nueve hijos. Todavía lo recuerdo leyéndoles a Prince y Paris un cuento, comiendo y cenando todos los días con ellos y negándose a viajar si sus hijos no podían acompañarlo. Michael me enseñó que los hijos son la mayor bendición con que contamos, una luz fulgurante que todos aspiramos a disfrutar, un resplandor profundo por el que todos nos sentimos atraídos.